적정인문학으로서의 인문치료

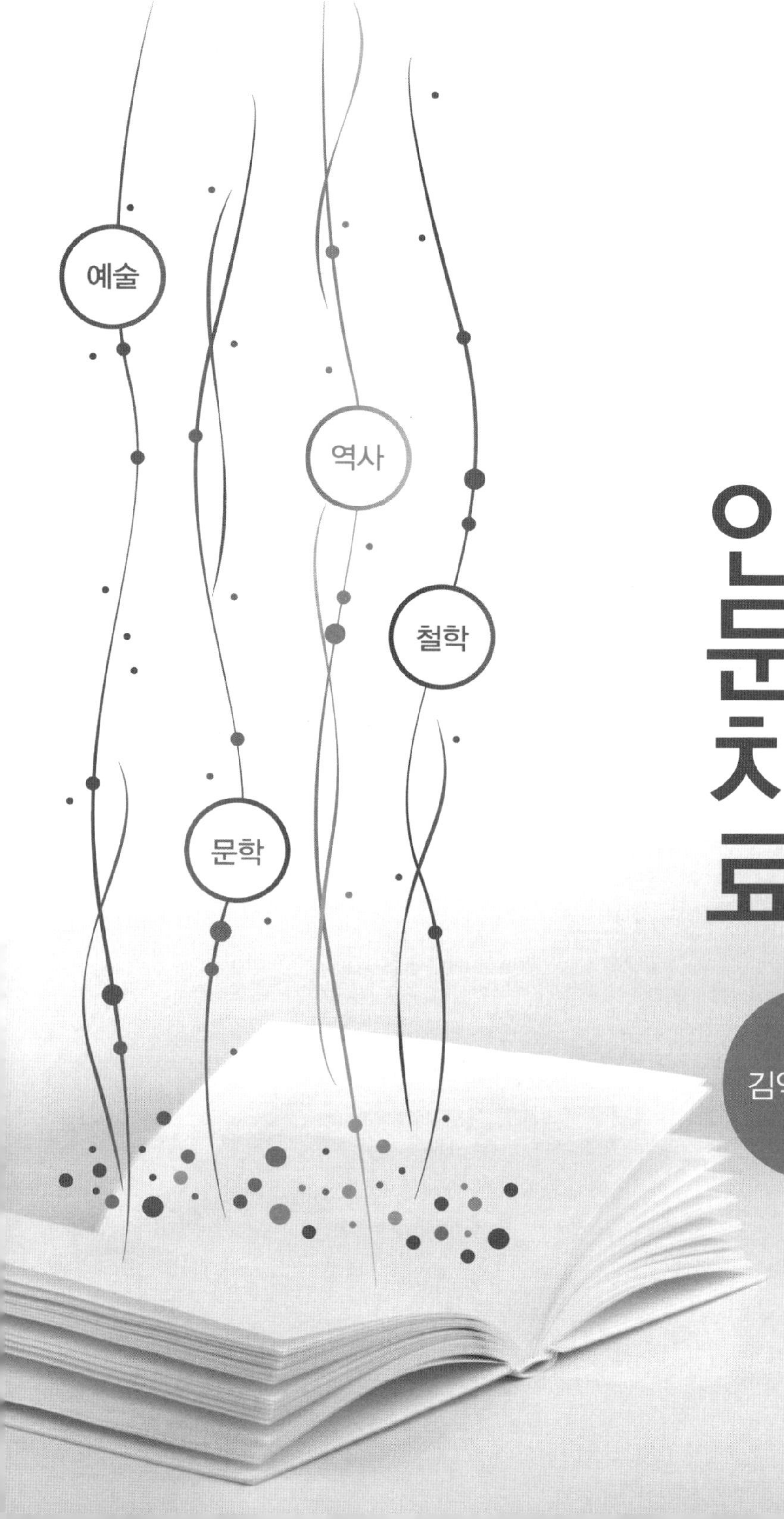

김익진 지음

Au Bonheur

시작하며

적정인문학이라는 말을 생각해낸 것은 2015년경이었던 것으로 기억한다. 40대 후반이 다 되도록 대학 안에서만 생활했던 내가 대학 밖으로 나가 인문학 실천활동을 하며 7년 정도가 지났던 시기였다. 그 해 말 한국연구재단에 연말 사업보고서를 쓰면서 인문치료 혹은 인성교육이라는 이름으로 내가 만난 대상자의 수가 연인원으로 총 2만 명이 넘는다는 사실을 알게 되었다. 나 스스로도 놀랐고 한편으로 뿌듯했지만 동시에 시간에 쫓기며 기계적으로 수행하던 인문치료 실천행위에 대해 다시 한번 생각해볼 수 있는 계기가 되었다. 사실 인문치료라는 용어가, 맞춤형 인문학 강의를 포괄하기에는, 그 의미의 폭이 좁다고 생각하고 있던 나는 어느 날 우연히 '적정기술'이란 것에 대해 알게 되면서 적정appropriate라는 말에 주목하게 되었다. '적정'이란 단어가 '맞춤형'의 의미를 갖는다는 것을 알게되면서 내가 대학의 밖에서 진행해왔던 맞춤형 인문학 강의를 통칭하기 위해서는 '적정인문학'보다 더 적절한 표현은 찾을 수 없을 것이라는 판단이 들었다. 그러자 동시에 가장 먼저 떠오르는 생각은 이 적정인문학이라는 말이 이전에도 사용된 적이 있을까 하는 것이었다. 인터넷에서 검색을 시작했고 결국 이 말이 내가 처음 만들어낸 말이 아니라는 사실을 알게 되었다. 영어와 프랑스어로 검색해본 결과 해외에서는 사용사례를 찾을 수 없었지만 국내에서는 이미 사용된 적이 있었던 것이다. 『그래도 책읽기는 계속된다』(2012, 현암사)의 한 챕터에서 저자인 이현우 교수가 강신

주 교수의 철학강의를 적정인문학이라 명명하고 있었다. 이 말을 사용하는 것이 내가 처음이 아니어서 조금은 실망스러웠지만 실망감이 오래가지는 않았다. 이현우 교수가 사용한 적정인문학이라는 말은 내가 생각하는 것과는 개념이 조금 달랐기 때문이다. 내가 구상하는 적정인문학의 개념을 분명하게 정립할 필요가 있겠구나라는 생각이 들었다. 하지만 바로 실행에 옮길 수는 없었다. 개념제시나 문제제시에서 끝나는, "말뿐인 인문학"이라는 소리를 듣지 않으려면, 적정인문학의 실체도 개념과 동시에 제시되어야 했기 때문이다. 2년이면 충분할 것이라 판단했던 작업은 어느덧 7년이 지난 지금에야 마무리 되었다.

한국연구재단이 인문학 진흥을 위해 실행한 인문한국사업의 일환으로 시작되었던 '인문치료' 연구에 운이 좋게도 연구원으로 참여하게 되면서 시작된 적정인문학 실천행위는 무척 흥미로웠고 매순간 보람을 느끼게 해주는 일이었다. 아카데미의 틀에 갇혀 세상을 제대로 보지 못하고 있었던 탁상인문학도였던 내게 세상을 향해 시선을 들 수 있도록 해준 이 사업에 참여할 수 있었던 것은 큰 행운이었다. 그리고 나는 그 어떤 참여자들보다도 많은 혜택을 받았다.

여기에 소개하고 있는 적정인문학도 또 적정인문학의 한 예로 제시되고 있는 인문치료도 소위 어느 '선진국'으로부터 수입된 개념은 아니다. 온전히 대한민국에서 탄생하고 실천되고 있는 용어요 개념이다. 인문치료라는 그야말로 '신박한' 표현을 생각해낸 강원대 인문대 교수진 덕에, 그리고 그 아이디어를 실현할 수 있도록 우리나라 인문학 역사상 가장 파격적인 재정지원을 해준 한국연구재단 덕에, 또한 그 연구과정을 같이 할 수 있었던 인문치료연구진 덕에, 세계 그 어디에도 존재하지 않았던 새로운 개념의 실천인문학인 인문치료의 개념을 정립하고 실천하며 많은 것을 얻었고 또 얻고 있다는 사실에 감사한다. 그리고 그 경험을 바탕으로 적정인문학이라는 개념을 제시할 수 있게 되어 행복하다.

이 책은 총 3부로 구성되었다. 1부는 적정인문학이라는 개념을 정의하고 기존의 인문학적 환경에 대한 나의 생각을 정리한 내용이다. 2부는 적정인문학의 한 모델로서 인문치료를 제시하며 인문치료를 주제로 한 이론 연구나 실천 활동을 통해 얻게 된 결과들을 모아놓았다. 3부는 실천적 적정인문학으로서의 인문치료 행위 현장에서 경험했던 일들 중 많은 사람들과 같이 나누면 좋겠다고 생각하는 내용을 선별해서 적어놓았다.

이 책의 목적은 적정인문학의 개념 정립과 인문치료라는 새로운 '인문학 하기'의 예시를 통해 적정인문학의 필요성과 또 실현가능성에 대한 공감을 이끌어내는 것이다. 현재 진행되고 있는 차세대 산업혁명은 우리에게 많은 변화를 가져다 줄 것으로 예견되고 있다. 많은 미래학자들이 이 새로운 시대를 받쳐줄 3대 핵심 학문으로 인공지능학과 빅데이터학 그리고 인문학을 들고 있다. 오랫동안 대학에서 취업률이나 학생 이탈률 같은 비학문적 잣대 앞에서 왜소해짐을 느끼며 눈치를 볼 수밖에 없었던 인문학자로서는 너무나 반갑고 솔깃한 비전이지만 이 3대 학문으로서의 21세기 인문학은 20세기 내내 답보를 거듭해왔던 우물안의 아카데미 인문학을 이야기하는 것은 아닐 것이다. 세상의 변화와 흐름을 감지하기 위해 필요한 모든 것을 깊이 이해하고 그 기능적인 활용뿐만 아니라 철학적 가치까지도 생각해야 하는 인문학은 지금 강조되고 있는 학문의 융복합에 주춧돌과 대들보 역할을 하며 틀을 잡아주는 골조학문이 되어야 한다. 실용학문이나 응용학문이라는 개념과 대비된 기초학문이란 표현에 만족하며 현실적 실용성을 찾지 못하면 인문학은 계속해서 "바람 잡아먹고 구름 똥이나 싸는" 있으나마나한 학문으로 치부될 것이다. 인문학이 누구에게나 진심으로 필요성이 인정되는 살아 있는 학문이 되기 위해서는 인문학의 자생적 능력을 강화하는 것이 필요하다. 적정인문학이 그런 역할을 수행하는 인문학의 새로운 한 유형이 될 수 있으리라 믿는다.

저자 김익진

목차

제 2 부 : 적정인문학으로서의 인문치료

제 3 부 : 적정인문학으로서의 인문치료 적용의 예

제 1부

적정인문학의 개념

1. 적정인문학이란 무엇인가?

1.1. 대중인문학

우리 사회전반에 걸쳐 인문적 가치의 중요성이 강조되고 있다. 인문적 가치가 공유되는 사회는 미래가 밝다. 그러나 막 시작된 이 인문적 가치에 대한 보편적 공유가 지속되기 위해서는 현재 인문적 가치의 확산을 주도하고 있는 소위 '대중 인문학'에 대한 분명한 개념정립이 필요하다.

현재 대중 인문학이라는 말은 전문화된 지식체계로서의 학문인 아카데미 인문학과 대비되는 개념으로 사용되고 있다. 그러나 엄밀히 따져보면 대중 인문학이라는 말은 사실 적절치 못한 표현이다. 우리가 대중음악, 대중문화 등의 말을 사용할 때 대중이라는 말 속에는 '특별한 사전 지식없이 그리고 수용과정에서도 별다른 노력 없이 편안하게 즐길 수 있는'이라는 의미가 담겨있다. 일반적으로 대중음악을 즐기기 위해 음악에 대한 특별한 지식을 습득할 필요는 없다. 사실 대중에 대한 정의는 접근하는 시점에 따라 다양하지만, 군중이라는 말과 더불어 생각이 없는 다수의 군집을 의미하는 부정적 이미지가 내포된 말이다. 인문학은 생각의 힘을 키우는 학문이다. 생각의 힘을 키우기 위해서는 우리를 가두어 놓는 선입견의 틀을 벗어나기 위한 적극적인 태도와 노력이 필요하다. 읽기와 쓰기 그리고 이를 바탕으로 하는 남과의 소통을 통해 그 생각의 실체를 구상화하는 작업인 인문학 하기는 결코 수동적인 수용 즉 대중적 태도만으로는 바람직한 방식으로 수행되기 힘들다. 대중음악과 대중문화는 비판정신을 필요로 하지 않는다. 수동적인 태도로 별다른 노력없이 그저 듣고 즐기면 된다. 그러나 인문학을 하기 위해서는 능동적이고 도전적이어야 한다. 인문학은 비판적 판단력 즉 이성을 키우는 행위인데 비판적 이성을 벼리는 일은 수동적인 태도를 가진 사람에게는 쉽지 않은 일이다. 그래서 대중이라는 말이 인문학과 결합한 대중인문학이라는 조어는 적절치 못한 표현이다.

인문학이 누군가에게 의미가 있으려면 인문학 공부가 그 누군가에게 필요한 지식과 지혜를 줄 수 있어야 한다. 그런데 우리 사회에는 매우 다양한 삶이 존재한다. 군부대에서 일반 병사와 부적응 장병들에게 필요한 인문학은 동일하지 않다. 청소년들 중에서도 일반 청소년과 위기청소년의 경우, 안정된 직장을 가진 사람들과 직업이 불안정한 사람들, 장애인과 비장애인, 노인과 청년, 남성과 여성 등 상황과 조건에 따라 필요한 인문학적 가치는 서로 다를 수 있다. 이 모두를 동시에 만족시킬 수 있는 '대중(Mass)인문학'은 없다.

1.2. 적정인문학

적정기술이라는 말이 있다. 기술(technology)이라는 단어는 언제나 첨단(high)이라는 단어와 같이 사용되어왔다. 그러나 지구상에서 첨단기술의 혜택을 보는 사람들은 극소수다. 지구 인구의 대부분은 이 첨단기술의 직접적인 혜택을 보지 못한다. 의식을 지닌 기술자들은 이 현상을 목도하고 보다 많은 사람들이 혜택을 받을 수 있는 기술에 눈을 돌리기 시작했다. 그것은 꼭 첨단이 아니어도 되었다. 첨단이 아니어서 그 비법이 공개될 수 있고 큰 비용을 들이지 않아서 오히려 가치 있는 기술, 하지만 지구상 누군가에게는 생명과 직결된 중요한 변화를 가져다 줄 수 있는 기술, 이런 기술을 적정기술이라 한다. 대중기술이라 부르지 않는다. 특정 지역 특정 계층의 사람들에게 필요한 이 맞춤형 기술들은 불특정 다수의 대중에게는 유용하지 않을 수 있기 때문이다. 수질이 오염된 지역의 가난한 주민들이 정수된 물을 부담스러운 비용을 들이지 않고 마실 수 있도록 한 토기정수장치나 전기가 들어가지 않는 더운 지역에서 농산물을 전기 없이 일정기간 신선보관 할 수 있도록 해준 이중 항아리 등은 그 지역의 생활환경 및 조건에 맞추어 개발된 기술들이다. 적정기술은 그래서 맞춤형 기술이다. 그 기술들은 수도시설이나 전기냉장고를 부담 없이 사용할 수 있는 곳에서는 큰 의미가 없다. 그러나 이 적정기술들은 식수원이 오염되어 있거나 전기 사용이 어렵고 기후 여건 때문에 음식물을 보관하기 힘든 곳에서는 그 어떤 첨단기술보다 유용하고 가치 있는 기술이 된다.

적정이라는 표현은 현재 아카데미를 벗어나 진행되고 있는 실용 인문학을 위해서도 적절한 표현이다. 인문학이 대학을 벗어나서 많은 사람들에게 다가가기 위해서는 각각의 상황과 수준에 맞게 내용이 재구성되어야 한다. 그리고 이런 종류의 인문학은 대중인문학이 아닌 적정인문학이라 불러야 한다.

1.3. 적정인문학과 첨단인문학

이 적정인문학이 활성화되기 위해서는 첨단 인문학, 다시 말해 연구와 교육의 전문기관에서 진행되는 전문적 인문학에 대한 인식도 다시 정립되어야 한다. 적정인문학이 지속적으로 그 실용적 효용성을 유지하기 위해서는 끊임없이 변화하는 사회상황과 지역상황에 맞추어 적용될 수 있는 유연성을 지니고 있어야 하는데 이를 위해서는 인문학에 대한 넓고 깊은 연구가 뒷받침되어야 하기 때문이다. 적정기술을 활용한 발명품들에 적용된 기술은 첨단기술이 아니지만 그것을 발명한 기술자들의 능력과 아이디어는 첨단의 수준이 유지되어야 한다. 이들은, 첨단기술에 대한 이해는 물론 연구와 응용도 가능한 최고의 기술자가 되어야 하기 때문이다. 적정인문학을 설파하는 인문학자들도 마찬가지다. 첨단인문학에 대한 연구와 이해가 없다면 그 인문학자의 정신세계는 가난해질 것이고 그 가난한 정신으로는 적정인문학을 생산할 수 없다. 적정기술을 발휘하는 기술자가 자기 분야의 첨단기술을 근본적으로 이해하고 있는 사람들인 것처럼 적정인문학을 설파하는 인문학자도 자기 분야의 첨단 지식에 대한 깊은 이해가 있어야 한다.

첨단 지식을 생산하고 보급하는 것은 대학의 역할이다. 그래서 대학의 인문학은 보호되어야 한다. 새 물이 솟지 않는 샘은 마르거나 썩는다. 새 물이 솟는 샘은 넘쳐 내를 이루고 강으로 흘러 대지에 생명을 준다. 샘물의 흐름과 인문학의 흐름은 닮아있다. 샘물과 강물은 다르지만 사실상 다른 물이 아니듯이 대학의 첨단 인문학과 대학 밖의 적정 인문학도 서로 다른 인문학이 아니다. 대학의 첨단 인문학이 샘이라면 대학 밖의 적정 인문학은 강이다. 샘의 물이 마르면 강의 물도 마르듯이 대학의 첨단 인문학이 고사되면 우리 사회의 적정 인문학도 말라버릴 것이다. 그렇게 되면 우리는 단지 인문학의 위기가 아닌 사회의 총체적 위기를 경험하게 될 것이다.

2000년대 접어들며 시작되었던 인문학 위기론은 2010년대 들어 불기 시작한 인문학열풍에 가려 마치 과거의 일처럼 여겨지기도 하지만 여전히 대학의 인문학 관련 학과에서는 진행형이다. 사실 인문학의 위기론이 시작된 것도 각 대학교의 인문대학에서였다. 따지고 보면 인문학 그 자체는 위기였던 적이 없다. 사회의 인문학적 수요는 언제나 존재해왔으며 인문학의 중요성에 대한 인식이 사라졌던 적은 없기 때문이다. 정확한 표현은 수요에 대한 공급의 역할을 제대로 수행하지 못했던 대학의 인문관련학과들의 위기였다.

박노자는 한국에서의 인문학의 위기에 관해 분석하면서 구미 지역에서 근대 대학 제도의 형성과 함께 20세기 초반에 그 틀이 완성되고, 그 뒤에 한국으로 이식된 아카데미즘(순수학술) 인문학에는 주된 두 개의 특징이 있다고 말한다. 하나는 연구 주체와 대상이 철저히 분리된 채 연구를 수행해온 연구자의 '중립과 객관'이라는 고답적 자세이고, 또 하나는 '전공'의 세밀화과정에서 생겨난 연구자들의 '극단적인 전문화'라는 것이다.

한국에서 말하던 소위 '인문학이 위기'가 내재적인 문제에서 발생되었다는 사실을 정확히 요약한 말이다. "주체와 대상이 분리"된 학문의 생명력이 얼마나 지속될 수 있겠는가? 인문학이 인간을 알기 위해 인간을 대상으로 인간에 의해 행해지는 탐구행위라면 주체와 대상이 어떻게 분리될 수 있는가? 인간은 인문학의 주체이자 동시에 대상이라는 사실을 부정할 수 있는 사람은 없을 것이다. 사실 '연구자들의 극단적인 전문화'라는 박노자의 표현은 무척 완곡한 표현이다. 이는 장님 코끼리 다리 만지듯 하는 학문적 풍토에 대한 점잖은 지적인데 이러한 학문적 풍토에서 대학의 인문학은 그야말로 공허한 관념론적 담론의 차원에 머물 수밖에 없었다.

서양에서는 모든 학문이 신의 섭리를 설명하는 것으로 귀결되었던 중세를 벗어나 신의 개입 없이 인간의 본질을 파악하려는 인문주의 시대가 도래하면서 비로소 인문학은 자연과학과 함께 발전의 기틀을 마련했었다. 반면에 동양에서는 도가나 유가 이래로 인문학은 여타 학문에 대해 지배적인 위치를 차지하고 있었다. 우리나라의 경우 조선왕조 550년 동안 3정승 6판서를 비롯한 대부분의 국가 엘리트들은 과거시험 합격자들이었고 과거시험의 내용은 시문작성을 비롯한 인문학이 주를 이루었다. 그 기간 동안 자연과학을 비롯한 비인문학도들은 설자리가 없었을 정도였다. 결국 인문학 위주의 지적 세계에 갇혀 있던 지식인들은 관념론적 논쟁에 함몰되어 현실감각을 잃었고 20세기 들어서며 일제와 한국전쟁을 겪는 극도의 혼란 끝에 그 혼란의 모든 책임을 통째로 지게 되었다. 그리고 이어진 인문학에 대한 사회적 홀대와 무관심은 급기야 20세기 말 인문학의 위기로 이어졌다.

닐 포스트먼은 앎을 세 가지 층위로 구분한다. 그는 가장 기초적인 앎은 정보(Information)이고 정보에 대한 분석적 이해는 지식(Knowledge)이며 정보와 지식에 대한 주관적 적용이 바로 지혜(Wisdom)라고 정의한다. 인문학은 분산되어 체계화되지 못한 정보를 지식의 체계로 끌어올리는 학문의 영역이다. 그 과정에서 중요한 것은 외부와의 관계에 있어 인문학의 실용적 요소를 무시하지 말아야 한다는 점이다. 인문학도 엄연히 사회현상에 따라 부침이 일어나는 수요와 공급의 산물이다. 물론 그 원칙은 작금의 평면적 시장 원리와는 다르다고 하지만 그렇다고 해서 그것이 인문학이 모든 현실과 상황으로부터 몇 단계 동 떨어져 있어야함을 의미하는 것은 아니다. 인문학 관련 학과들의 커리큘럼과 수업내용은 사회가 필요로 하는 구체적인 것들을 수용해야 한다. 그러기 위해서는 인문학을 전파하는 교수들이 누구보다도 먼저 인문학에 대한 사회의 요구를 파악하고 이를 수용할 수 있는 능력을 키워야 할 것이다.

적정인문학은 기존의 인문학이 전통적으로 경험하던 두 종류의 즐거움, 즉 배우는 즐거움과 가르치는 즐거움에 나누는 즐거움을 더한 인문학이다. 우리 인문학자들은 대학이라는 연구시스템 속에서 습득한 첨단인문학을 바탕으로 학문의 기쁨을 같이 나눌 수 있는 사람들을 찾아갈 필요가 있다. 인문학의 가치를 진정으로 인정한다면 그리고 그 인문학을 통해 얻는 깨달음에 진정으로 기쁨을 느낀다면 가능한 한 많은 사람들과 그 기쁨을 나눌 수 있어야 하기 때문이다. 이것이 아카데미 밖에서 사람들과 나눌 수 있는 그리고 그들에게 직접적인 도움이 될 수 있는 적정인문학을 개발하고 발전시켜 나가야 할 이유다.

2. 적정인문학의 기원과 의미

2.1. 훈민정음과 인문학의 나라 조선

우리나라에서 적정인문학과 연결될 수 있는 최초의 역사적 사건을 찾으라고 한다면 우리는 훈민정음의 창제를 들 수 있을 것이다. 인문학은 생각에 대한 생각을 하게 하는 모든 학문을 말한다. 세계역사상 구전 지식은 존재해도 구전 학문은 없다. 학문은 인간이 겪은 다양한 실존적 경험과 관찰대상에 대한 연구활동의 결과를 축적해놓은 지식체계를 말하는데 구전만으로는 학문이라 칭할 수 있는 수준의 체계 확립이 어렵기 때문이다. 지식체계는 글을 매개체로 하는 지적 소통의 세계다. 따라서 글이 없으면 당연히 학문도 있을 수 없다. 그러니 우리가 진정으로 우리만의 지식체계를 구축할 수 있는 환경이 조성된 것은 우리의 생각을, 외국문자 체제에 맞추어 번역하는 과정없이, 있는 그대로 자유롭게 표현할 수 있게 해준 한글 창제 이후부터가 될 것이다. 물론 한글 창제 이전에도 우리는 우리의 지식체계를 구축하기 위해 한자를 사용해왔다. 그러나 한자를 우리말에 최대한 적용시켜 사용할 때에도 한자의 사용은 한문, 즉 중국어 문장의 영향을 받지 않을 수 없었다.

한 인간의 생각하는 능력은 그 인간의 언어능력을 넘어서지 못한다. 모든 논리적 생각은 언어를 통해 이루어진다. 발화가 되지 않을 때조차도 생각은 언어체계를 통해 전개된다. 그런데 생각하는 언어와 표현하는 언어가 같지 않을 때, 구체적으로 말해, 우리의 생각이 중국 문자를 통해 표현되어야 할 때 그 생각이 자유롭고 온전하게 표현되는 데는 한계가 있다. 그래서 훈민정음의 탄생은 우리의 생각을 우리의 글로 체계화 할 수 있는 절호의 기회였다. 그러나 불행하게도 훈민정음은 모두가 알고 있듯이 조선의 지배세력에 의해 천대받았고 만들어진 지 400년이 훨씬 지나서야 비로소 그 소중함을 인정받게 된다. 일제의 강압에 항거하기 위한 우리의 선열들은 우리 문자가 지니는 문화적 독립성의 의미를 늦게나마 깨달았고 그 가치를 지켜내기 위해 목숨의 위협을 받아가며 한글의 적극 활용에 나섰다. 한글과 영어로 작성되었던『독립신문』의 발간은 우리에게는 서구의 중세말 프랑스어와 독일어로 번역된 기독교 경전의 출현만큼 획기적인 사건이었다. 루터가 번역한 독일어 성경과 칼빈이 번역한 프랑스어 성경 덕에 사제가 아닌 사람들도 성경을 직접 읽을 수 있게 되면서 서양근대 역사의 가장 큰 사건인 종교개혁이 일어났듯이『독립신문』은 구한말 우리가 처해 있던 절체절명의 순간에 우리 국민을 계몽하여 조선의 멸망과 일본의 강압적 통치라는 시련을 극복하고 지금의 우리가 있을 수 있게 한 우리의 힘이고 문화적 자산이다.

앞서도 언급했지만 조선은 사실 온전히 인문학의 나라였다. 일반적으로 조선의 지배계급이라고 알려져 있는 사대부는 대부(大夫)와 사(士)의 두 계층의 조합이다. 5계급으로 구분되어 있던 중국고대의 계급체계 안에서 천자와 제후 아래 제 3계급과 제 4계급을 이루고 있던 대부와 사는 송나라에 이르러 세습귀족이 몰락하고 과거제도를 통해 관료계급이 지배층을 형성하면서 이 지배계급을 칭하는 말인 사대부로 통합 사용되었다. 고려말 송의 과거제도를 받아들인 우리 땅에서

이 사대부는 관료계급뿐만이 아니라 고려를 지배하고 있었던 호족들을 포함하여 지칭하는 말이 되었는데 서민출신 관료보다는 벼슬에 이른 호족들을 지칭하고 있었다.

사대부라는 말이 호족들보다는 중앙정부에서 일을 하거나 혹은 지방에 파견되어 나간 관료들을 지칭하는 우리말 표현으로 굳어지는 것은 우리 한반도에서 과거제도가 자리 잡게 되는 조선초기였다. 즉 사대부라는 호칭이 과거시험을 통과한 후 관료생활을 하거나 한 적이 있는 사람들을 총칭하게 되면서 출신성분보다는 개인이 지닌 지식과 능력을 기준으로 사람들을 분류하는 말이 된 것이다. 종 4품 이상을 대부, 정 5품 이하는 사라고 칭했고 무관들을 포함하여 문무관리를 모두 칭하기도 했지만 엄격하게는 문관들에 해당되는 호칭이었다. 이성무의 조선 초기 양반에 관한 연구서 『조선초기양반연구』(일조각, 1980)에서는 양반계급을 사대부와 동일시하며 위로는 국왕을 제어하고 아래로는 행정실무자인 중인들과 경제적으로는 지주의 신분으로 양인과 천인을 지배한 세력이라고 정의 내리고 있다.

『조선 시대 과거 제도 사전』(원창애 외, 한국중앙연구원 출판부 2014)에 따르면 문과, 무과, 잡과라고 하는 세 분야의 시험 중 조선 최고의 관직인 3정승 6판서가 될 수 있는 시험은 문과시험이었다. 경국대전에는 문과합격자들만이 서용될 수 있는 고위 관직이 명시되어 있다. 문과시험은 시문이 중심이 된 시험이었다. 지금으로 치자면 문학과 철학 그리고 역사였다. 총리와 장관이 모두 인문학 전공자였던 셈이다. 권력의 최고 정점에 있던 왕의 경우도 경연이라는 학습과정을 거쳐 문학과 철학인 유교경전과 우리의 역사 공부를 통해 인문학적 지식을 갖추어야만 했다. 경연이라고 하는 이 교육과정은 우리가 이야기하는 적정인문학의 한 형태일 수 있다. 어린 왕자를 위한 경연은 일반 교육과 크게 다를 바가 없었으나 왕이 된 이후의 경연은 왕이 정책을 연구하는 자리이자 실질적인 정책 세미나가 진행되는 자리였다. 왕을 위한 맞춤형 교육 즉 적정인문학이었던 것이다.

이 인문학의 나라는 518년간 지속되었다. 역사상 세계의 어느 왕조와 비교하더라도 상당히 오래 지속된 왕조 중에 하나다. 모든 왕조와 정권 말기에는 그 체제를 지탱하고 있던 이데올로기나 체제의 부정적인 면이 부각되었던 것처럼 조선을 이끌던 인문학이 고리타분한 것이 되어버리고 말았지만 그것은 본질이 오도된 타락한 인문학의 형태였을 뿐 민본사상을 근본으로 정도전 등 조선 초기 사대부들이 설계한 민본주의적 정신의 본질은 분명 위대한 것이었다. 물론 사대부라 지칭되던 지배계급이 이 이상적 가치를 제대로 실현하는데 성공한 것은 아니다. 그들은 앞서 언급되었듯이 이 순수한 인문학적 가치를 지배이데올로기로 이용했을 뿐이었고 그 과정에서 역사는 우리로 하여금 조선의 치욕적인 멸망을 지켜보게 하였지만 500년 이상을 지탱한 체계를 이끌던 정신적 가치, 즉 민본주의적 인문정신만은 언제든 다시 되짚어 찾아와 온전히 되살려야 할 것이다.

조선의 끝을 형식적으로 이어나갔던 대한제국부터 우리는 인문학에 눌려있던 실용학문에 대한 중요성을 절감했고 일제 강점기를 거쳐 6차례의 공화국의 변화를 겪는 동안 그 실용학문들은 인문학을 저 뒤로 하고 빠르게 발전하여 이제 많은 실용학문 분야에서 우리나라는 세계적인 첨단국가가 되었다. 혹자는 대한민국이 한반도 역사상 유례가 없는 융성기를 구가하고 있다고 말한다. 세계 10위권의 경제력과 세계 4위의 제조업 능력 그리고 구한말에 비하면 상대가 되지 못할 만큼 강력한 군사력 등 우리는 지난 반세기 동안 분명 세계사적으로 유래가 없을 만큼 경이로운 물적 성장을 이룩했다. 그러나 그 기간은 기껏 반세기다. 우리 대한민국은 조선 500년 보다 더 오래 지속되고 또 번영해야 한다. 그러기 위해서는 천년을 버틸 수 있는 우리만의 가치가 확보되어야 한다. 그리고 그 가치는 물질적 차원을 넘어 모든 정치·사회적 배경에 든든히 깔릴 수 있는 정신적 차원의 것이어야 한다. 우리는 코로나 19사태를 겪으며 그 가능성이 우리에게 충분히 있음을 확신할 수 있었다.

2.2. 실사구시(實事求是)의 인문학

우리 역사에서 실사구시에 대한 강조는 사실 조선 건국 이전부터 존재해왔다. 실증을 바탕으로 객관적 사실에 근거한 판단과 해답을 구하며 남의 말이나 공허한 이론보다는 현실에서 행동으로 옮길 수 있는 일에 관심을 가질 것을 종용하는 이 학문적 움직임은 중국 청나라 때 탄생한 것으로 알려져 있다. 그러나 실사구시가 역사적 사실로서의 가치만을 지니는 것은 아니다. 학문을 함에 있어 실사구시의 정신은 필수적이다. 실사구시가 가장 경계하는 것은 공리공론(空理空論)인데 사실 어느 시대나 학문은 공리공론에 빠질 위험을 지니고 있다. 경험적으로 획득된 지식들이 하나의 학문으로 통합되어 자리를 잡으려면 체계화를 추구하게 되는데 체계화는 항상 형식화의 위험을 내포하고 있기 때문이다. 형식화에 빠지는 순간 공리공론으로의 귀결은 시간문제일 뿐이다.

우리나라의 경우, 실사구시의 이념은 조선 후기 실학사상으로 전개되었다. 하지만 실학이라는 말은 고려 말부터 존재했다. 사바세계의 덧없음을 설파하는 불교는 종교이자 지구상 가장 높은 수준의 철학 중 하나다. 이 불교 관계자들이 볼 때 유학은 실생활에 관련된 내용만을 담고 있다고 생각했고 그래서 이를 실학이라 불렀다. 사실 실학이라는 말은 넓은 의미로, 고착화된 기존 학문에 대해 새로이 도전하는 모든 학문을 의미할 수 있다.

조선의 중심사상이었던 주자학도 그 출발에는 인간과 그 인간을 둘러싼 세계에 대한 이해라는 지극히 실학적인 동기가 있었다. 서양 중세가 교회의 타락으로 인해 유럽 근대의 지적 움직임의 가장 큰 특징인 인문주의(humanism)를 불러왔듯이 고려시대 불교의 타락은 또 다른 인문주의의 한 형태인 주자학의 개입의 원인을 제공했던 것이다. 그리고 종교적 차원의 학문을 벗어나 인간이 사는 이 세계에 대한 관심을 표명하던 주자학은 분명 종교적 입장에서 보면 실학에 해당되는 학문이었다. 그러나 세월과 함께 학문을 위한 학문 행위가 반복되었고 이 과정에서 본래 실학이었던 주자학은 공리공론의 전형이 되면서 또 다른 실학의 타도 대상이 되고 말았던 것이다. 이 역사적 사건들을 통해 우리는 다시 한번 모든 가치의 본질에 대해 생각해보게 된다. 조선시대를 지배하던 인문학은 결국 고리타분한 탁상공론에 지나지 않았던 것인가? 그렇지 않다. 조선시대의 인문학이 고리타분했던 것이 아니라 그 인문학을 하는 사람들이 수동적이고 게을렀기 때문에, 학문의 현실적 적용보다는 자구의 해석에 몰두하며 주체적 사고를 하지 못했기 때문에 그들이 하고 있던 인문학은 시간이 흘러가면서 껍데기뿐인 인문학이 되었던 것이다.

예를 하나 들어보자. 조선시대 초등교육 교과서로 잘 알려진 『천자문』은 그 시대 교육의 고리타분함을 상징하기 위해 자주 인용된다. 그러나 이 초등교과서에는 놀라운 교육철학이 담겨져 있다. 글을 배우는 아동들은 글자만을 배우는 것이 아니다. 8자구 1문장의 형태로 되어 있는 이 교과서를 통해 학동들은 글자를 습득함과 동시에 인문학적 사고의 기회를 갖는다. 『천자문』의 첫 문장은 이렇게 시작한다. "천지현황 우주홍황(天地玄黃 宇宙洪荒)", "하늘은 검고 땅은 누르며 우주는 넓고 거칠다."는 의미다. 하늘과 땅의 끝없는 깊이와 넓이를 검은색과 누런색으로 상징하며 우주의 무한함을 논하는 이 문장을 어린 학동이 이해하기는 힘들었을 것이다. 그러나 그 문장을 수백 번 읽고 외우는 과정에서 그 학동에게는 문장의 의미에 대한 궁금증이 생겨날 수 있었을 것이다. 천자문은 이렇게 단순히 한자를 습득하는 차원을 넘어서 생각의 힘을 키워주는 인문학이 녹아든 복합교과서였다. 그러나 그 인문학적 가치를 생각하지 않고 단순히 "하늘 천 따 지"만을 외울 때 천자문은 고리타분한 한자 책이 되고 만다. 사고의 능력과 상상력을 키우는 진정한 교육은 사라지고 암기력만 강조하는 교육이 되고 마는 것이다.

그렇다면 대한민국의 초중등 언어 교과서에는 선비의 나라의 전통을 이을 수 있는 인문정신이 녹아 있을까? "가갸 거겨 고교 구규...", 필자가 초등학교에 입학할 때 한글을 배우기 위해 처음 만난 글귀다. "Good morning, Mr. Baker? Hi, Miss Page?" 필자가 중학교에 입학하며 처음 배운 영어문장이다. 그 어디에서도 철학적 사고와 문학적 상상력을 자극할만한 내용은 없다. 이러한 상황은 지금도 크게 다르지 않다.

해방 이후 각급 학교의 교과서들은 일반적으로 조선의 교육체계에 대한 불신을 바탕으로 제작되었다. 거기에는 일제 강점기 일본학자들에 의해 조작된 식민사관도 큰 몫을 했다. 이러한 교육환경에, 미군정을 통해 수입된 서구식 교육방식과 내용들이 어설피 접목되면서 우리의 교과서들은 체계적으로 정리되지 못한 채 표면적으로 가장 효율적이라고 판단되는 방식으로 짜깁기되었고 그 짜깁기로 이루어진 초기 대한민국의 교과서에 백년대계에 걸맞은 교육철학이 있을 리 만무했다. 그 때문에 우리는 반세기가 넘는 기간 동안 수많은 시행착오를 겪어왔다.

역사적으로 한 나라의 최고지배층이 문인이었던 국가는 드물다. 일본도 권력의 정점에는 쇼군이 있었고 유럽국가들의 최고 권력도 기사계급에게 있었다. 그러나 조선을 이끄는 주체는 칼을 쓰는 무사가 아닌 생각을 하는 문인들이었다. 그들을 우리는 선비라 불렀다. 선비들의 인문학은 자신의 행복과 가정의 평화 그리고 사회의 평안을 추구하기 위한 실용학문이었다. 그 인문학은 시간이 지나면서 남의 생각에 대해서만 왈가왈부하는 형식만 남은 공리공론이 되어버렸고 스스로 생각하는 힘을 지닌 참 선비의 수는 점점 줄어들었다. 그 결과 선비의 나라는 사무라이의 나라에게 치욕을 겪었다. 그와 같은 치욕을 다시 겪지 않으려면 우리의 자산인 인문학이 또 다시 공리공론의 껍데기뿐인 학문이 되어서는 안 된다. 이를 위해서는 실증과 실용의 가치를 실천하는 진정한 선비들이 많아져야 하고 학문의 존재 이유를 언제나 되새기며 그 근본정신에서 멀어지지 말아야 한다. 다시 말해 우리의 인문학은 실학, 즉 실사구시의 인문학이어야 한다.

2.3. 사무라이 정신과 반(反)인문학

일본 정치인들의 후안무치가 극에 달했다. 역사적 만행을 부정하는 정도가 아니라 그 만행의 피해자들을 우롱하는 수준에 이르렀다. 2015년 4월 27일 아베가 행했던 하버드대 연설에서는 과거 일본이 저지른 반인류적인 행위에 대한 일말의 수치심이나 죄의식은 찾아볼 수 없었다. 아니 오히려 피해자들의 마음을 다시 한번 난도질 해대는 조롱에 가까운 수사와 가식만 난무했다. 그로부터 6년이 지난 지금 군사적 망동이라 해도 지나치지 않을 물리적 위협을 우리에게 가하면서 너무나도 뻔뻔스러운 적반하장의 역사의식과 현실감각을 드러내고 있다. 그리고 2021년 우리는 그들의 생각 없는 역사적 망상과 독선적 아집이 어떤 결과를 가져오는지 목도하고 있다.

가끔 TV뉴스에서 검거된 조직폭력배들이 자신의 잘못이 무엇인지 인지하지 못한 채 '사무라이 정신'을 운운하는 모습을 볼 때가 있다. 그들이 사무라이 정신을 언급할 때는 자신이 주인으로 모시는 '오야붕'을 위해 '죽음을 두려워하지 않는 용기'라는 의미로 사용하는 것이겠으나 사실은 이 폭력배들이 숭배하는 사무라이 정신은 자기보다 더 강한 사람에 대한 계산된 복종에 불과하다.

일본 사무라이들의 수양서인 『히가쿠레기키가키(葉隱聞書)』에는 어느 가난한 홀아비 무사(武士) 이야기가 나온다. 그 무사는 떡장수와 이웃해 살고 있었다. 어느 날 떡집에 가서 놀던 무사의 어린 아들이 떡을 훔쳐 먹었다는 누명을 쓰게 되었다. 떡장수는 무사에게 떡값을 다그쳤다. 무사는 사실을 인정하지 않았지만 떡장수는 계속 고집했다.

무사는 차고 있던 칼을 뽑아 칼잡이답게 번개같이 아들을 배를 가르고 내장을 꺼내어 그곳이 떡이 들어 있지 않다는 것을 보여주었다. 순식간에 벌어진 끔찍한 광경을 보고 떨고 있는 떡장수를 노려보던 무사는 살려달라고 비는 그의 목을 베어버렸다. 그리고는 자신도 할복하여 죽었다.

무사는 명예를 목숨보다 소중히 해야 한다는 사무라이들의 가치관을 강조한 소름 끼치는 이야기다. 그런데 이 끔찍한 가치관은 어디서 유래하는 것인가? 사실 서양의 기사계급이 절대가치로 섬기고 있는 명예(honor)는 라틴어에서 봉건 영지를 의미하는 말이었다. 유럽 봉건시대에는 아주 엄격한 사회 신분이 존재했다. 제1신분은 기도하는 자들이라는 의미의 ORATORES로 사제계급이었고 제 2신분은 싸우는 자들 이라는 의미의 BELLATORES로 기사계급이었으며 제 3신분은 일하는 자들 이라는 의미의 LABORATORES로 농민 및 상공인을 비롯한 노동자계급이었다. 지배계층을 형성했던 제 1계급과 제 2계급은 노동을 하지 않았다. 그들의 일은 노동이 아니고 기도와 전쟁이었다. 기사의 존재이유는 싸움이었다. 개미집단에서 병정개미가 그러하듯이 싸움을 못하거나 두려워하는 기사는 존재가치가 없다. 그래서 그들에게는 죽음을 두려워하지 않는 용기가 가장 큰 미덕이 되어야만 했던 것이다. 그리고 그 미덕은 사실 영지를 수호하여 자신의 이익을 지키려는 계산된 이데올로기의 산물이었다. 일본 봉건시대의 사무라이들도 마찬가지였다.

이 칼잡이들은 주군의 생각이 옳은지 그른지 따지지 않는다. 그들은 생각, 즉 인문학적 사고를 하지 않는다. 삶의 보편적 가치는 무엇이며, 어떤 것이 진정으로 옳은 것인가 따위의 고민은 이들에게 없다.

그저 주군의 명령에 따라 죽음을 두려워하지 않는 자세로 그 명령만 수행하면 된다. 명령을 수행하지 못하고 죽어도 상관없다. 또 다른 사무라이가 그 일을 계속할 것이기 때문이다. 일본을 대표하는 이미지인 자살특공대에 대해 그들이 부끄러워하기는커녕 자랑스러워하는 모습을 보이는 것도 바로 이러한 사무라이적 특성 때문이다. 이런 집단은 그 수장이 훌륭한 사람일 때 무섭도록 효율적이고 가치 있는 집단이 된다. 반면 그 수장이 나쁜 사람일 때는 거대 범죄 집단이 되어버린다. 히틀러를 수장으로 둔 독일의 나찌가 그랬고 군국주의자들을 수장으로 둔 과거 일본이 그랬다. 현재의 독일은 그 사실을 알고 있다. 그래서 자신들의 역사적 사실을 인정하고 부끄러워하며 더 이상 국가주의가 아닌 역사와 인류애를 바탕으로 하는 인문학적 근대 정신에 기초하여 나라를 이끌어나가려고 노력하고 있는 듯이 보인다. 독일은 그래서 현대적인 국가이며 주변국은 물론 전 세계 사람들에게 선진국 대접을 받을 만하다. 독일의 메르겔 총리가 방일 기간 중 과거사에 대해 일본 극우들에게 쓴 소리를 했던 일은 독일 지성의 수준을 말해준다. 반면 일본의 양심과 지성의 목소리는 너무 약하다. 물론 일본에도 양심적 지성은 있다. 일본이 또 한 번 거대한 폭력배 집단이 되는 것을 피하려면 아베나 스가와 같은 무지하고 뻔뻔한 사무라이에게 열광할 것이 아니라 오에 겐자부로 같이 생각할 줄 아는 양심적 지성, 즉 선비의 말을 새겨들어야 한다. 사무라이집안의 자손이었음에도 불구하고 훌륭한 예술가이자 인문학자였던 그는 2006년 일본 문부과학성의 검정을 통한 교과서 왜곡을 비난하면서 사무라이 정신이 지닌 반(反)인문학적 성향의 위험에 대해 이렇게 경고했다.

"저는 공생을 중요하게 생각합니다만, 무력을 앞세운 권력이 시민에게 공사(共死)를 강제하는 것을 포함한 '관군민 공생공사' 사상의 무서움, 그것에 복종하는 국민을 만들어낸 교육에 대해 생각합니다."

사실 이와 같은 움직임은 소규모지만 꾸준히 있어왔다. 일본의 일부 지식인들은 일제의 한국식민지배에 대한 사죄내용을 담은 1995년의 무라야마 담화를 근거로 남북한과 관련된 모든 역사적 문제를 풀어나가야 한다고 일본 정부에 꾸준히 촉구하고 있다. 전 도쿄대 교수 와다 하루키를 중심으로 한 이 소수의 양심적인 지식층들은 그동안 꾸준히 목소리를 내왔다. 문제는 이들의 목소리가 일본의 지식인층을 대표하는 것이 아니라는 점이다. 이들은 극소수일 뿐이며 이들의 담화나 성명은 일본에서 공론화되지도 못하고 또 공론화된다 하더라도 일본인들의 입장에서 매국의 관점으로 매도되는 경우가 대부분이다.

"일본을 우습게 아는 것은 전 세계에 유일하게 한국 사람들뿐이다."라는 말을 자주 듣는다. 일본은 역사적으로 언제나 한반도의 국가들보다 넓은 영토와 많은 인구를 가지고 있었다. 군사력에 있어서도 일본은 거의 언제나 한반도를 위협하는 수준을 유지하고 있었다. 그것은 2차대전의 패전국이 되어 군사적인 제약을 받고 있는 지금도 마찬가지다.

그러나 이 반인문학의 나라는 이제 크게 두려워할 것이 없다. 우리의 군사력과 일본의 군사력을 비교하며 싸우면 누가 이길지를 따지는 일도 의미가 없다. 현대전에서 데미지 없이 전쟁에서 승리하려면 한 나라의 군사력이 상대국에 비해 수십 배 이상 되어야 한다는 사실을 모르는 이는 없다. 아니 수십 배, 혹은 수백 배가 되어도 전쟁이 주는 상호 타격에서 벗어날 수 있는 강대국은 지구상에 없다. 20세기 후반부 초강대국 미국이 벌였던 베트남전이나 아프카니스탄전, 이라크

전 등에서, 심지어는 아프리카의 빈국 소말리아와의 전쟁에서 과연 미국이 승리를 했는가? 수십, 수백 배가 넘는 군사력에도 불구하고 미국 역시 타격을 입었다. 하물며 이웃한 국가들 간의 전쟁에서는 그 끔직한 결과를 상상도 하기 싫다. 그것은 일본인들의 입장에서도 마찬가지일 것이다.

일본과의 관계 개선은 필요할 수 있다. 그러나 전쟁의 위협을 줄이고 평화로운 관계를 유지하며 산업과 문화에서 서로 도움을 줄 수 있는 관계로 성장하기 위해서는 상호 동등한 동반자로의 인정이 선행되어야 한다. 그런데 지금 일본은 우리를 동등한 동반자로 성실하게 대하고 있는가? 절대 그렇지 못하다. 개인적 차원에서의 동반자관계에서 한 개인이 다른 개인의 진정한 동반자가 되기 위해서는 상대의 살아온 과거와 현재 그의 생각과 감정 등을 이해하는 것이 필수적이다. 그리고 그 생각과 감정에 공감하기 위한 노력이 진행되어야 한다. 그런데 일본은 우리의 생각과 감정에 대한 공감을 위해 노력하고 있는 모습이 보이지 않는다.

일본은 경제적, 군사적 대국이었지만 세계 모든 국가들의 리더 역할을 한 적은 한 번도 없다. 세계사에서 군사적, 경제적 강국이 모두 그 시대의 리더가 되는 것은 아니었다. 1910년 일본이 군사적 위협을 앞세워 우리를 강제 합병했을 때 일본은 군사적으로 그리고 경제적으로 우리를 압도했지만 우리를 이끌지 못했다. 우리를 짓눌렀을 뿐이다. 그리고 그 짓눌림은 오래가지 못했다. 짓누르고 있을 때조차도 우리를 온전히 지배하지는 못했다. 우리의 정신을 굴복시키기에는 그들의 정신이 너무나 천박했기 때문이다.

21세기는 20세기까지 존재했던 무력에 의한 국가 간 패권주의가 더 이상 유효하지 못할 것이다. 국가 간 이해관계의 극단적 해결책인 전쟁이 가능하던 시대는 지났다. 이제 전쟁은 우리 인류를 멸망으로 몰고 갈 것이다. 그래서 일어나서도 안 되며 또 일어날 가능성도 점점 희박해지고 있다. 지구상의 200개가 넘는 국가가 연합체의 형태로 공존하고 있는 현재, 그 국가들을 이끄는 리더국으로 인정을 받으려면 존경받아야 한다. 일본의 군국주의적 망령은 여전히 지배하는 일본을 꿈꾸고 있다. 같이 사는 일본을 꿈꾼다면 같이 살고 싶은 국가와 공존을 모색하는 노력을 해야 한다. 지배를 꿈꾸는 망상에 사로잡혀 억지와 거짓을 반복하는 오류를 멈춰야 하는 것이다. 그리고 인류의 발전과 행복을 향한 보편적인 가치를 설파하고 실천해야 한다. 다시 말해 진정한 인문학적 선진국이 되어야 한다는 것이다. 일본이 소위 사무라이 정신이라는 반인문학적이며 시대착오적인 가치에 얽매여 있는 한 난 그들을 경계하지만 두려워하지는 않을 것이다. 진정 두려운 것은 물질의 힘이 아니라 정신의 힘이라는 것을 믿기 때문이다.

2.4. 인문학, 생각을 생각하는 힘

요즘 젊은이들이 사용하는 말 중에 "개념이 없다"는 표현이 있다. 개념이란 단어는 사전적으로는 '미의 개념', '사랑의 개념'에서처럼 여러 관념 속에서 공통된 요소를 뽑아내어 종합한 보편적인 관념을 의미하는 것이지만 젊은이들이 사용하는 의미는 이 사전적 의미와는 좀 다르다. "제는 개념이 없어."라는 말은 일상에서 통용되는 행동기준을 알지 못하는 사람에게 하는 말이다. 이전 세대에서는 같은 의미로 "생각이 없다"는 말이 사용되었다. "너는 왜 그렇게 생각이 없니?"라는 표현은 지금 젊은 세대가 말하는 "너는 왜 그렇게 개념이 없니?"와 같은 의미였다.

행락열차의 성격이 짙은 경춘전철을 이용할 때면 종종 개념 없는 사람들을 만난다. 핸드폰 작동음을 크게 켜고 게임 삼매경에 빠져 있는 사람, 막걸리에 닭갈비 냄새를 진하게 토해내며 평소 목소리보다 세 배는 크게 대화를 하고 있는 사람 등. 내가 열차 같은 좁은 공간에서 핸드폰 작동음을 켜놓은 채 게임을 하면 그 소리가 다른 사람들에게는 어떻게 들릴까? 지금 내가 먹고 마신 힘으로 토해내는 이 냄새나는 고성이 주변 사람들에게 얼마나 피해를 줄 수 있을까? 이런 것들을 생각한다면, 그리고 그 생각이 입장을 바꾸어 놓고 바라볼 줄 아는 배려의 행동으로 이어진다면 기차 안에서는 서로 얼굴 붉힐 일은 발생되지 않을 것이다. 이러한 상식적인 논리는 열차보다 좀 더 넓은 곳 즉 사회, 국가 등으로 확대 적용이 가능하다.

지구의 인구가 80억을 향해가고 있다. 인간을 제외한 어떤 고등 동물도 이렇게 많은 개체가 밀집되어 살지 못한다. 생태계의 최상위 포식자는 언제나 그 수를 상호간에 조절한다. 사자나 호랑이의 영역싸움은 서로가 서로를 죽이며 최상위 포식자의 수를 조절하는 행위다. 그러나 동물의 세계에서 명실상부 최상위 포식자인 인간의 수는 다른 상위 포식자들과 비교할 수 없을 만큼 많다. 어떻게 인간은 다른 포식자들과 달리 이렇게 많은 수가 공존 할 수 있는가? 생각을 하기 때문이다. 요즘 젊은이들의 표현대로라면 개념을 중시하기 때문이다. 그래서 같이 살 수 있는 방법에 대해 생각하고 그 생각이 사회에서 실천되고 존중될 수 있도록 이념과 제도를 만들고 그것을 교육함으로써 동물적 본능을 제어할 수 있는 사회적 장치를 확보할 수 있었다. 그것이 인류를 융성시킨 가장 큰 힘이다.

파스칼의 『팡세』에서 가장 유명한 구절중의 하나는 "인간은 생각하는 갈대"다. 이 말에는 인간은 육체적으로 갈대처럼 나약한 존재이지만 생각을 하는 능력 덕분에 우주도 포용할 수 있는 큰 존재가 될 수 있다는 의미가 함축되어 있다. 그런데 파스칼이 말하는 '생각(Pensée)'의 의미는 무엇일까? 인간 이외의 다른 동물들은 생각하지 않는가? 그렇지 않다. 동물들도 분명 생각한다. 모든 동물들은 자신의 생존과 안전 그리고 종족보존을 위해 유리한 상황을 찾고 지키기 위해 생각한다. 우리 주변의 애완동물들만 보더라도 주인의 사랑을 받기 위해 또 영역을 지키기 위해 나름 생각을 하는 것이 분명하다. 하지만 파스칼이 말하는 생각은 그런 생각이 아니다. "아, 배고프다"라는 생각은 동물들도 한다. 하지만 나는 왜 배가 고프지? 배가 고픈 것과 배가 부른 것의 차이는 무엇이며 그 경계는 어디에 있지? 따위의 생각들, 즉 배가 고프다는 생각에 대한 생각처럼 메타적 차원에서의 생각을 말하는 것이다. 그것을 우리는 다른 말로 철학이라고 부르기도 한다. 인간은 철학을 할 수 있는 지구상의 유일한 존재다. 여기서 말하는 철학은 학문적 분류로서의 한 분야를 의미하는 것이 아니다. 그것은 생각에 대해 생각하는 행위를 의미한다.

이 지점에서 우리는 형이상학이라는 말을 떠올리게 된다. 형이상학이라는 용어는 아리스토텔레스의 철학으로 부터 유래된 '메타피지카(Metaphysica)'에 대한 번역어다. 이 번역어는 형이상자(形而上者)를 도(道)라 하고, 형이하자(形而下者)를 기(器)라고 한다는 『주역』의 계사(繫辭)편에서 차용한 말이다. 아리스토텔레스의 '메타피지카'나 『주역』의 '형이상자' 모두 인간만이 할 수 있는 지적 행위, 즉 생각에 대한 생각 행위를 지칭하고 있는 말이다.

라틴어 후마니타스(HUMANITAS)는 인간다움을 의미한다. 그리고 이 단어는 인문학이라는 말로 번역되기도 한다. 인간답게 산다는 말은 다양한 의미로 해석이 가능하겠으나 확실한 의미 중에 하나는 바로 생각하며 산다는 것이다. 생각에 대한 생각을 하지 않고 사는 삶은 짐승의 삶과 다를 것이 없다. 인간이 인간답게 살기 위해서는 생각에 대한 생각을 하며 살아가야 한다.

2.5. 리버럴 아츠(liberal arts)와 21세기 대한민국의 인문교육

미국에서 교양과정을 의미하는 리버럴 아츠는 라틴어의 'ARTES LIBERALES'을 어원으로 하고 있다. 이 라틴어 표현이 처음 사용된 문헌에 대해서는 의견이 분분하다. 그러나 모든 의견의 차이를 감안하더라도 공통적으로 인정되고 있는 것은 리버럴 아츠라는 말은 고등교육을 위해 3학(TRIVIUM : 문법, 수사학, 논리학)과 4과(QUADRIVIUM : 산술, 기하, 천문, 음악)로 분류된 학문의 총칭이라는 점이다. 3학은 올바로 말하기를 위한 학문이고 4과는 올바로 계산하기를 위한 학문이다. 올바로 말하고 계산할 수 있는 능력은 올바로 생각할 수 있는 힘을 키우기 위해 필수적인 것이다. 결국 이 학문들은 생활 속에서 필요한 단순 기술, 즉 직조기술이나 목공기술 등의 테크네들과 구별되어 논리적 사고와 합리적 계산 그리고 세계와 우주의 질서를 이해하는 능력을 키우는 것을 목표로 하고 있었다. 그 시대 이러한 능력들은 자유인이 되기 위해 필수적인 것이었다. 그리고 이 전통은 노예제도에 경제 문화적 토대를 두고 있던 그리스와 로마로부터 유래된 것이다. 고대 사회에서 노예들은 단순기술을 습득하는 것만으로도 사회적 역할을 하기에 충분했지만 시민들에게는 이 노예들의 노동을 통제하며 국가나 사회의 주요 사항을 결정하는 참정권을 행사하기 위해 시대의 맥락을 읽을 줄 아는 힘이 필요했다. 즉 사회 운영의 주체가 되어야 하는 시민들에게는 단순한 테크네 차원의 앎이 아닌 스스로 생각할 수 있는, 다시 말해 스스로 사회적 상황에 대한 판단의 기준을 세울 수 있는 능력이 필요했던 것이다. 그리고 그 능력은 삶의 어느 한 순간을 투자하여 훈련을 한다고 해서 완성될 수 있는 것이 아니라 삶의 모든 순간, 항상 그리고 반복적으로 벼리어져야 한다. 우리가 살고 있는 이 사회의 가치와 그 가치에 대한 판단 기준은 언제나 변화하기 때문이다.

우리말 '공부'는 무척 광범위한 의미를 포함하고 있다. "학문이나 기술을 배우고 익힘"이라는 『표준국어대사전』의 의미는 우리가 일상에서 사용하고 있는 공부라는 말의 의미의 극히 일부만을 포함하고 있다. 오래전 일이지만 대학입시를 치루고 난 다음 날, 난 막연히 행복했다. 이제는 그 지겨운 공부를 하지 않아도 될 것 같아서였다. 그만큼 공부는 하기 싫은 것이었다. 그런데 역설적으로 난 그 지겨운 공부를 지금까지 하고 있다. 재미있는 건 어느 순간부터인가 공부가 지겹다라는 느낌이 사라져버렸다는 사실이다. 사람이 바뀐 것일까? 그렇지 않다. 난 바뀌지 않았다. 지금도 여전히 고등학교 다닐 때까지 지겨워했던 사칙연산류의 단순반복 훈련이나 단순 암기에는 진저리를 친다. 그리고 잘 하지도 못한다. 그러나 왜?라는 질문이 나오고 그 질문에 대한 답을 찾는 행위인 공부는 재미있다. 소위 연구라고 하는 것이다.

내가 초등학교부터 고등학교까지 배웠던 모든 것도 공부를 통해 습득되었고 대학교 이후 대학원을 거쳐 소위 학자로서의 삶을 사는 지금, 강의에서 또 글에서 표출되고 있는 내 지식들도 공부를 통해 습득되었다. 그런데 공부를 통해서는 지식의 습득 말고도 얻게 되는 것이 또 있다. 깨달음이다. 프랑스어에서는 습득을 위한 공부와 깨달음을 위한 공부는 다른 말로 표현된다. 예를 들어 '영어를 공부하다'라는 의미로 étudier l'anglais(영어의 study english에 해당)라는 말은 사용되지 않는다. 토익이나 토플 같은 시험 혹은 회화나 작문 등 영어 구사를 목표로 수행하는 영어 공부는 apprendre l'anglais(영어의 learn english에 해당)라고 표현해야 맞다. 영어를 비롯한 외국어 공부는 그 자체가 최종 목적이 되는 경우는 드물다. 우리가 영어 공부를 하는 이유는 영어를 수단으로 사용하여 최종 목표에 도달하기 위함이 대부분이다. 영어 독해력을 키워 영어로 된 정보나 지식을 습득하기 위해서이거나 혹은 영어 구사력을 키워 그것을 매개로 무역 등을 통해 재화를 획득하려는 목적으로 이어지는 것이다. 그런데 우리말에서 공부는 수단을 습득하기 위하여 학습하는 행위나 깨달음을 위해 노력하는 행위를 모두 포함한다. 예를 들어 영문학을 전공하는 학생이 초등학교 시절부터 시간을 투자해온 영어학습도 공부고 그 배운 영어를 활용하여 셰익스피어의 햄릿을 원문으로 읽으며 번역문을 통해서는 도저히 느낄 수 없는 아름다움을 경험하는 일도 모두 공부인 것이다.

그런데 이 두 종류의 공부는 분명히 구분되어야 한다. 이 두 공부가 구분되지 못하고 혼용되는 바람에 우리는 웃지 못할 교육상의 방법론적 오류를 저지르고 있다. 우리가 étudier(영어단어 study에 해당)라는 진짜 공부과정을 경험하기 위해서는 반드시 apprendre(영어단어 learn에 해당) 과정을 성공적으로 마쳐야 한다. 셰익스피어의 햄릿을 원문으로 읽기 위해서는 영어 독해 능력이 상급이상이 되어야 한다. 쉽지 않은 일이고 그 수준에 도달하는 과정은 지난하다. 결코 즐겁게 놀며 할 수 있는 과정이 아니다. 그러나 그 과정을 성공적으로 마치면 새로운 세계가 보인다. 이전에는 볼 수 없었던 새로운 세계, 영어라는 새로운 언어로 접근할 수 있는 미학적, 철학적 그리고 문학적 세계가 열린다. 그리고 그 세계를 탐험하는 일은 경이롭다. 우리말로 '재미있는' 혹은 '흥미있는'이라는 말로 표현될 수 없는 재미, 영어의 exiting이라는 말로 밖에는 표현이 안 될, 그런 다이나믹한 재미를 경험할 수 있게 된다. 비유를 들어 다시 설명해보자. 박지성이나 손흥민 같은 축구선수가 되기를 희망하지 않더라도 많은 어린이들이 축구하기를 좋아한다. 그것은 놀이로서의 축구이고 여가를 즐기기 위한 오락행위다. 그런데 이 어린이들 중 진정한 프로 축구 선수가 되기를 원하는 사람들이 있다면 이들에게는 오락행위로서의 축구를 넘어서 훨씬 높은 차원의 축구 세계에 대한 도전이 요구된다. 이를 위해 우선은 필요한 기초체력 훈련을 해야 한다. 축구공을 만지기 전에 근력을 키우고 기술을 습득해야 한다. 운동장을 뛰고 산악훈련을 하며 발가락이 휘어지도록 슈팅연습을 해야 한다. 그 과정이 지난한 학습 및 훈련과정이다. 그 학습 및 훈련과정을 성공적으로 마친 사람은 진정한 프로의 세계에서 수 만 관중들의 피 끓는 환호와 더불어 일반인들은 경험할 수 없는 환상적 열정의 세계를 경험할 수 있게 된다.

"쉽게 배우는 프랑스어", "놀며 배우는 영어" 따위의 제목을 단 외국어 학습서를 통해서는 그 어떤 학습자도 절대로 프로의 세계에 발을 들일 수 없다. 공부를, 특히 학습 및 훈련과정을 오락이나 레저활동을 하듯 재미로 해서는 절대로 남들보다 뛰어난 능력을 함양할 수 없기 때문이다. 삶을 대하는 태도에서도 우리는 프로정신을 필요로 한다.

21세기 대한민국에서 모든 성인 남녀는 참정권을 갖고 있다. 금세기에 지구에는 역사상 그 어느 시대보다도 많은 자유인들이 존재한다. 하지만 그 자유인들은 참자유인인가? 자유인임을 자부하고 있는 우리는 과연 자유인으로서 갖추어야 할 자질을 지니고 있으며 또 그 권리를 온당하게 행사하고 있는가? 우리가 세상의 흐름에 무지한 채 자신이 맡은 직무를 기계적으로 수행하는 사람으로 산다면 우리는 스스로를 자유인이라 할 수 없을 것이다. 그리스 로마 시대의 노예와 다를 것이 없기 때문이다. 고대 로마의 노예들 중에도 부자는 있었다. 그들 중에는 개인적인 능력을 발휘하여 주인에게 인정받고 경제적으로 풍요롭게 사는 사람들도 존재했던 것이다. 하지만 이들도 자유인이 되지는 못했다. 자유인이란 스스로 사회와 역사의 흐름을 읽고 그 속에서 자신의 위치를 파악하여 자신이 해야 할 일은 무엇이고 또 자신이 하는 일은 사회와 역사에서 어떤 의미를 지니는가에 대해 헤아릴 수 있는 사람을 말한다. 그렇다면 자유인이 되기 위해 우리는 어떤 능력을 갖추어야 하는가?

일본에서 우리의 임권택 감독과 비슷한 위상을 갖고 있는 야마다 요지 감독의 영화 〈황혼의 사무라이〉에서 이 질문과 관련된 흥미로운 한 장면이 발견된다. 메이지 유신 무렵, 한 하급 사무라이의 삶을 그려낸 이 영화 속에서 주인공 세베의 어린 딸이 『논어』를 읽다가 갑자기 아버지 세베에게 묻는다. "바느질을 배워 열심히 연습하면 언젠가는 기모노를 지을 수 있겠지요. 그런데 학문은 배워 무엇을 할 수 있나요?"아버지 세베는 예기치 못한 딸의 질문에 잠시 당황하지만 곧 이렇게 대답한다. "네 말대로 바느질을 배우면 언젠가 기모노를 지을 수 있다. 그러나 학문을 하면 생각할 수 있는 힘이 생긴단다. 생각할 수 있는 힘이 생기면 사회가 어떻게 변하더라도 그 변화에 적응할 수 있는 능력이 생기지."

참자유인이 갖추어야 할 자질이 무엇인가를 정확히 말해주는 장면이다.

리버럴 아츠의 3학 4과는 결국 유럽의 중세의 자유인들에게 사고력과 판단력을 지닐 수 있도록 생각하는 기술을 가르치기 위한 과목들이었다. 21세기 대한민국에서 교육되고 있는 인문학도 참자유인 즉 살아 있는 시민을 양성하기 위해 필요한 내용을 가르치는 학문이 되어야 한다. 문학과 철학 그리고 역사는 생각하는 능력을 키우기 위해 필수적인 학문이다. 물론 한 가지가 전제 되어야 한다. 문학, 철학, 역사 교육의 내용이 역사속의 다른 사람의 생각을 살피고 정리하는 데서 멈추어서는 안 된다는 것이다. 데카르트의 사상을 이해하고 셰익스피어의 작품을 분석하는 일은 그 천재들의 시각을 빌려 세상을 볼 수 있는 기회를 제공받기 위함이다. 그 궁극의 목표는 이들의 생각을 참조하여 자신의 생각을 벼리는 일이다. 『방법론 서설』이나 『햄릿』은 그 내용 자체가 진리로 여겨져야 하는 성서가 아니다. 데카르트나 셰익스피어를 얼마나 알고 있느냐 하는 것도 중요하지만 그보다 더 중요한 것은 어떻게, 어떤 방식으로 알고 있느냐 하는 것이다. 학생들에게 데카르트나 셰익스피어에 대한 지식을 습득하도록 유도하는 것만큼이나 그 지식을 지혜의 차원으로 승화시킬 수 있도록, 생각하는 힘을 키워주는 일은 21세기 변화를 주도해야 할 대한민국의 모든 인문학 교육자의 의무다.

2.6. 인문학과 스티븐 잡스

스티븐 잡스의 삶은 그 자체가 영화의 소재가 될 수 있을 만큼 극적이었다. 특히 2011년 봄, 시한부 삶의 판정을 받은 상태에서 진행되었던 아이패드2의 발표는 잡스의 삶이라는 드라마에서 클라이맥스에 해당되는 부분이었다. 그는 발표장에서 애플의 DNA에는 테크놀로지와 인문학이 결합되어 있다고 말한다. 그리고 그것이 애플이라는 회사가 애플을 모방하는 많은 기업들과 다른 점이라고 강조한다. 우리가 주목할 것은 잡스가 자신의 신화에 화룡정점 하던 그 순간, 인문학이라는 단어가 출현했다는 사실이다. 잡스의 한 마디 한 마디에 예민했던 한국사회에서 그 연설이후 인문학에 관한 관심은 기하급수적으로 증폭되었다. 심지어는 국내 젊은이들의 꿈의 직장인 삼성전자에서 인문학 전공자를 특채한다는 공고가 나오기도 했다. 국내외의 어떤 인문학자들의 주장과 연구보다도 잡스의 한 마디는 인문학 열풍에 결정적인 역할을 한 셈이다.

그러나 사실 잡스가 강조한 인문학적 가치는 가짜다. 그날 잡스 연설의 마지막 부분에 언급된 LIBERAL ARTS와 HUMANITIES는 둘 다 라틴어를 기원으로 하는 말로 두 표현 모두 '인문학'이라 번역될 수 있는 말이다. 잡스는 이 두 용어의 의미를 구별하지 않고 동의어로 사용하고 있는 듯이 보인다. 어쨌든 잡스의 연설에서 인문학의 본연의 가치에 대한 논의가 진행된 것은 아니었다. 그는 단지 인문학이 테크놀로지에 접목되어야 한다는 말을 하고 있을 뿐이다. 그가 말하는 인문학이란 아마도 인간의 감성과 성향을 파악하기 위해 도움이 되는 학문을 의미하는 것 같다. 그리고 그는 그런 인문학을 통해 획득된 인간에 대한 이해가 산업을 위해 유용하게 활용될 수 있다는 점을 강조하고 있다.

인류는 끊임없이 발명을 해왔다. 아마도 사냥을 위한 것이었을 첫 도구부터 증강된 현실을 위해 활용되고 있는 최신 기계들까지 수를 헤아릴 수도 없는 그 많은 발명들은 우리의 삶을 더 편리하고 윤택하게 하기 위해라는 공통의 목적을 갖고 있었다. 결국 우리를 자유롭게, 그래서 행복하게 하기 위해 발명은 진행되었던 것이다. 그러나 이제 우리는 다시 한번 생각해 보아야 한다. 발명된 이 모든 편리함 덕에 우리는 진정 자유를 얻었는가? 그리고 자유로워진 만큼 행복해졌는가?

분명 우리는 이전보다 많은 자유를 스마트 기기들 덕에 누리고 있다. 지구 반대편에 있는 사람들과 얼굴을 마주보며 통화를 하고 또 세계 도처에서 벌어지는 일들을 실시간으로 검색할 수 있다. 이 스마트 기기들이 우리에게 제공하는 편리함은 혁명적인 차원의 것이다. 그러나 그 편리함 덕에 우리가 행복해졌는가? 대답은 쉽지 않다. 활과 총 그리고 핵폭탄도 인간의 편리함을 위한 발명으로부터 시작되었다. 그러나 결과적으로 그 편리함을 얻으며 인간은 얻은 것 이상으로 많은 것을 잃었고 또 잃고 있다. 예를 들어 스마트 폰 때문에 우리가 잃고 있는 것도 결코 적지 않다. 스마트 폰을 통해 우리는 이전 보다 많은 소통과 대화를 한다. 그런데 생각지도 못했던 부작용을 겪기도 한다. 스마트 폰을 통해 대화를 배우는 요즘 젊은이들에게 표정이 없어지고 있다. 초등학교 저학년부터 스마트 폰을 사용하여 대화를 하는 어린이들은 자신의 감정을 표정이나 말투보다는 이모티콘을 통해 표현하는데 익숙하다. 그래서 그들에게서 다양한 표정을 보기는 점점 힘들어진다. 필자는 옆에 있는 친구에게 이모티콘을 보내며 자신이 화가 났다는 사실을 알리던 어린이를 직접 목격하기도 했다. 심지어는 스마트폰 때문에 가족과 친구와의 대화도 줄어들고 있다. 잡스가 자신이 개발한 스마트폰을 자신의 자녀들에게 사용하지 못하도록 했다는 일화는 스마트 폰의 부정적 기능을 잡스 자신도 인정했다는 사실에 대한 방증이다. 소통을 위해 개발된 기계가 오히려 진정한 소통을 저해하고 있는 이 아이러니는 기계의 발달이 곧 바로 인간의 행복으로 이어지는 것은 아님을 보여준다. 누군지도 모를 불특정 다수와의 대화에 빠져 우리는 진정 소통해야 할 가족이나 친구와의 대화 시간을 잃고 있다. 스마트폰이 스마트해질수록 그 사용자들은 생각을 하지 않고 살아가는 것처럼 보인다. 스마트폰을 스마트하게 활용할 수 있는 인문정신과 감각을 우리는 잃지 말아야 한다. 그렇지 않다면 스마트폰이 스마트해질수록 우리는 점점 바보가 되어갈 것이다.

인문학은 분명 잡스처럼 부자가 될 수 있는 센스와 감각을 키워줄 수도 있지만 그것이 인문학이 존재하는 이유는 아니다. 인문학은 '잡스같은 기술의 천재들이 주도하는 테크놀로지의 발전이 인간을 진정 자유롭게 하는가?'와 같은 근원적인 질문을 던져볼 수 있는 능력을 키우는 학문이다. 그 능력을 우리는 인문정신 혹은 비판정신이라고 부른다. 잡스는 뛰어난 기술자였고 엄청난 부자였지만 위대한 철학자는 아니었고 더욱이 부러워할 만큼 행복한 삶을 산 사람도 아니었다.

2.7. 앎에 대한 욕망과 인문학적 자유

교부철학의 아버지라 지칭되는 아우구스투스 아우렐리우스는 인간이 지닌 현세의 욕망CONCUPISCENCES을 세 가지로 분류했다. 육체적 욕망LIBIDO SENTIENDI, 정복의 욕망LIBIDO DOMINANDI 그리고 앎에 대한 욕망LIBIDO SCIENDI이다. 서양의 거의 모든 사상가들은 종교의 유무를 떠나 아우렐리우스 욕망론의 영향을 받았다. 기독교 사상가들에게 이 세 가지 욕망은 신성으로 다가가기 위해 극복해야 할 원죄였고 다른 이들에게는 인간 행동의 동기에 대한 이해의 바탕이었다. 이 욕망들은 필요 이상으로 넘칠 때 문제가 되지만 모자라도 문제가 된다. 식욕이나 수면욕이 없어진다면 사람은 생존이 불가능해진다.

서양의 근대를 연 르네상스의 큰 특징은 인간 중심의 가치 추구였다. 그것을 '인간주의humanism' 혹은 '인문주의'라고 한다. 르네상스 인문주의의 가장 소중한 유산은 인간의 존엄에 대한 인식이다. 보편자로서의 인간이 아닌 개별자individual로서의 인간의 존엄에 대한 개안開眼은 개인의 권리 즉 인권이라는 개념으로 발전했다. 결국 인권은 미국 독립과 프랑스 혁명이 최대의 가치로 삼았던 현대적 공화국republic의 공표와 더불어 선언의 형태로 성문화되기에 이른다. 개별자로서의 인간의 권리가 신장되어온 역사 그것이 서양근대 정신사의 핵심이며 그 역사를 우리는 개인주의individualism의 역사라고 부른다. 여기서 말하는 개인주의는 우리가 흔히 혼동하는 이기주의와는 근본적으로 다른 것이다. 그것은 모든 개인이 존엄하며 그 개인은 인간으로서의 존엄을 유지하기 위해 필요한 권리를 누려야 한다는 주장이다. 인권이 보장되는 개인들의 총합이 조화롭게 살아가는 국가가 민주국가다. 그래서 민주주의가 경계해야 할 첫 번째 대상은 개인의 가치를 무조건적으로 전체에 희생시키는 전체주의다.

모든 전체주의 체제의 공통점 중에 하나는 개인의 앎에 대한 욕망을 금기시하는 것이었다. 저 멀리 진시황의 분서갱유부터 가까이는 김정은의 공포정치까지 전체주의는 개인의 앎의 욕망을 철저하게 단속해 왔다. 그러나 어떤 단속도 앎의 욕망을 말살하지는 못했다. 인간의 본능적 욕망인 앎의 욕망을 억누르는 것은 식욕이나 수면욕을 억누르는 것과 같다. 인간의 욕망은 자연스럽게 분출시키는 것이 옳다. 절제는 필요하되 억압은 역효과를 부른다는 것을 이미 역사가 증명하고 있다. 역사에서 앎의 욕망을 인정하는 민주주의는 그것을 억누르는 전체주의를 이겨 가고 있다.

그런데 전체주의적 문화가 필요악인 집단도 있다. 예를 들어 군대 같은 집단이다. 전투를 대비해야 하는 군대에서 개인의 의견을 수렴하는 민주체계는 비효율적일 수 있고 때로는 위험할 수도 있다. 그래서 대부분의 군지휘관들은 병사들이 생각하는 것, 그리고 무언가를 자꾸 알려고 하는 것을 달가워하지 않는다. 영화 〈포레스트 검프〉의 주인공 검프는 지적 장애의 경계선에 위치한 인물이지만 군대에서 그 누구보다도 훌륭한 병사로 생활한다. 생각을 안 하기 때문이다. 시키는 대로 하고 아무 것도 궁금해 하지 않는다. 지휘관들에게는 이상적인 병사다.

2011년부터 우리나라 군부대에서는 병영독서라는 프로그램을 진행해 왔다. 당시 한국간행물윤리위원회 소속의 직원들의 아이디어로 시작된 병영독서는 시행 첫해 예산대비 큰 성과를 거두었다. 그런데 프로그램이 시작될 무렵 일선 지휘관들의 반대가 만만치 않았다. 독서는 앎의 욕망을 채워주고 자극하는 행위다. 생각하는 사병은 의식 있는 사병이 될 것이며 의식화된 사병은 위험할 수 있다는 논리를 내세웠다. 그러나 그 반대 논리도 가능했다. 군 생활을 보람 있게 하기 위해선 적극적인 생활태도가 필요한데 적극적인 생활태도는 능동적 마음가짐에서 비롯될 수 있고 능동적 마음가짐은 스스로 생각할 수 있는 힘을 지녀야 가능하다. 따라서 병영 독서는 생각하는 힘을 지닌 강력한 군대를 만들 수 있을 것이다라는 논리였다. 결국 전자가 후자에 설득되어 지금까지 병영독서 프로그램은 계속 진행되고 있다.

생각을 하지 않는 기계 같은 전사의 군대는 무섭다. 그러나 병사도 생각을 하는 군대는 무너지지 않는다. 로봇병사 같은 강력한 군대의 스파르타는 언제나 아테네를 위협했지만 결국 최후의 승자는 스파르타가 무시하던 철학의 나라 아테네였고 임진왜란과 일제강점시 사무라이의 군대는 우리를 뼈 속까지 할퀴어댔지만 결국 선비의 군대인 우리를 쓰러뜨리지는 못했다.

욕망은 에너지다. 앎의 욕망은 인간이 발전하기 위해 필수적인 에너지다. 앎의 욕망을 지닌 개인들이 조화를 이루고 사는 사회는 그 에너지들의 화합된 힘으로 어떠한 체제하의 사회보다 견고한 사회가 될 수 있다. 앎의 욕망이 자연스럽게 분출되고 조화롭게 제어되는 사회, 그 사회에서 개인들은 완벽한 자유를 누릴 수 있다. 앎의 욕망을 통해 얻어지는 자유를 우리는 인문학적 자유라 칭한다. 인문학적 자유가 보장된 사회만이 진리가 가치를 발휘하는 사회가 될 수 있다. 그래서 인문학적 자유를 위한 앎의 욕망은 억압되어서는 안 되는 것이다.

3. 현대적 의미의 적정인문학 출현과 바람직한 진행방향

3.1. 미디어의 발달과 인문학의 탈 아카데미

해방이후 미디어의 발달과 더불어 우리나라의 인문학자들은 강단의 범위를 확장해 나갔다. 강단은 더 이상 대학의 강의실에 국한되지 않았으며 양주동 교수나 서정범 교수처럼 대학의 강단으로부터 벗어나 TV라는 매체를 통해 시청자들에게 국문학이나 국어학 관련 지식을 쉽고 재미있게 풀어준 경우를 우리는 적정인문학의 한 형태라고 볼 수 있다. 또한 연세대학교에서 최초로 수백 명이 넘는 대형강의를 개설하며 동서의 인문학을 넘나드는 지식을 자랑했던 김동길 교수도 미디어를 통해 전국적으로 알려진 대표적인 경우다. 그러나 경직되어 있는 우리 인문학계의 틀을 부수고 밖으로 나와 대학교 학생이 아닌 일반인들에게 미디어를 통해 어렵게만 느껴지던 노자를 쉽게 설명해 주며 일약 스타강사가 된 김용옥 교수야 말로 적정인문학의 시조라고 할 수 있을 것이다.

또한 2000년대 후반부터 갑작스레 불어 닥친 인문학 열풍의 타고 각 방송국의 인문학프로그램에 출현한 많은 학자들과 작가들 그리고 지식인들이 시청자를 대상으로 진행한 인문학 강좌들도 넓은 의미의 적정인문학의 범주에 포함시킬 수 있다.

그러나 엄격한 의미의 적정인문학은 이러한 불특정 다수를 겨냥한 대중강연보다 그 대상이 더 분명하며 전문적이어야 한다. 전문적이라는 말은 학문적인 전문성만을 말하는 것은 아니다. 그것은 강의대상에 대한 전문적 분석을 의미한다. 적정 인문학은 맞춤형 인문학이다. 맞춤형이라는 말은 그 인문학의 수용대상의 욕구와 필요에 맞추어 진행되는 형태라는 의미다. 특정할 수 있는 집단을 위한 적정인문학으로서의 인문학 행위는 그래서 집단상담의 형태를 띠기도 한다. 그리고 현실에서 대부분 그 대상자들은 인문학을 접할 기회를 갖지 못했거나 혹은 접해 보았더라도 충분한 성찰의 기회를 가질 수 없었던 사람들이다. 예를 들어 교도소 수감자, 보호관찰대상 청소년, 소년원생, 재활병원 환자, 지역자활센터 자활대상자 등의 경우를 생각하면 이 문제를 쉽게 이해할 수 있다. 이런 수강 대상에 대한 분석의 전문성은 적정인문학의 효율적인 적용을 위해 필수적으로 요구되는 자질이다.

3.2. 얼 쇼리스와 클레멘트 코스

클레멘트 코스는 진정한 의미의 맞춤형 인문학 강의의 모습을 갖춘 적정인문학이라고 볼 수 있다. 우선 클레멘트 코스는 대상과 목표가 분명하다. 이 철학강의는 “경제적 고통을 받고 있는 사람들을 대상으로 하는 대학 수준의 인문학 강의”를 표방하고 있다. 클레멘트 코스는 1995년 처음으로 강의를 시작하여 현재 세계적인 네트워크를 가지고 있는 재단으로 발전한 상태다. 재단의 홈페이지에 기재된 내용에 따르면 2021년 현재 만 명 이상의 학생들이 수강을 했고 그 중 50% 이상이 과정을 성공적으로 수료했다. 이 강의를 수강한 사람들 중에는 경이로울 만큼 극적인 인생의 변화를 경험한 사람들이 많다. 현재 10여 명의 스태프로 구성된 이 재단의 활동은 세계 곳곳에 그 영향을 미치고 있다. 우리나라에서는 2006년 경희대학교 휴마니타스 칼리지의 인문학 교수들의 프로그램을 시작으로 2021년 현재 교육부와 서울시를 비롯한 지방자치단체 등이 클레멘트 코스라는 이름으로 혹은 희망의 인문학이라는 이름으로 유사한 프로그램들을 운영하고 있다.

이 모든 것은 얼 쇼리스라고 하는 소크라테스와 슈바이처 그리고 페스탈로찌를 고루고루 닮은 한 철학 교육자의 열정이 밑거름이 되어 열린 열매들이다. 2012년 75세의 나이로 세상을 떠난 얼 쇼리스는 철학이 지닌 힘을 일상의 삶에서 보여준 실천 철학자의 전형이다.

클레멘트 코스는 가난한 사람들에게 가장 필요한 가난을 벗어나고자하는 의지와 행복하게 살아보고자 하는 욕망을 인문학을 통해 키워주었다는 점에서 가난한 사람들을 대상으로 하는 적정인문학이다. 그런데 가난한 사람들이라는 기준은 재정적인 차원에만 국한된 것은 아니었다. 노숙자들처럼 누가 보아도 가난한 사람들이 대상이었지만 노숙자들 말고도 스스로 가난에 고통받고 있는 사람들의 참여도 다수였다. 배우면서 가난으로부터 벗어날 수 있었다는 베테랑(클레멘트 코스에서는 코스 수료자들을 이렇게 부른다)들의 참여 후기를 보면 그들이 인문학을 공부함으로써 돈을 벌 수 있는 능력이 강화되어 가난으로부터 벗어날 수 있었다는 말을 하고 있는 경우는 드물다. 클레멘트 코스의 홈페이지에는 다음과 같은 참여 후기가 올라와 있다.

> “오늘도 정말 힘듭니다만 얼 쇼리스 같은 분을 발견하는 것이 불가능하지는 않습니다. 전 오디세이 프로젝트의 학생입니다. 예전에 전 사람들에게 투명인간 같은 존재였습니다. 교육을 받았음에도 불구하구요. 지금 전 인문학 덕분에 제 길을 찾았어요. 진정한 전문가들이 우리를 도와 우리 능력을 키워주었지요. 교육을 받은 사람은 가난하지 않다는 사실을 알려주신 거예요. 오디세이 프로젝트와 더불어 내 삶이, 그리고 내 주위 사람들이 바뀌어가는 걸 보면서 전 무척 고무되었습니다. 전 더 이상 투명인간이 아닙니다. 그리고 전 더 이상 가난하다고 느끼지 않습니다. 가장 중요한 건 제가 스페인어로 수업을 듣고 있다는 사실이지요. 여기 시카고에서요.” (Richard Torres, Odyssey, Chicago) HP Clemente Course

얼 쇼리스는 클레멘트 코스를 시작하면서 가난한 사람들에게 인문학을 하면 록펠러만큼의 부자가 될 수 있다고 이야기 한다. 록펠러와 더불어 인구에 끊임없이 회자되는 앤드류 카네기나 J.P. 모건 등 미국의 신화적 부자들 중 왜 하필이면 록펠러였을까? 록펠러는 1937년 97세의 나이로 세상을 떠나기 전까지 돈에 관련되는 수많은 세계 신기록들을 세우고 있었다. 현재 부와 기부의 아이콘인 빌게이츠보다도 훨씬 많이 벌었고 훨씬 많이 기부했다. 한 때 미국 석유 판매량의 95%를 독점할 만큼 석유산업에서 절대적인 지배력을 지니고 있었던 그에게 정경유착을 비롯한 우리가 상상할 수 있는 재벌형 비리들을 모두 저지른 악덕 기업인으로 알려지기도 했지만 분명한 것은 그가 현대 미국의 정신인 프로테스탄트적 삶을 실천했고 또 번만큼 기부를 했던 진짜 부자였다는 사실이다. 진짜 부자란 물리적인 재산과 더불어 정신적인 재산도 지니고 있는 사람을 말한다. 얼 쇼리스가 록펠러같은 부자라고 말할 때 그 의미는 록펠러와 같은 정신적 부자를 의미하는 말이었을 것이다. 따라서 얼 쇼리스의 말은 가난한 사람들에게 록펠러가 지니고 있었던 만큼의 돈을 벌 수 있다고 하는 의미가 아니다. 위의 인용에서 베테랑은 자아를 찾고 삶의 의미를 발견함으로써 스스로 더 이상 무시되는 존재invisible가 아니라는 점을 깨닫고 살아가면서 자신이 더 이상 불쌍한 사람이 아니다feel no more poor라고 말한다. 노숙자들은 인문학을 공부해 돈을 많이 벌 수 있어서 가난에서 벗어난 것이 아니라 인문학을 하면서 가난이라는 상대적 감정으로부터 자유로워졌던 것이다.

가난에 고통을 받고 있는 사람이라는 대상의 설정은 노숙자라는 설정에 비해 적정인문학의 차원에서 매우 적절한 설정이다. 사실 얼쇼리스의 클레멘트코스는 우리나라에서 노숙자를 위한 인문학으로 알려져 있다. 한국형 클레멘트코스가 수행되기 시작했을 때도 그 내용은 노숙자를 위한 인문학이었다. 노숙자는 "정해진 거처가 없이 길이나 공원 등지에서 잠을 자고 생활을 하는 사람"을 지칭한다. 노숙자라는 말은 적정 인문학의 대상으로 적절치 못하다. 노숙자에게 필요한 것은 안전하고 편안한 숙소다. 인문학이 그 숙소를 제공해줄 수는 없다. 인문학이 겨냥해야 할 것은 노숙자의 생활환경이 아니라 노숙자가 경험하고 있는 가난에 대한 생각과 고통이다. 그래서 "가난으로부터 고통 받는 사람"이라는 클레멘크 코스의 대상설정은 매우 인문학적이다. 가난으로부터 고통 받는 사람은 노숙자뿐만이 아니며 또한 노숙자라 하더라도 가난으로부터 고통 받고 있지 않은 사람도 존재할 수 있기 때문이다.

3.3. 상록수 정신 : 계몽의 인문학에서 치유의 인문학으로

인문학이 엘리트만의 소유물이었던 구한말 이전에 우리의 인문학은 지배자들의 학문이었다. 소수의 아는 사람들이 다수의 모르는 사람들을 통치하는 세상, 앎은 어려운 것이니 어리석은 백성들은 알려고 하지 말고 선택받은 소수의 아는 사람들을 믿고 따르는 것이 옳다는 믿음, 구한말 이전의 이 계급적 통치이념은 분명 전근대적인 것이었다. 그리고 그 전근대적 믿음은 20세기 전후 우리를 비극적 상황으로 몰고 갔다. 근대적 부르주아들이 앎의 힘을 키워 새로운 지배세력으로 자리 잡았던 서구사회, 즉 이전 세상보다 훨씬 많은 사람들에게 앎이 허락된 사회를 만들었던 서구와 아시아에서 이를 가장 먼저 흉내 내었던 일본에 의해 우리는 철저하게 유린되었던 것이다.

구한말 우리의 선현들은 국가의 힘을 키우려면 무엇보다도 먼저 국민이 현실을 직시하고 앞날을 위해 해야 할 일을 깨닫는 것이 우선 과제임을 잘 알고 있었다. 그래서 많은 선현들이 백년지대계여야 하는 교육을 강조하며 온 국민이 몽매함에서 깨어나기 위해 앎을 찾아야 함을 강조하였다. 그것을 계몽이라 했다.

대표적인 계몽소설『상록수』의 주인공 채영신의 실제 모델로 알려져 있는 최용신 선생의 경우 계몽을 위한 앎의 중요성을 설파한 분이다. 여학교 졸업반이었던 1928년 3월 5일 자로 작성한 글 〈교문에서 농촌에〉에는 다음과 같은 내용이 적혀 있다.

"수일에 불과하여 중등 학업을 마치게 되니, 기쁨도 있으려니와 반면

> 에 애연한 느낌도 없지 않다. [...] 이 사회는 무엇을 요구하며 또 누구를 찾는가? 사회는 새 교육을 받은 새 일꾼을 요구한다. [...] 중등 교육을 받은 우리가 화려한 도시 생활만 동경하고 안일의 생활만 꿈꾸어야 옳을 것인가? 농촌으로 돌아가 문맹퇴치에 노력해야 옳을 것인가? 거듭 말하나니 우리는 손을 서로 잡고 농촌으로 달려가자."

그로부터 3년 뒤 최용신 선생은 실제로 농촌마을인 샘골(현 안산시 상록구 사동)로 달려가 마을 아이들에게 읽기와 쓰기 그리고 셈법 등을 가르쳤다. 최용신 선생의 행위는 보기에 따라서는 독립운동의 차원에서 진행되었던 국민계몽사업의 일환이 될 수도 있고 또 YWCA라고 하는 기독교 종교 단체의 포교활동의 일환으로 해석할 수도 있겠지만 그 당시 여자로서는 드물게 첨단 고등교육을 받은 20대 청년의 순수한 조국애와 동포애가 그 근본에 깔려있었음을 부정할 사람은 없다.

재미있는 것은 YWCA라는 기독교 단체소속으로 무정부주의와 허무주의의 영향을 받아 탄생한 19세기말 러시아 공산주의의 대표적인 실천 슬로건이었던 "인민에게로(khozhdeniye v narod)"를 표방하고 있었다는 점이다. 종교를 마약으로 규정한 공산주의자들의 사회실천 움직임을 당시 반공적 성향이 강했던 기독교계 YWCA가 받아들였던 것이다. 사실상 극좌니 극우니 하는 정치 이데올로기적 용어들은 인간의 실제적인 삶 앞에서는 큰 의미를 갖지 못한다. 러시아의 인민주의자들은 짜르를 중심으로 하는 소수의 지배계급에 의해 핍박받는 인민의 권리를 찾기 위해 인민을 계몽할 필요가 있었고 최영신 선생을 비롯한 1930년대 한반도의 상록수들은 일본의 침략에 이은 폭정에 대항하기 위해 조선 민중들을 계몽할 필요가 있었다. 이 두 움직임은 결국 정당한 권리 없이 폭정을 일삼는 소수 지배 집단에 대항하기 위한 것이었고 인권의 역사적 관점에서 보면 같은 맥락의 움직임이다.

조선일보와 동아일보도 친일로 방향을 틀기 바로 직전인 1930년대 초반에는 공개적으로 이 인민에게로라는 의미를 지닌 '브나로드 운동'을 펼쳤다. 3.1 독립만세운동에 기겁한 일제가 헌병 경찰 통치의 강압적 악랄함을 감추고 회유적 방법을 동원해 소위 문화통치를 시작하면서 단체 활동 및 언론 활동에 숨통이 트였고 이때 조선일보나 동아일보 기자들 중에는 민족계몽의 지도자 대열에 설 수 있을만한 사람들이 나타났다. 조선일보는 대표적인 친일단체였던 대정실업친목회에 의해 1920년 창간된 신문이었으나 1924년 상하이 임시정부의 교통총장이었던 신석우 선생에 인수되고 이상재 선생이 사장으로 추대되며 민족운동의 정론지로 자리 잡아 갔다. 이 시기에 공산주의자 박헌영을 논설기자로 받아들이는 등 이념을 초월한 민족주의의 소식지 역할을 하면서 조선총독부의 집중적인 감시를 받기도 하였다. 『상록수』의 작가 심훈 선생도 1928년부터 조선일보의 영화담당기자로 일을 시작했으나 1931년 조선총독부의 조선일보에 대한 탄압으로 사장이었던 민족주의자 안재홍이 구속당하자 조선일보를 떠나게 된다. 그로부터 2년 후 조선일보는 광산재벌 방응모에 인수된다.

동아일보와 심훈선생과의 관계도 사실상 농어촌 계몽사업이 매개가 되어 맺어진 것이었다. 『상록수』가 발표된 것은 동아일보를 통해서였다. 1935년 창간15주년 기념사업의 일환으로 진행되었던 장편소설 공모에 당선된 작품이 『상록수』였고 이듬해 4월까지 127회에 걸쳐 동아일보에 연재되었던 것이다. 고 손기정 옹의 베를린 올림픽 마라톤 우승을 보도하며 유니폼에서 일장기를 지워버린 사건이 1936년 8월 25일이고 이를 계기로 강화된 총독부의 압박에 견디다 강제폐간된 것이 1940년 7월이었으니 1930년대 전후의 동아일보도 10여 년 남짓 자랑스러운 민족정론지의 역할을 한 것이었다.

비록 10여 년의 시간이었지만 당시 대표적인 사회 신지식인층이었던 문인들과 기자들의 민족계몽의 의지와 노력은 이후 우리 민족이 일본의 무작스러운 민족말살정책을 견뎌내고 살아남아 세계역사에 기록될만한 발전적 삶을 살게 한 정신적 원동력이 되었다는 사실은 분명하다.

심훈 선생이 필경(筆耕)을 통해 키워낸 열매는 상록수 정신이었다. 상록수 정신은 앎의 힘에 대한 믿음이다. 앎의 실천에 대한 약속이다. 인간은 앎을 통해 굶주림과 무지로부터 벗어날 수 있다. 그 굶주림과 무지는 인간을 속박하는 지배장치다. 앎은 인간을 인간답게 살게 할 수 있는 힘이다. 앎에 대한 욕망은 인간의 욕망 중 가장 인간다운 욕망이다. 감각적 욕망이나 사회적 욕망들은 동물적 욕망인 반면 앎에 대한 욕망은 오로지 인간만이 지니는 것이기 때문이다. 모든 구성원이 이 앎의 욕망을 충족시킬 수 있는 장치가 마련되어 있는 사회는 건강하다. 농어촌 계몽을 위한 가르침의 행위는 이러한 정신이 바탕이 되어 있었다. 그리고 그 전통은 야학을 비롯하여 우리 사회 곳곳에서 시행되고 있는 다양한 형태의 적정인문학을 통해 그 맥락을 이어나가고 있다. 들불야학이나 노들장애인 야학 등을 비롯하여 각 지방 곳곳에 수십 년 이상을 이어오고 있는 지역야학들은 앎을 필요로 하는 대상들을 찾아 그들에 요구에 맞춘 교육을 하였고 그 교육이 사칙연산을 가르치는 산수이거나 위생관념을 일깨우는 보건교육일 때도 그 기저에는 민중들이 앎을 통해 자율적 사고와 삶을 영위하는 개별자로 설 수 있도록 하자는 상록수 정신이 그 기저에 깔려 있었다.

이렇게 사회의 한편에서는 상록수 정신을 이어나갈 때 또 다른 한편에서는 이와는 다른 형태의 인문학이 한 축을 이루고 있었다. 바로 아카데미 인문학이었다. 대학의 폭발적인 증가와 더불어 인문학은 다시 아카데미 안에 갇히게 되었다. 1980년대 들어 대학의 수와 정원이 이전에 비해 두 배 이상 늘어나고 대학에서의 인문학관련 학과들이 각 대학교마다 개설되면서 인문학 관련학과의 교수와 학생들의 수는 늘어났다. 인문대학의 교수들은 매년 증가하는 학생 수에 익숙해져 필자가 대학을 다니던 80년대 교수들의 입에서는 수업에 너무 많은 인원이 들어와 피곤하다느니 혹은 수업이 제대로 진행이 되지 않는다느니 하는 류의 푸념이 넘쳐났다. 학부는 물론 대학원들도 호황을 누리기는 마찬가지였다. 인문대학 각 학과의 대학원 경쟁률은 10대 1을 언제나 넘기는 수준이었다. 그리고 대학원 졸업자들은 그 수가 늘어나는 대학교에서 상대적으로 수월하게 교수 자리를 찾을 수 있었다. 대학교 교원의 공급이 수요를 못 따라 갈 정도로 대학이 늘어나면서 석사학위만 가지고도 대학에 전임교수가 되는 경우가 적지 않았고 이러한 현상은 다시 학생들의 대학원 진학으로 이어졌다. 그러나 그 상황은 곧 마무리되었고 90년대 들어 이 80년대 대학원 러쉬로 양산된 많은 수의 소위 '학문후속세대'들은 2000년대 각 대학의 시간강사로 그들의 교수경력을 마감하는 수가 많았다. 그 많은 시간강사들의 재정적 그리고 직업적 어려움을 목도한 학부생들은 더 이상 대학원 진학을 하지 않았고 그렇게 급작스레 학문후속세대는 자취를 감추었다. 인문대학의 교수진은 급격히 노화되었고 심지어 현재 인문대학에 신임교수 채용 평균나이가 만 50세가 훨씬 넘는 수준이 되어버렸다. 그리고 각 학회에서는 젊은 연구자들을 찾아보기 힘들 지경이다.

인구 증가에 편승한 호황 속에 생산되었던 인문학관련 전문가들은 이전 세대들에 비해 교육이나 계몽의 차원에서 할 수 있는 일이 많지 않았다. 사회에는 모든 분야에는 이제 고학력자들이 포진되어 있었고 그들에게 인간다운 삶을 위한 계몽의 인문학은 흥미를 끌지 못했다. 그러자 인문학은 교육과 계몽이 아닌 비평과 비판으로 방향을 틀었다. 문학비평부터 시작하여 영화비평, 음악비평 등등 우리는 영화를 보거나 음악을 듣거나 혹은 그림을 감상할 때 70년대부터 90년대 중반까지 다양한 분야의 비평가들의 판단과 의견에 귀를 기울여야 했다. 분석능력과 정보수집능력 그리고 표현능력을 골고루 갖춘 이 비평가들은 각 분야의 권력으로 자리 잡고 문화현상을 주도해 나갔다. 그리고 아카데미의 인문학자들의 비평은 사실상 현상과 사실의 잘못된 면을 부각하여 지적하는 비판의 형식으로 왜곡 변화되어갔다. 남들이 보지 못하고 지나친 헛점과 단점들을 발견해내는 일은 인문학도들 사이에서는 날카로운 지성이 발휘된 업적들로 여겨지기도 했다. 나는 이러한 형태의 인문학을 '지적질의 인문학'이라고 말한다. 인문학자들의 지적질은 때로는 자본주의 사회의 배금주의적 서열에서 밀려난 채 열등감에 찌든 신경질적 반응처럼 보일 때도 있었고 전체는 보지 못하고 한 지점의 티끌만 발견해 내려 혈안이 되어 있는 빽덕 아범처럼 보일 때도 있었다. 대안을 제시할 줄 모르는 지적질은 비생산적이며 반효율적이고 비학문적이기까지 했다. 그리고 인문학계열 교수들은 그 값을 톡톡히 치루고 있다. 의미 없는 지적질을 배우고 싶어 하는 학생이 있을 리 없으며 학문에 대한 자부심은 커녕 소위 잘 나가는 다른 분야에 대한 시샘어린 시비에서 학문을 하고자 하는 동기를 얻을 학생도 없었다. 대학원은 비어갔고 학부학생들은 기회만 되면 달아났으며 그렇게 인문학과들은 위기를 맡게 되었다. 그런데도 교수들은 정신을 못차리며 자신들의 위기를 인문학의 위기라 우기며 또 다른 한숨을 불러왔다. 이제 반성해야 한다. 그리고 원점에서 다시 출발해야 한다. 인문학의 역할은 중요하다. 모두가 인정하고 있다. 그 역할이 구체적으로 무엇인가를 찾고 그 역할이 수행될 수 있도록 실질적인 방안을 모색해야 한다. 그중에 하나가 난 치유의 인문학이라고 생각한다. 21세기 인문학의 역할은 차세대 산업혁명에 의해 위협받고 있는 인간적 가치를 고수하는데 있다. 다시 말해 상실되거나 상처받은 인간적 가치를 복원하는데 있는 것이다. 개인의 차원에서 인간적 가치를 상실하거나 또 상처를 받은 경우 그것은 다시 찾는데 도움을 주고 상처에서 회복될 수 있도록 환경을 조성해주는 일이 인문학의 역할이고 그 인문학은 적정인문학이라는 형태로 진행되어야 한다.

제 2부

적정인문학으로서의
인문치료

1. 인문학의 치유적 속성과 인문치료

1.1. 인문치료의 출발

인문치료는 대한민국에서 처음 제시된 개념이다. 인문치료는 지난 2007년 한국연구재단의 전신인 한국학술진흥재단의 '인문학 진흥을 위한 인문한국사업'의 일환으로 시작된 연구 주제였다. 이 연구가 공식적으로 시작된 것은 지난 2007년 11월부터였다.

연구초반에는 인문치료라는 낯선 개념 대한 이해가 전무하여 어려움이 컸다. 한 가지 재미있는 에피소드가 있다. 연구를 시작한 지 얼마 되지 않아 한 병원의 정신과 의사들과 미팅을 갖게 되었다. 병원에 도착한 우리 연구진을 맞이하던 수련의 한 사람이 우리가 누구인가를 물었고 우리는 '인문치료팀'이라고 소개를 했다. 그런데 그 수련의는 문을 연 채 안으로 들어가 정신과 과장에게 "잇몸치료팀이 오셨습니다."라고 전달을 하는 것이었다. 인문치료라는 용어가 얼마나 생소한 것이었던 지를 단적으로 보여주는 예다.

사실 인문치료의 생성과정은 인위적이었다. 무용치료, 음악치료, 미술치료 등이 치료사들이나 혹은 그 분야에 종사하던 교육자들의 직업 활동을 통해 현장에서의 축적된 경험을 토대로 시작된 것이라면 인문치료는 정부국책사업의 일환으로 현장에서 임상을 경험하는 행위 이전에 학문적 정립을 위한 연구가 먼저 시작되었기 때문이다. 그래서 인문치료의 가능성에 대해 의구심을 제기하는 사람들이 가장 염려하던 것이 바로 이 임상적 경험의 부재였다. 그러나 우리는 그것을 기우라고 생각했다. 인문학자들은 이미 임상적 경험에 비교될 수 있는 많은 활동을 해왔기 때문이다. 개인과 사회의 정신적, 정서적 병리현상에 대한 고민은 인문학의 여러 분야에서 이루어져왔던 갖가지 담론의 중심에 있었다. 다시 말해 인문학자들은 기존의 제 치료 분야에서 말하는 임상을 교육현장과 사회활동을 통해 이미 경험해오고 있었던 것이다. 이런 경험적 확신이 인문치료라는 개념을 정립하겠다는 시도로 이어질 수 있었다.

1.2. 의료행위와 대안치료의 관계

영어의 treatment, cure, therapy 등의 번역어로 쓰이는 “치료”라는 말은 누구나 사용할 수 있는 말이지만 “치료행위”는 아무에게나 허락된 것이 아니다. 대한민국 의료법에 따르면 의료진이 아닌 자가 의료행위로 간주되는 치료를 행하였을 때 법적 처벌을 받을 수 있다. 물론 치료행위가 의료행위의 범주에 드는 것으로 판단이 될 경우라는 조건이 달려있기는 하지만 그 유권해석에는 의료진이 의견이 절대적으로 반영될 것이므로 의료진의 인정을 받지 못하는 치료행위는 불법 유사의료행위가 될 확률이 크다. 현재 의사들이 제도권 하에서 인정하고 있는 대안의료행위는 물리치료 정도가 전부다. 음악치료나 미술치료 등이 소아과 병동이나 정신과 병동 혹은 암병동의 입원환자들을 위해 시행될 때에도 그것은 치료과정의 일부로 인식되기보다는 입원환자들의 무료함을 달래기 위한 문화활동의 차원에 머무는 경우가 많다.

현재 의료시장에서 대안치료의 위상을 좀 더 확실하게 감지하기 위해서는 광범위하게 사용되는 치료라는 용어의 쓰임에 대해 법적으로 소송이 제기된 경우가 드물다는 사실에 주목할 필요가 있다. 치료라는 말을 사용하는 것이 불법임에도 불구하고 문제가 되고 있지 않은 가장 큰 이유는 의료계에서 문제를 삼고 나올 만큼 이 대안치료들이 영향력을 발휘하지 못하고 있기 때문이다. 의사들의 입장에서 구태여 문제를 삼고 나올 필요성을 느끼지 못하는 상황인 것이다. 향기치료나 기공치료, 놀이치료 등을 의학을 대체하거나 혹은 의학의 영역을 침범할 수 있는 요법으로 인식하는 경우는 극히 드물다. 또 간혹 어느 정도의 영향력을 발휘할 수 있는 치료들의 경우라도 그들의 활동무대는 의료행위와 겹쳐지는 영역이라기보다는 오히려 특수교육이나 아동교육 등의 교육영역과 겹쳐지는 경우가 대부분이며 의료영역에서 활동하는 경우도 의료진의 의뢰를 통해 의료진이 만든 프로그램의 하부 활동으로 진행되고 있을 뿐이다.

그러나 이러한 미묘한 상황에도 불구하고 우리의 일상에서 치료라는 말은 유행처럼 번져가고 있다. 우리에게 익숙한 심리치료나 미술치료, 음악치료는 물론 최면치료, 산소치료, 웃음치료 등 그야말로 치료라는 말은 어떤 단어와 만나도 의미를 지니게 되는 것처럼 느껴질 정도로 다양한 치료들이 생겨나고 있는 것이다. 존재하는 모든 의료적 가능성에 대한 연구에 평생을 천착해온 전세일 교수는 자신의 연구를 집대성한 『통합의학의 임상과 실제』라는 책에서 대안치료 혹은 대체치료라고 번역되는 alternative therapy 혹은 alternative medicine의 종류가 약 360여 가지에 이르고 있음을 알려주고 있다.

그런데 alternative라는 형용사의 번역어인 우리말 '대안' 혹은 '대체'

라는 말은 원어의 의미를 제대로 전달하지 못할 위험이 큰 표현이다. 대체의학이라는 말이 생겨나게 된 배경을 설명하고 있는 전세일 교수에 따르면 '대안치료alternative medicine'는 1970년대 초반 미국에 동양의학의 일부인 침술이 소개되면서 세계적으로 커다란 관심을 불러일으켰고 이 과정에서 이러한 낯선 의술을 자신들의 의학과 구별하기 위해 그들이 찾아낸 중립적인 표현이었다. 그러나 우리가 대체의학이나 대안의학이라는 표현을, 그 표현이 생겨난 배경을 알지 못한 채 접하게 된다면 현재의학을 대체하거나 현재의학이 해결하지 못하는 일을 해결할 수 있는 대안이라는 의미로 해석할 수 있는 위험이 따르게 된다.

대체의학 혹은 대안치료는 현재의 의료행위를 대체하겠다는 것이 아니다. 우리는 일상에서, 의료적 기준으로는 정상이어서 의사들의 치료 대상이 되지 않지만 본인이 고통을 느끼거나 혹은 그 고통의 실체마저 알고 있지 못한 채 살아가고 있는 사람들을 자주 목격한다. 요즘 어린이나 청소년들에게서 흔히 볼 수 있는 증상인 ADHD(주의력 결핍 및 과다행동장애)의 경우를 예로 들어보자. OECD국가를 대상으로 한 조사에 따르면 전체 청소년의 3% 내지 20%가 ADHD로 고통을 받고 있다고 한다. 우리나라는 그 중 가장 많은 청소년들이 이 증상을 보이고 있는 나라에 속한다. ADHD는 가벼운 증상일 경우 개구쟁이의 행동 이상의 문제를 불러일으키지는 않지만 심각한 경우는 주의력 및 충동성이 조절되지 못해서 벌어질 수 있는 위험한 상황이 생겨날 수 있다. 심지어는 사이코패스와의 관련이 언급되기도 한다. 그러나 ADHD로 판정을 받거나 혹은 위험수위라고 판단이 된 경우에도 극단적인 상황이 되는 경우는 열에 한 둘 뿐이다. 그들은 정신과 치료를 받아야 한다. 현재 우리나라에는 약 56만 명 정도의 ADHD 청소년 환자가 있는 것으로 추정되지만 그중 정신과 치료를 받는 환자의 비율은 약 10% 정도로 파악되고 있다. 정신과에서 ADHD를 치료하는 방법은 약물이다. 약불은 주로 리탈린이라는 이름의 메칠페니데이트 제제를 사용한다. 미국 FDA의 승인을 받은 약물이기는 하지만 모든 약물이 그렇듯이 부작용이 따른다. 식품의약품안전청은 향정신성의약품으로 분류된 이 약물을 만성적으로 남용하면 내성이 생기게 되고 또 정신적 의존성을 유발할 수 있으며 동시에 심혈관계의 문제를 일으켜 돌연사를 할 수도 있음을 경고하고 있다. 이러한 부작용의 위험에도 불구하고 증상이 심한 환자들의 경우는 현재로서는 약물복용 이외의 다른 대안이 없다. 증상이 심할 경우 본인은 물론 가족과 그 주변 사람들의 생활 자체가 불가능해질 수 있기 때문이다.

그러나 50만 명이 넘는 청소년들 모두에게 약물을 투여할 수는 없는 일이다. 더구나 ADHD에 근접해 있는 청소년의 수까지 포함하면 그 수는 더 늘어날 것인데 그들에게 약물투여는 최후의 방법이다. 그렇다고 약물투여를 필요로 하는 극단적인 경우를 제외한 대상자들을 일반 교육의 틀에서 정상적인 청소년들과 동등하게 교육하며 방치해 두는 것도 문제가 될 수 있다. 의료적 차원에서는 정상이라고 판정된다고 할지라도 이 고위험군의 청소년들은 정상적인 청소년들과의 생활에서 서로 어려움을 겪을 수 있기 때문이다. 바로 이들이 대안치료의 대상이다. 이들에게 필요에 따라, 다시 말해 생활환경과 학습능력 그리고 성향 등을 고려하여 독서나 명상, 글쓰기 등의 다양한 비약물적 요법들을 적용하여 증상의 개선을 도모하는 것이다. 그래서 혹자는 대안치료라는 말 대신에 보완치료라는 말을 쓰기도 한다. 그러나 이 표현 역시 문제가 없는 것은 아니다. 보완이라는 말을 쓰게 되면 기존의 의료행위를 보조한다는 내용으로 이해되게 된다. 물론 대안치료가 의료행위를 보조하는 경우도 있지만 보조적 의료활동이 대안치료의 전부는 아니다. 예를 들어 서양의학이 대안치료라고 분류하고 있는 침술은 서양의학을 보조하는 치료방법이 아니다. 각 치료행위는 모두 고유의 치료방법론이 있으며 또 고유의 영역이 있다. 그래서 전세일 교수는 이 대안치료들이 통합의학이라는 카테고리 속에서 각자 독립적 위상을 지니는 개별적 "의술의 조각"들임을 주장하고 있다.

인문치료 역시 통합의학의 카테고리 속에서 고유의 치료영역과 방법론을 지닌 대안치료의 하나라고 할 수 있을 것이다.

1.3. 인문학의 치료적 효능

인문치료학의 정립을 위해 기초작업을 다지고 있던 시절 많이 받던 질문은 과연 인문치료의 도구인 인문학은 어떤 치료적 효능을 가지고 있는가에 관한 것이다.

동서고금을 막론하고 건강은 인간이 양질의 삶을 살기위해 그 무엇보다도 우선적으로 갖추어져야 할 조건이다. 물론 이때 건강은 육체적으로 무병한 상태만을 이야기하는 것은 아니다. 앞서 언급한 바 있는 세계보건기구의 건강에 대한 정의는 단지 "질병이 없거나 허약하지 않은 상태가 아니라 육체적, 정신적, 사회적으로 완벽하게 안녕한 상태"를 말하고 있다(Health is a state of complete physical, mental and social well-being and not merely the absence of disease or infirmity.).

사실 세계보건기구의 건강에 대한 이러한 정의는 어떻게 보면 행복에 대한 정의와 그 맥을 같이 한다. 몸과 마음이 편안하고 자기가 속해 있는 환경에서 안녕한 상태에 있는 사람은 행복한 사람이라고 할 수 있기 때문이다. 인간의 행복은 인문학의 궁극적 목표 중 하나다. 인문학은 인간의 삶이 어떻게 하면 더 의미를 지니게 되는가를 고민하는 학문이다. 우리의 삶이 의미를 지니게 되면 될수록 삶의 기쁨과 만족은 증대된다. 즉 행복해지는 것이다. 세계보건기구가 정의한 바를 그대로 따른다면 건강한 사람은 육체적 정신적으로 문제가 없는 사람이 아니라 행복한 사람이어야 한다. 다시 말해 건강한 사람은 행복한 사람이고 행복한 사람은 건강한 사람인 것이다.

인문학은 일찍이 마음의 건강과 삶의 행복을 중심에 놓고 시작되었다. 우리는 철학과 문학 등 인문학이 인간의 정신적, 정서적 건강에 중요한 역할을 해온 것을 잘 알고 있다. 의사이면서 의료에 있어서 인문학의 중요성을 일찍부터 인식하고 있었던 황상익 교수가 지적하고 있듯이 고대 그리스에서 철학이 의학에 핵심적인 영향을 끼쳤고 고대 중국의 음양이론은 한의학의 바탕이 되었으며, 중세의 서양 의학은 기독교 교리에 뿌리를 두고 있다. 신화를 노래하며 인간의 고통을 신과의 소통으로 풀어 주려던 사제들이나, 신전 앞에서 분장을 한 채 시를 읊고 춤추며 연극하던 예술가들, 그리고 삶의 지혜를 찾아내어 사람들의 고통을 어루만져 주던 고대의 철학자들은 이미 우리 인간들의 마음을 치유하고 있었던 것이다.

소크라테스의 산파술이라고 일컬어지는 대화술은 자신이 무엇을 모르는가를 알게 하는, 다시 말해 "자기 자신을 알게" 하는 가장 효율적인 방법이었다. 인간의 실존적, 사회적 고뇌와 고통을 담당하던 이러한 철학적 전통은 데카르트와 헤겔, 니체를 지나 사르트르와 메를

로퐁티로 이어지는 서양의 철학적 맥락의 한 축을 형성했다. 또한 소포클레스의 비극이 빚어내는 카타르시스 그리고 아리스토파네스의 희극을 통해 생성되는 거리화 등, 인간의 정념의 불균형을 치유하려는 문학적 행위는 몽테뉴와 괴테를 거쳐 프루스트와 헤세로 이어져 사르트르와 카프카에 이르는 자기성찰과 인간의 실존에 대한 문학적 모험으로 이어져왔다.

이러한 전통은 동양에도 있다. 유가와 도가를 비롯한 동양철학은 인간다운 삶 즉 건강하고 행복한 삶이 무엇인가에 대한 근원적인 질문으로부터 시작된 것이다. 한편 시내암(施耐庵), 나관중(羅貫中)의 역사 사회 소설에서 출발하여 우리와 동시대인인 뤼신(魯迅)의 계몽적 작품들에 이르기까지, 동양의 문학작품들에서도 인간의 정념과 그 정념이 빚어내는 인간군상의 아픔을 그려내고 그 원인을 밝혀 해결책을 모색하려는 의도는 도처에서 찾아볼 수 있다.

우리나라의 경우도 예외는 아니다. 사회풍자소설의 형식을 빌려 자전적 아픔을 그려내고 있는 허균으로부터 시작하여 민초의 평범한 삶 속에서 치유적 웃음을 찾아내면서 자신의 우울증을 극복해낸 김유정에 이르기까지 우리의 문학적 전통에서도 인간의 정신적, 정서적 치료와 관련된 요소들이 자주 발견된다.

이렇듯 인문학은 인간의 마음의 병으로 인한 다양한 아픔에 대한 치료행위에 있어 중요한 역할을 해온 것이 사실이다. 이러한 전통은 20세기 후반에 접어들어 우리나라에서도 매우 중요하게 인식되고 있으며 "마음의 병"인 정신적 혹은 정서적 차원의 문제점들을 해결하기 위해 인문학은 다양한 형태로 응용되고 있다.

한 가지 흥미로운 사실은 최근 치유에 있어 인문학적 가치의 중요성을 인식한 국내의 의과대학들에서 변화의 모습을 보여주고 있다는 사실이다. 국내 의과대학에서 의료인문학의 중요성이 점점 강조되고 있다. 하지만 '의료인문학'은 인문학을 의사들이 갖추어야 할 교양의 차원에서 받아들이고 있을 뿐, 인문학이 지니고 있는 치료 능력 자체에 주목하고 있는 것은 아니다. 이에 많은 인문학자들이 인문학 고유의 가치를 통해 마음의 병을 다스려보고자 하는 다양한 실험적 연구 및 사회활동을 진행하고 있고 그 긍정적인 결과를 도처에서 이끌어내고 있다.

사실 심리학의 모태라고 볼 수 있는 철학은 자신으로부터 분리되어 나간 심리학이 수치와 환원론에 지나친 무게를 두며 인문학의 본질에서 멀어지기 시작하던 시점부터 독자적인 치료 방법론을 개발하고 실천해왔다. 인지철학, 생철학·현상학·실존주의철학 등의 학문적 성과를 바탕으로 하여 게슈탈트치료, 로고테라피(Logotherapy) 등이 임상현장에서 활용되고 있다. 이미 우리나라에서도 〈철학상담치료학회〉가 창립되어 관련구성원들이 활발한 활동을 진행하고 있다.

문학의 치료적 활용의 예도 매우 다양하다. 문학을 활용한 치료는 저널치료, 시치료, 글쓰기치료 등을 들 수 있다. 이러한 방법론들에 문헌정보학, 상담학, 사회복지학, 아동학, 교육학 등의 분야에서 관심을 보이면서 다양하고 꾸준한 연구가 진행되고 있다. 국내에는 〈문학치료학회〉와 〈독서치료학회〉 등 관련학회들이 결성되어 있다.

예술치료의 경우는 철학치료나 문학치료보다 더 일찍부터 임상현장에서 활용되어왔고 현재에도 병원을 비롯한 임상일선에서 기존의 의료진을 보좌하는 일부터 독립적인 치료행위에 이르기까지 다양한 층위의 치료를 진행하고 있다. 특히 미술치료나 음악치료는 이미 독립적인 치료분야로서의 위상을 정립하고 있는 상태다. 이밖에도 연극치료나 영상치료 등의 분야도 그 효능을 점차 인정받아가고 있다.

그러나 치료라는 말을 사용하기 위해서는 그 치료의 대상이 되는 증상(더 엄격하게는 병)이 정의되어 있어야 하며 그 증상에 대한 진단이 진행되어야 하고 그 진단에 따른 적절한 치료방법이 존재해야 한다. 또 마지막으로 치료행위를 통해 증상이 완화되었는지를 점검해볼 수 있는 사후진단체계도 필요하다.

인문학을 활용한 치료행위가 심리치료나 예술치료처럼 하나의 독립적이고 효율적인 치료체계가 되기 위해서는 그 치료행위가 치료자 개인의 능력에 의지하는 일보다는 자체의 치료방법론과 그 방법론의 원칙에 따라 적용될 수 있는 다양한 모듈의 조합을 통해 진행되는 시스템을 개발하는 것이 필요하다.

1.4. 인문치료의 개념과 범위 및 기대효과

마음의 병의 원인은 다양하다. 미움, 그리움, 두려움, 서러움, 안타까움 같은 일상의 감정들이 표출되지 못하고 켜켜이 쌓일 때 마음의 병은 시작된다. 미움이나 서러움이 쌓이면 화병이 되고 이성에 대한 그리움이 쌓이면 상사병이 되는 것이다. 이 속병들은 일상에서 자주 우리를 괴롭히는 병들이다. 우리는 살면서 크고 작은 병들에 걸린다. 생명에 지장을 주거나 삶의 질에 결정적인 영향을 주는 큰 병들에 대해서는 적극적으로 치료법이 개발되지만 작은 병들의 경우 건강에 중대한 문제를 불러일으키지 않기 때문에 적극적인 치료가 진행되는 경우는 많지 않다. 감기가 대표적인 경우다. 감기 때문에 생명에 지장을 받는 경우는 드물다. 감기 바이러스가 인류를 괴롭힌 것은 오래전부터지만 그 바이러스에 대한 특효약은 여전히 개발되어 있지 않다. 그것은 감기가 그리 심각한 병이 아니고 바이러스의 경우도 극도로 다양하며 또 대부분의 경우 자체 치유가 되기 때문에 구태여 많은 비용을 들여 감기 특효약을 만들 필요가 없기 때문이다. 그러나 감기는 분명 우리를 괴롭힌다. 그래서 때에 따라서는 감기의 증상을 완화시키기 위해 약물을 복용하게 되는 것이다. 또한 건강한 사람에게 감기 바이러스는 무시해도 될 만한 병원이지만 때에 따라서는 심각한 합병증을 초래하기도 한다.

마찬가지로 우리는 정신적인 삶에 있어 그 정신세계에 영향을 미치는 수많은 요소들을 만나게 된다. 그중에서도 소위 과도한 스트레스나 트라우마들로 인해 생기는 가슴앓이는 감기와 마찬가지로 한번 걸렸다고 해서 면역이 생기는 것도 아니다. 감기 바이러스만큼이나 정신적 스트레스의 원인과 양태는 다양하기 때문이다. 정신적 바이러스라고 칭해도 될 이 요소들 중에는 정신건강에 심각한 타격을 주어 정상적인 삶 자체를 불가능하게 만들거나 삶을 결정적으로 변화시키는 경우도 있다. 정신병이라 분류되는 이런 경우 우리는 정신과 치료를 받는다. 반면 감기바이러스처럼 심각하지 않은 수준에서 우리를 괴롭히는 정신적 스트레스들도 있다. 이 스트레스들이 유발하는 불유쾌한 상황은 때로는 신경증이라는 말로 분류되며 일상에서 자체 치유되기도 하지만 때에 따라서는 특별한 치료를 요할 때도 있다.

마음의 병은 온전히 정신상의 문제만도 아니다. 마음의 병이 육체적 문제로부터 발생하는 경우도 있다. 사고에 의해 신체의 장애를 지니게 된 사람들이 장애를 지니게 된 이후의 자신을 받아들이지 못해 생겨나는 마음의 병 같은 경우가 대표적이다. 이런 종류의 고통을 받을 경우 스스로 치유되기를 기다릴 수도 있지만 때로는 그 증상을 완화시키기 위해 적극적인 조치, 즉 치료가 필요할 때가 있다.

인문치료란, 한마디로 말하자면 "인문학적 가치와 방법을 통해 현대인들의 이러한 마음의 병을 치료하는 행위"다. 좀 더 상술한다면 인문치료란 육체적·정신적 질환으로 고통 받고 있거나 혹은 그런 고통에 노출될 가능성이 있는 개인이나 집단에게 인문학적 방법을 활용하여 자아통찰과 인식론적 변화를 유도함으로써 정서적·정신적 건강을 확보하는 통합적 병인 극복 과정을 말한다. 따라서 인문치료란 우리 마음의 건강과 행복한 삶을 위해 인문학 각 분야의 치료적 내용을 학제적으로 새롭게 통합하여 인문정신과 인문학적 방법으로 사람들의 정신적·정서적 문제들을 예방하고 치유하는 이론적·실천적 활동이다.

인문치료를 위해 활용되는 인문학적 도구는 고통에 노출되어 있거나 노출될 가능성이 있는 개인과 집단으로 하여금 '생각하게 하고' 또 '그 생각을 표출하게 하며' 필요에 따라서는 '생각의 전환을 유도하기' 위해 동원될 수 있는 제반 기법의 총체로, 전통 인문학에서 활용해 온 읽기·쓰기·말하기에 음악·영화·연극·미술 등 표현예술적 기법들을 필요에 따라 조합한 통합적 의사표현 및 소통 체계다.

인문치료의 또 다른 특징은 치료대상의 차원에서 찾아볼 수 있다. 심리치료에서 '심리'라는 말은 위에 언급된 음악치료나 미술치료에서의 '음악'이나 '미술'과 달리 도구의 개념이 아닌 치료대상을 지칭한다. 심리치료는 인간 심리의 이상상태를 치유하는 행위다. 인문치료는 그 대상이 심리치료에서 보다 더 포괄적이다. 인문치료의 대상은 사람 그 자체다. 심리는 사람이 지니고 있는 요소들 중 하나일 뿐이다. 우리가 식물이나 동물의 서식 환경을 알지 못하면 그것들에 대해 아무것도 알 수 없는 것과 마찬가지로 사람도 환경과의 관계에서 바라보아야만 그 사람에 대한 완전한 상償을 얻을 수 있다. 철학적 사고, 역사적 인식, 문학적 상상력과 환유의 활용 등을 통한 인문치료는 사람을 그가 받은 교육이나 처한 환경 등과 더불어 총체적으로 이해하려는 노력이 바탕에 깔려 있다.

인문치료의 대상은 약물치료 및 수술을 요하는 질병을 제외한 정서적·정신적 질병에 고통받고 있거나 혹은 그러한 고통에 노출될 가능성이 있는 개인이나 집단으로, 육체적, 정신적 질병을 통해 장애를 입은 재활환자, 사회복지시설에 수용되어 있는 소외 계층의 개인, 청소년이나 군인 등 집단적 가치에 매몰되어 자아 확립에 어려움을 겪는 개인과 그런 개인들이 속해 있는 집단 등 기타 인문치료를 필요로 하는 개별자들이다.

건강은 행복을 위한 절대조건이고 그래서 건강을 잃은 사람이 건강을 되찾으려는 행위는 다시 행복해지려는 욕구에 다름이 아니다. 인문치료는 병든 사람, 고통 받는 사람을 안녕한 상태로 인도해 행복을 느끼게 해주는 것을 치료의 궁극적인 목적으로 삼는다. 행복은 테니스나 피아노를 배우는 것과 같이 학습될 수 있다. 행복을 경험하기 위해서는 기질적 문제도 크게 작용하지만 후천적 연습과 단련을 통해서도 가능하다. 그것은 자기최면을 이야기하는 것이 아니다. 깨달음과 인식의 전환을 통한 행동의 변화를 이야기하는 것이다. 그것은 사물에 대한 관점을 바꾸어보는 것이며 긍정적인 사고와 행동을 습관화하는 노력이다.

건강은 행복의 제일조건이지만 거꾸로 행복감이 사람을 건강하게 만드는 원동력이기도 하다는 가설은 인문학이 치료행위에 큰 역할을 할 수 있다는 전제를 마련해준다. 느낄 수 있는 행복을 극대화시키는 일 그것이 인문치료를 통해 우리가 기대할 수 있는 가장 큰 효과다.

인문학은 본래 재미있는 학문이다. 그러나 상아탑의 인문학, 즉 수업이라는 일방적인 강의의 형태로 전달되는 인문학은 재미있기 힘들다. 하지만 맞춤형 인문학이라면 그것을 필요로 하는 많은 사람들에게 재미를 주고 행복하게 해줄 수 있을 것이다. 인문치료가 기대하는 효과는 이런 맞춤형 인문학의 실천을 통한 행복감의 증진이다.

인문학은 본질적으로 인간을 알기 위한 학문이다. 인간의 본질과 그가 처한 환경의 의미에 대해 사색하는 철학이나 인간의 과거와 현재의 흔적을 바탕으로 미래를 준비하는 역사학, 그리고 인간의 삶을 허구의 세계에서 다양한 형태로 그려봄으로써 우리에게 또 다른 삶을 간접 경험하게 해주는 문학은 결국 인간에 대한 공부다.

인간을 알기 위한 이 모든 행위는 인간에 대한 사랑을 전제로 한다. 이제 인간에 대한 공부에 머리를 싸매던 우리 인문학도들이 물질의 지배력이 점차 커져가고 있는 이 세계에서 상대적으로 상실되어가고 있는 인간성의 회복을 위해 인간의 대한 사랑을 몸으로 실천해야 할 때다. 인문학적 가치의 실천을 위한 적정인문학으로서의 인문치료 역시 인문학의 본질인 휴머니즘, 즉 인간에 대한 이해이자 사랑의 실천 행위가 되어야 한다.

그러면 인문학도에게, 또 삶의 아픔을 치유하는 인문 치료사에게 실천적 사랑이란 무엇인가? 그것은 인간들의 관계에서 가치 있는 의미를 발견하려는 노력이며 동시에 그 의미를, 상아탑의 틀을 벗어나 세상에 전달하고 모두가 공유하도록 유도하는 행위다. 의미의 본질은 연결이기 때문이다. 그 연결성은 물리적 차원에서만 존재하는 것이 아니라 인간의 마음에 의해 부여되거나 인식되는 부분이 더 크다. 또한 의미는 비실재적이지만 실질적인 결과를 유발할 수 있다는 점에서 실재적이다. 그래서 의미의 발견과 의미의 공유는 우리 삶과 치료 행위에 있어 중요한 기본 개념이자 실천 덕목이다.

2. 인문치료의 이론모형

2.1. 理論과 異論

프랑스의 17세기 작가 몰리에르의 작품 속 등장인물 중에는 사람들이 재미있다고 하는 연극을 형편없는 연극이라고 말하는 한 '학자'가 있다. 학자는 연극이 극작법을 어겼기 때문에 형편없다고 말한다. 극중에 아침을 먹는 장면이 두 번 나오는데 이는 연극 속 이야기가 24시간이 넘는 시간 동안 전개되었다는 증거이며, 따라서 이 연극은 아리스토텔레스로부터 시작되어 17세기 연극이론가들에 의해 정립된 극작법 중 이른바 '시간의 일치(unité du temps)'의 법칙을 어긴 작품이라는 것이다. 극작법은 근본적으로 어떻게 하면 연극을 재미있게 만들 수 있는가에 대한 고민이다. 프랑스의 고전주의자들은 연극의 재미를 결정짓는 요소인 사실성을 살리려면 연극이 가능한 한 짧은 시간 내에 벌어진 이야기를 다루어야 한다고 생각했다. 여러 논의 끝에 그들은 시간상 그 사실적 느낌을 잃지 않게 할 수 있는 시간은 최대 24시간이라는 의견을 내놓았다. 연극 속 이야기가 하루 안에 일어나는 일을 다루는 것이 바람직하다고 생각하며 이를 권장한 것이다. 그런데 이 권장사항은 어느 순간부터인가 법칙이 되어 경직된 틀 속에 스스로를 가두어 놓는다. 아침을 먹는 장면이 두 번 나온다고 해서 연극이 형편없다고 비판하는 학자의 이야기는 웃음을 위한 과장이지만 몰리에르는 이를 통해 이론이 법칙이 되고 그 법칙이 본래의 취지를 잊은 채 경직되면 그 이론은 더 이상 가치가 없다는 메시지를 전하고 있다. 많은 이론들이 이런 과정을 거쳐 만들어졌다 사라지고 또 만들어진다.

문학을 전공한 나는 언어학에 대해 아는 것이 거의 없지만 곁에서 학업을 하던 동학들 중 언어학을 전공하는 사람들이 있어 그들의 작업을 지켜볼 수 있는 경우는 많았다. 내가 보아온 언어학 전공자들의 박사학위 논문에는 공통점이 있다. 거의 모든 경우 학위 논문의 첫 챕터는 자신의 논문의 문제의식이 정당화 될 수 있는 이론적 토대를 정리해 놓는 일이다. 대부분의 경우 그 이론적 토대는 자신의 박사학위 지도교수가 전개하고 있는 이론이다. 프랑스 국립 도서관의 언어학 관련 논문을 조사해보면 열 중 아홉이 이 구성의 틀을 벗어나지 않는다. 언어학자, 특히 스스로가 '언어과학자임'을 자칭하는 일부 프랑스 언어학자들은 자신이 정립한 이론이 다양한 국적을 지닌 자신의 제자들의 언어에 적용되어 그 이론의 보편성이 입증되는 현상을 즐겨 확인한다. 언어학자가 세운 가설이 어원을 달리하는 다양한 언어에 적용될 수 있다면 그 가설의 보편적인 가치가 인정될 수 있기 때문이다. 그래서 프랑스 교수가 추론해 놓은 가설인 소위 '이론'은 폴란드어에서, 그리스어에서, 또 한국어에서 적용되어 그 타당성의 확인과정을 거친다. 이렇게 확인된 사실과 그 확인과정은 박사학위 논문이 되어 그 지도교수의 가설의 개연성을 강화시켜줄 근거의 일부가 되며 그 구성원들은 소위 패밀리를 형성하게 된다. 그런데 이렇게 형성된 패밀리가 다른 패밀리와 서로 학문적 소통을 하는 경우는 드물다. 아이러니다. 소통의 매개체인 언어를 연구하는 언어학 유파들끼리 소통이 불가능하다면 인문한의 한 분야인 언어학이 인간탐구라는 궁극적인 합목적성을 상실한 상태가 아닐까라는 의심을 하게 된다. 사실 심리치료분야에서도 비슷한 느낌을 받는다.

심리치료나 예술치료 등 소위 대안치료가 논의되는 현장에서 항상 언급되는 말이 있다. "선생님의 치료방법은 어떤 이론을 근거로 하십니까?" 심지어는 심리학 개론의 성격이 짙은 여러 강의 도중에도 비슷한 내용의 이야기를 듣곤 한다. "프로이트부터 셀리그만에 이르기까지 많은 이론이 있지만 그 중에 여러분(심리학개론 수강생)들이 자신과 잘 맞아떨어진다고 생각하는 이론을 하나 선택하셔서 그 이론을 바탕으로 하시면 됩니다."

심리학에서 말하는 이론들 중 다른 이론들에 비해 그 틀이 견고한 중요이론들은 거대이론 혹은 대이론(grand theory)라는 말로 분류되면서 심리학에 입문하는 모든 사람들이 반드시 공부해야 하는 필수 지식으로 인식되고 있다. 프로이트와 융 그리고 라캉의 정신분석, 왓슨에 의해 주창되고 손다이크를 거쳐 스키너에서 정점을 이루던 행동주의, 켈리와 벡 등이 정립하여 현재 21세기의 인지신경과학과 연결되면서 심리학에서 소위 가장 과학적인 이론으로 인식되고 있는 인지주의 등이 바로 대이론으로 통용되는 가설들이다. 그런데 언어학의 각 유파가 서로 소통을 하는 모습을 보기 힘들듯 심리학에서도 어떤 한 학설에 무게 중심을 둔 집단들이 다른 집단의 가설을 수용하는 경우는 보기 힘들다. 각자 탄탄한 이론에 발을 딛고 인간의 마음을 분석하고 연구하는 이 각 집단들은 자기의 理論 이외의 理論은 그야말로 異論으로 인식하며 폐쇄적인 입장을 취하고 있는 것이다.

그러나 이러한 태도는 시대를 역행하는 연구 행태다. 다가오는 미래를 위해 학문간 융합이 필요하다는 주장은 이미 반박의 여지가 없을 만큼 일반적인 공감대를 형성하고 있다. 18세기 이후 20세기까지 진행되어온 학문의 세분화가 지니고 있는 한계가 인식되고 있기 때문이다. 세분화는 전문화의 가능성을 열어놓는다는 긍정적 측면이 있지만 동시에 자칫 전체적인 맥락을 놓치고 지엽적인 가치에 함몰되어 자신이 궁극적으로 추구하는 바가 무엇인지 조차 인식하지 못하게 될 위험을 내포하고 있다. 인문치료는 출발부터 바로 이러한 과학화 및 전문화를 앞세운 학문의 세분화가 지닌 문제점을 넘어서고자 하는 의지를 바탕으로 하고 있다. 현재 수백 가지에 달하는 갖가지 심리치료 및 예술치료 이론들의 출발점은 사실 하나다. 인간과 그 인간의 행동 및 마음에 대한 이해가 바로 그것이다. 인간을 이해하는 방식에 있어 차이가 있을 뿐이다. 인간을 이해하기 위해 인간의 심리를 중심에 놓은 것이 심리치료라면 인간의 미학적 본능에 주안점을 둔 것이 예술치료다. 한편 심리에 접근하는 방법에 정신분석적 방법도 있고 행동주의적 방식이나 인지주의적 관점도 있는 것처럼 예술치료 역시 예술을 활용하는 방법에 따라 표현예술치료나 수용예술치료로 나누어지기도 하는 것이다. 그러나 결국 이 이론들은 위에 말한 것처럼 인간의 이해를 통한 정신병리 현상의 해결이라는 하나의 목표로 수렴된다.

적정인문학으로서의 인문치료에서는 통합 혹은 융합이라는 말을 사용한다. 여기서 통합 혹은 융합이라는 개념은 기존의 가치들을 병렬적으로 묶어내는 작업을 의미하는 것이 아니다. 다시 말해, 인문치료의 이론적 기초를 정립하기 위해 기존 치료 이론들을 융합한다고 말할 때 그것이 모든 치료이론들을 망라하여 통합하겠다는 의미는 아니라는 것이다. 단지 모든 이론의 원리와 장점을 규합할 수 있는 대전제를 확립하여 인간의 이해를 위해 정진해온 모든 가치들을 수용할 수 있는, 보다 유연하며 동시에 열려 있는 이론체계를 세우고자 하는 것이다.

2.2. 선행치료 이론들의 구조적 공통성

우선, 인문치료의 이론에 대해 논하기 전에 마음의 병을 치료하던 이전의 치료이론들의 구조적 특징을 살펴보자. 앞서 언급했듯이 심리학의 치료 이론들 중 '대이론(grand theory)'으로 명명되는 주요 이론들이 있다. 현재 수백 가지를 헤아리는 심리치료 이론들은 대부분 이 대이론들의 선별적 조합이나 부분적 변형을 통한 일종의 변주들에 해당한다고 볼 수 있다.

정신분석의 경우 그 인간관의 중심에는 심리적 결정론(psychological determinism)이 있다. 우리가 경험하는 모든 정신 심리 현상이 우연적인 것이 아니고 선행된 어떤 사건들(event)이 원인이 되어 나타난 현상이라고 보는 것이다. 다시 말해 과거의 경험이 현재를 살아가는데 지속적인 영향을 미친다는 가설이다. 그래서 이 이론은 "병리현상의 원인이 무엇일까?", "왜 그렇게 되었을까?"와 같은 인과적인 문제를 강조한다. 이것은 정신의학사에서 중요한 태도의 전환이었다. 다시 말해 인간을 독립적 유기체로 인식하고 모든 마음의 문제의 원인을 그 유기체 안에서 파악하여 해결방안을 찾으려했다는 점에서 정신분석은 이전의 초자연적이거나 종교적인 정신병리관으로부터의 탈피라는 중요한 의미를 갖는다. 프로이트는 어린 시절의 초기 경험을 탐색할 것을 강조하고 꿈, 실수 등의 증상에 주목했다. 소위 무의식(unconsciousness)의 중요성을 강조한 것이다. 무의식적 정신과정은 의식적 정신과정보다 빈번하고 유의미하다. 사고, 감정, 망각, 신경증적 증상 등이 마음속에서 일어나는 생각들과 무관해 보이는 것은 그 인과 관계가 무의식적 정신과정에 속해있기 때문이다. 다시 말해 이러한 증상들은 의식의 차원에서 논리적으로 표출되는 것이 아니라 무의식적 세계에 뿌리를 둔 요인들에 의해 나타나는 현상이라는 것이다. 그래서 정신분석학자들은 정신분석이라는 방법론(자유연상, 꿈의 분석 등)을 통해서 개인이 가지고 있는 성적인 욕구 혹은 내적 갈등을 찾아내고 그 문제점을 해결하는 것을 목표로 삼고 있다. 이를 설명하기 위해 프로이트는 젊은 시절 성적 추동(libido)과 공격적 추동(tanatos)라고 하는 내적 에너지(추동drive이라 명명된)를 전제했고 그 이후 의식/전의식/무의식으로 설명되는 마음의 모형을 거쳐 우리가 잘 알고 있는 원초아/자아/초자아가 상호작용을 하는 마음의 구조 모형을 완성해낸 것이다. 마음의 역동(dynamics)을 형성하는 이 강력한 마음의 구조체들(원초아/자아/초자아)이 상호 역동적이면서도 미묘한 균형을 유지해야만 우리는 건강할 수 있다. 신경증 혹은 정신병과 같은 심리장애는 이 마음의 3요소들 간의 균형이 깨어졌다는 증표다. 이것이 정신분석이론이 지니고 있는 인간관과 병인론이다.

정신분석이론은 이러한 이론적 전제를 배경으로 문제를 지니고 있는 사람들에게서 볼 수 있는 심리현상들을 분석하고 교정한다. 그 가시적인 심리현상이 바로 마음을 이루는 구조체들 간의 불균형을 방지하고 마음을 정상적으로 기능하게 하기 위해 작동되는 경고장치인 방어기제(defense mechanism)다. 이 발동과정의 양태가 정상적인 수준을 넘어설 때 정신병리(이상행동) 증상이 나타나는 것이다. 따라서 치료사는 방어기제가 표출되는 양태를 관찰하여 치료대상자의 무의식 세계를 분석하고 불균형을 불러일으키는 잠재된 무의식속에 억제되어 있는 에너지를 해소시킴으로써 치료를 완료하게 되는 것이다.

이렇게 정신분석이 마음의 병을 치료하는 새로운 장을 연 이후 인간의 이상행동(정신병리)을 설명하는 새로운 가설들이 잇달아 나타났고 이 가설들은 정신분석과 더불어 심리학을 이끌어 나가는 중요 이론들로 자리 잡는다. 정상행동과 마찬가지로 정신병리도 학습 환경과 습관에 의해 생겨나고 또 고쳐질 수 있다고 믿는 행동주의 이론가들은 조작적 조건형성이나 강화(reinforcement), 처벌(Punishment), 소거(Extinction), 행동조성(Shaping) 등의 개념을 활용하여 치료의 원리를 세우고 실험과 통계를 통해 그 원리의 타당성을 증명했다. 인간을 과학자에 비유한 켈리와 같은 인지주의자들은 과학자의 목표(현상을 기술하고 설명하며 예측하고 통제하는 것)는 일반인의 삶에서도 중요한 것이어서 사람들은 자신의 삶에서 일어나는 사건들을 이해해야 할 필요성과 동기를 갖고 있으며 인지적 수단을 동원하여 이런 목표를 추구한다는 가설을 세웠다. 이는 과거의 성격이론과 전혀 다른 인간에 대한 조망을 제시한 것이었다. 사람은 환경과 마주했을 때 수동적으로 반응하는 존재가 아니라 능동적으로 자신의 환경을 표상하는 역량이 있는 존재로 본 것이다. 인지주의적 접근의 기본 철학은 구성적 대안주의(constructive alternativism)에 있다. 객관적인 진실이나 절대적 진리란 존재하지 않으며 세계는 자신이 해석(구성)하는 방식으로 존재한다. 세상에 대한 구성적 대안들 중에서 어떤 대안을 선택하느냐에 따라 그 개인이 보는 세상이 결정되므로 이상행동은 개인적 구성개념(personal construct)의 문제에서 출발한다. 따라서 문제점을 해결하기 위한 치료과정에서는 자신의 삶에서 일어나는 사건들을 조직화하고 이해할 수 있도록 하는 심리적 변화와 수용과정이 핵심적인 내용이 된다. 켈리는 기존의 구성개념 체계에 대한 도전이 다양한 부정적 정서와 심리장애의 원인이라고 생각했다. 사람들은 기존의 구성개념 체계를 확장하는 위험을 받아들이기보다는 위축된 체계에 집착하며 경직된 모습을 보이게 된다. 정상적인 사람, 그러니까 켈리의 표현에 의하면 "잘 기능하는 사람(well-functioning person)"은 자신의 구성개념의 타당성을 평가하려는 의지가 있는 사람이다. 정상적인 사람은 타당하지 않은 것으로 밝혀진 것들을 포기하거나 재구성할 수 있고 구성개념 체계의 범위와 조망을 확장하려는 욕구를 갖게 되는데 이러한 의지는 인간이 다양한 사회적 역할을 잘 이해하고 수행할 수 있도록 뒷받침해주는 주요 요인들이다.

켈리의 인지주의적 관점을 발전시켜 이론의 완성도를 더 높인 아론 벡은 객관적 현실은 사람들이 인지하는 주관적 현실과는 다름을 강조하며 인간은 사건 자체보다는 사건에 부여한 의미(meaning)에 의해서 고통받는다고 말한다. 나 자신, 다른 사람, 주변세상, 미래 등에 대한 왜곡된 구성과 집착이 우리를 고통스럽게 만든다는 것이다. 그래서 그는 구성된 의미와 주관적 해석을 인지(cognition)라는 말로 표현하며 그 인지를 변화시킬 수 있는 방법을 주창했고 그것이 우리가 잘 알고 있는 인지치료의 ABC 모델이다.

이상에서 살펴본 치료이론들이 '대이론'으로 인정받을 수 있는 것은 무엇보다도 그 이론을 바탕으로 한 임상에서 많은 긍정적인 결과가 도출되었다는 사실 때문이기도 하지만 실상 가설이었던 이 이론들이 실제 임상에 오랜 세월 동안 적용될 수 있었던 것은 그 가설의 개연성이 많은 이들을 설득할 수 있을 만큼 논리적이었기 때문이다. 그렇다면 이 이론들이 높은 개연성을 지닐 수 있었던 논리의 힘은 어디에서 오는가? 위의 세 가지 핵심 이론 이외에 현대 심리학에서 영향력을 미치고 있는 다른 몇 가지 이론들, 예를 들어 게슈탈트이론, 긍정심리학 이론 등을 포함하는 주요이론들이 지니고 있는 이론의 구조적 특징을 살펴보면 다음과 같은 공통점을 발견할 수 있다.

첫째, 인간에 대한 철학, 다시 말해 "인간은 이러저러한 특성으로 파악될 수 있다"라고 정의할 수 있는 인간관을 바탕에 깔고 있다.

둘째, 인간의 성격 및 발달에 대한 설명이 체계적이다. 이는 인간의 성장과정 및 생활과정에서 일반적으로 성격이 어떻게 형성되며 또 그 발달과정은 어떻게 진행되는가에 대한 설명인데 일반인들도 납득할 수 있을 만큼 구체적이고 설득력이 있다.

셋째, 정신병리의 원인에 대한 설명이 분명하다. 소위 확고한 병인론이 존재하는 것이다.

넷째, 그 정신병리 현상의 종류와 정도를 측정할 수 있는 평가방법이 구축되어 있다. 의료계의 용어로는 검사와 진단이라고 표현될 수 있는 객관화된 평가도구를 갖추고 있는 것이다.

다섯째, 정신병리의 치료에 대한 구체적인 치료기법이 존재한다. 검사에 의해 병리의 종류와 정도가 진단되면 그에 적절한 치료방법이 제시될 수 있는 것이다.

여섯째, 이러한 과정을 자체 평가하여 문제점을 개선해 나갈 수 있는 자체연구자료수집체계 및 연구 방법론을 확립할 수 있는 검증시스템을 갖추고 있다. 이 시스템을 통해 가설은 그 개연성을 끊임없이 검증받으며 동시에 그 개연성을 높여가는 것이다.

이상의 내용을 그림으로 정리하면 다음과 같다.

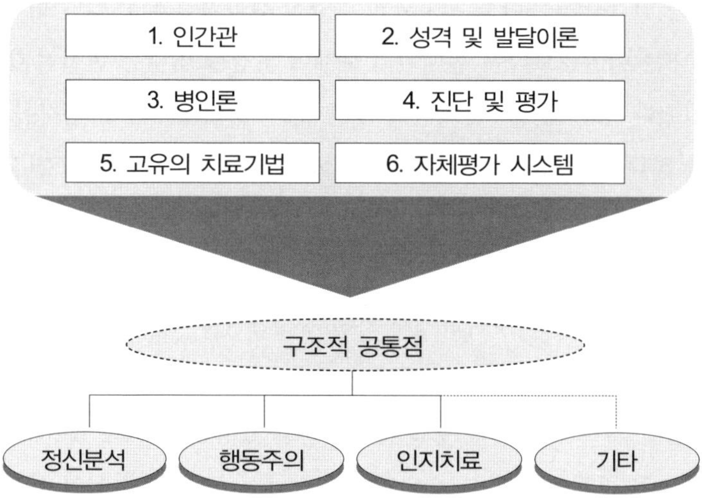

심리학의 주요 이론들의 구조적 공통점

2.3. 인문치료의 이론적 구조

적정인문학으로서의 인문치료의 이론을 정립하는 과정에서 치료현장에서의 경험이 절대적으로 부족한 우리는 앞서 살펴본 심리학의 '중심이론'들이 지니고 있는 구조적 공통점을 참조하였다. 인문치료 이론이 가장 먼저 정립해야 할 단계인 인간관에 관한 부분은 사실 인문학이 가장 광범위하게 다루고 있는 주제이며 영원한 논의의 대상인 만큼 모든 학문의 가장 정점에 있는 문제다. 이 원론적인 문제를 인문치료에서 다룬다는 것은 적절치 않다. 인문치료는 인문학을 활용하여 치료를 하겠다는 것이지 치료라는 개념을 활용하여 인문학을 새로이 정립하겠다는 것은 아니기 때문이다. 그래서 인간관을 정립함에 있어 우리는 인간관에 대한 동서고금의 다양한 철학적 고뇌를 성긴 형태로 묶어내는 어설픔보다는 현대인의 문제에 초점을 맞추는 현실적 대안을 택했다. 그중에서도 우리가 주목한 것은 이 시대에 가장 심각한 문제 중 하나로 인식되고 있는 인간의 소외의 문제다. 물론 정신 건강의 차원에서 소외의 문제를 다룬 것이 우리가 처음은 아니다. 헤겔의 철학에서 인간이 자기 본질을 잃은 채 비본질적 상태에 놓이는 것을 일컫는 소외[1]는 프로이트학파에서 자신이 속해 있는 사회 및 문화 환경에 대한 개인의 적응장애의 하나로 인식되기도 했다. 그러나 이러한 관점은 소외를 개인의 문제로 국한시키고 있다는 한계가 있다. 소외는 소외된 존재를 바라보는 타인의 입장에서 볼 때 인간성이 상실되어 인간다운 삶을 잃어버린 모습일 수 있지만 그 소외된 존재의 입장에서는 산업화, 정보화된 사회가 오히려 인간에 대하여 부정적인 작용을 하는 데서부터 생겨난 환경적 문제로 인식될 수도 있다. 결국 소외는 한 개인만의 문제도 아니고 그렇다고 그 개인과 대치되어 있는 또 다른 개인이나 집단만의 문제도 아니다. 소외는 존재와 그 존재를 둘러싸고 있는 환경(또 다른 존재나 집단 혹은 문자 그대로의 환경)간의 소통의 부재에서 오는 것이다. 소외는 인문치료가 추구하는 현대인들의 안녕(well-being)을 방해하는 가장 큰 위협 중에 하나다. 소외된 존재는 건강이나 부 등 다른 모든 여건이 갖추어져 있더라도 완전한 건강의

1 양승태, 『우상과 이상 사이에서』, 이화여자대학교출판부, 2007, p.229. 사실 소외의 문제는 인간의 불평등에 관한 개념과 밀접한 관계를 지니고 있다. 근대 들어 장자크 루소에의 해 제기된 인간의 불평등에 관한 근원적 질문(『사회 불평등 기원론』)은 헤겔에 의해 관념론적 정리를 거치게 된다. 이후 헤겔 좌파와 헤겔 우파간의 논쟁을 비롯하여 포이에르바하와 마르크스를 거쳐 현재에 이르기까지 소외의 문제는 여전히 논의가 진행 중인 철학의 거대 담론 중 하나다.

상태에 도달할 수 없으며 따라서 행복할 수 없다.

그래서 인간의 안녕과 행복을 그 궁극적 목적으로 삼는 인문치료의 가설의 중심에는 소통이라는 개념이 있다. 인간은 소통하고자 하는 욕망, 즉 '소통의 리비도libido'를 지닌 존재이며 그 소통의 궁극적인 목적은 행복의 추구라고 보는 것이다. 인간의 마음을 움직이는 에너지를 리비도라고 표현한 사람 중 가장 잘 알려진 사람은 프로이트지만 그 말은 프로이트 이전부터 많은 철학자와 문인들에 의해 언급되었다. 앞서 언급한 바 있듯이 넓은 의미의 '욕망'을 뜻하는 라틴어 'libido'는 제정 로마 말기에 살았던 교부철학의 아버지 아우렐리우스 아우구스티누스에 의해 처음 사용되었고 그것은 인간의 근원적 욕동을 설명하기 위한 것이었다. 그는 리비도를 3종류로 분류하는데 "앎에 대한 욕망libido sciendi, 지배하고자 하는 욕망libido dominandi, 그리고 감각적 욕망(식욕, 성욕 등을 포함하는)libido sentiendi"이 그것이다. 이 분류는 이후 서구의 수많은 시인과 문인 그리고 철학자들에 의해 받아들여졌다. 프랑스의 17세기 종교철학자 장세니우스와 그의 옹호자 파스칼은 이 이론을 있는 그대로 수용한 대표적인 인물로 꼽힌다. 따라서 우리가 리비도라는 말을 사용할 때 그 의미는 프로이트적 개념인 성적 추동에 국한된 좁은 의미가 아니라 인간들의 정서적 움직임의 근원으로서의 욕망이라는 라틴어의 본래적 의미다.

한편 야콥슨이나 하버마스를 운운하지 않더라도 소통의 개념이 메시지를 전달하는 단순한 대화의 범주에 머무르는 것은 아니며 그 본질적 특성은 사람들을 상호 주관적으로 묶어주는 관계에 있고 따라서 소통은 넓은 의미에서 인간의 사회적 삶 자체를 가리킨다는 것은 누구에게나 상식적 차원에서 받아들일 수 있는 사실이다. 더구나 미디어라는 말이 탄생한 20세기를 지나 21세기에 접어들어 소통을 위한 매개체들의 기능이 다양해지면서 소통의 양상 또한 다양해지고 있다. 물론 우리가 인간의 마음을 움직이는 추동의 에너지를 '소통의 리비도' 하나로만 보는 것은 아니다. 단지 현대의 산업화, 도시화가 만들어 내는 개인과 사회의 부정적 변화에 기인한 인간의 정신적, 정서적 혼란의 중심에 소통의 문제가 있다고 보는 것이다. 또한 우리가 보는 소통은 개인과 개인의 문제만도 아니다. 소통은 개인과 그가 속한 집단과의 관계에도 존재하며 또 개인 안에서도 존재한다. 특히 한 개인의 내면적 소통은 인문치료가 주목하고 있는 소통의 양태다. 인간은 내면에 다양한 페르소나들을 지니고 있으며 그 페르소나간의 건전한 공존은 내적 소통을 통해 페르소나 간에 균형이 이루어질 때 가능해진다. 소통의 대상과 소통의 형태를 도식화하면 아래와 같다.

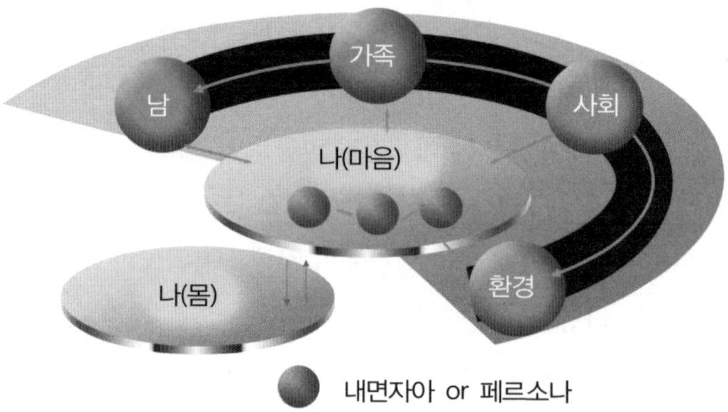

소통의 대상

위에 도식화된 소통의 형태는 크게 나와의 소통과 남과의 소통으로 나뉜다. 그 중 나와 나의 소통은 마음과의 소통과 몸과의 소통으로 나뉘고 나와 남과의 소통은 나와 타인 그리고 나와 가족, 나와 사회, 나와 환경간의 소통으로 구별된다. 이러한 소통의 구도에 문제가 생기거나 아예 소통을 못하게 되는 경우 개인은 정서적으로 불안을 느끼고 심지어는 소통의 대상들로부터 소외당하게 된다. 소외당한 개인은 소통의 가능성으로부터 점점 멀어지는 악순환이 일어나고 소외된 개인에게는 정신적, 정서적 이상 현상이 나타날 수 있다. 결국 '소통의 부재로 인한 소외'는 마음의 병을 일으키는 근본요인이며 정신분석에서 말하는 억눌린 자아나 혹은 인지치료에서 말하는 그릇된 구성개념과 동일한 차원에 위치시킬 수 있는 치료모델의 구성요소다. 소통의 부재는 아래에 표에서 볼 수 있듯이 네 가지 차원에서 존재한다.

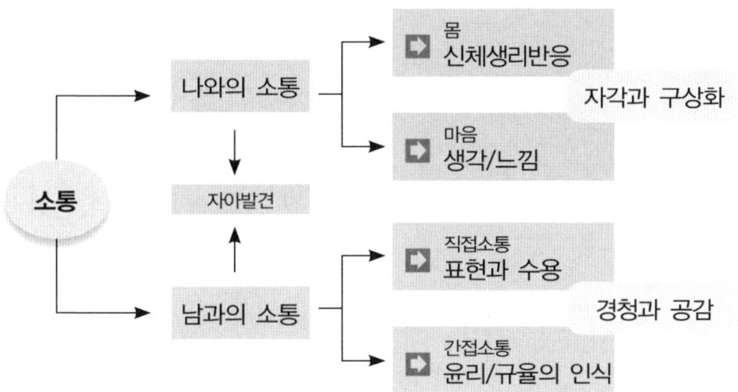

소통의 형태

나와 하는 소통에서 나와 나의 몸이 하는 소통에 문제가 생기면 그것은 신체생리반응으로 나타난다. 우리가 흔히 신경성이라고 하는 신체질병들은 바로 우리의 심리적인 문제들을 제대로 해결하지 못해 생겨나는 이상 생리현상이다. 이 분야에 대한 연구는 〈사이코소메틱 메디신

Psychosomatic Medicine〉이라는 전문잡지가 있을 만큼 의학 분야에서도 전문적인 분야로 인식되고 있다. 이 경우는 이미 신체적으로 고통을 받는 경우가 많고 심할 경우는 증상의 완화를 위해 약물치료와 같은 의학적 개입이 있어야 한다. 다음은 나와 나의 마음, 다시 말해 내 안에 있는 서로 다른 페르소나들 간의 소통이다. 이 경우 우리는 또 다른 자기의 생각과 느낌을 정확히 알아내야 하고 그것을 구체적으로 표현해봄으로써 그 실체를 구상화시킬 수 있다. 사실 지능검사로부터 시작되어 현재까지 개발되어 있는 수많은 성격 검사들은 그 객관화된 수치의 의미가 어느 정도 검증되기는 하였지만 여전히 한 사람의 성격을 정확히 파악하기 위한 도구라고 단정지어 말하기는 어렵다. 더구나 사람의 성격은 유형화된 단 한 가지의 형태로만 나타나는 것은 아니다. 이 '다양한 나'가 바로 내면의 페르소나들이다. 이 페르소나들의 실체를 파악하여 표현해보는 일, 다시 말해 자기 자신을 자각하고 그 자각된 느낌과 생각을 구상화하는 작업은 곧 자신의 실체를 객관적 시각에서 바라보는 작업이 되는 것이다.

나와 남이 하는 소통의 부재 현상은 직접 소통의 부재와 간접소통의 부재 현상으로 나눌 수 있다. 직접소통이란 타자와의 직접 접촉을 통한 소통을 의미한다. 이것은 대부분 개인과 개인의 소통의 형태로 나타나며 그 소통의 질을 결정하는 것은 수용의지와 표현능력이다. 간접소통은 개인이 그를 둘러싸고 있는 환경과의 소통을 의미한다. 이 소통의 질은 그를 둘러싸고 있는 환경이 요구하는 소통의 조건을 개인이 얼마나 잘 인식하고 있는가에 달려 있다. 이 두 형태의 소통의 부재는 경청과 공감을 통해 해소해 나갈 수 있다. 경청은 상대와 환경이 요구하는 바를 잘 수용해주는 일이며 공감은 그 요구하는 바를 상대의 입장에 서서 이해해주는 일이다.

이러한 소통의 부재형태들 중에서 인문치료의 주요 대상은 아래의 그림에서 보는 것처럼 나와 나의 마음의 소통, 그리고 나와 남과의 소통에서 문제가 생기는 경우다. 물론 나와 나의 마음간의 소통에 있어서도 인지능력에 문제가 될 수 있을 만큼 심각한 정신장애는 여전히 정신과 의료진의 몫이다. 그러나 정신의학상으로 정상범주에 있더라도 본인은 어려움을 느끼는 경우, 혹은 정상범주에 속해 있더라도 고위험군에 위치해 있는 경우 이를 예방하고 어려움을 완화시키기 위해 인문치료가 개입할 수 있다. 특히 나와 남과의 소통의 부재 때문에 생기는 소외의 문제나 사회부적응의 문제에 대해서는 인문치료의 입장에서 심리치료나 정신과 치료보다 할 수 있는 일이 더 많다. 소외나 부적응은 단순히 심리만의 문제가 아니기 때문이다. 더구나 현실적으로 주로 사회적 소수가 겪고 있는 고통인 소외의 문제는 경제적인 이유만으로도 심리치료나 정신과 치료가 개입할 수 있는 여지가 급격히 줄어든다. 현재 우리 사회에서 의료보험이 적용되지 않는 상태에서 적

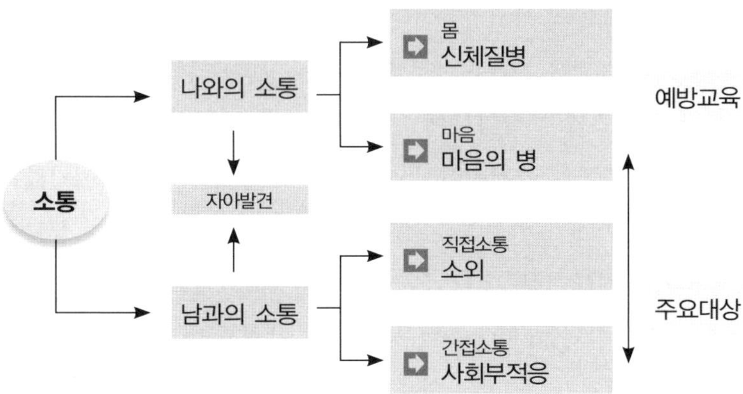

소통의 문제를 중심으로 본 인문치료 대상

어도 10여 회기를 진행해야 하는 심리치료나 정신과치료 비용을 감당할 수 있는 사람들은 그리 많지 않다. 더구나 소통이 간접적인 문제로 인해 단절되는 경우 그것은 아래에서 보듯이 부적응의 문제를 불러일으키는데 이는 사실 전통적인 심리치료의 영역과는 거리가 있다. 새터민이나 학교 밖 청소년, 군부적응장병 등 고통 받고 있는 소외문제는 근본적으로 심리의 문제라기보다는 사회와 그 개인의 소통이 불가능하기 때문에 생겨나는 문제이기 때문이다. 이 부분이 인문치료가 특히 관심을 기울여야 하는 부분이다.

2.4. 인문치료에 있어 인간의 성격과 발달

성격의 형성과 발달은 모든 심리치료관련 이론들이 무게를 두고 다루고 있는 내용이다. 심리학에서는 유전적 형질에 따른 생리학적 구분을 기질이라는 말로 한정하면서 기질에 대비하여 환경과 학습에 의해 생겨나는 개인의 사고성향이나 행동양식을 성격이라는 말로 표현하고 있으며 성격을 전문적으로 연구하는 성격심리학이라는 분야가 따로 있을 만큼 많은 학자들에 의해 연구되었다. 그러나 사실 인간의 성격을 가장 다양하고 진솔한 방식으로 연구한 것은 이론의 여지없이 문학이다. 문학에서는 성격을 유형별로 나누지 않는다. 모든 소설이나 희곡의 등장인물은 그 나름의 성격을 지니고 있고 문학에서 성격(character)은 등장인물(character)과 동의어다. 유럽 문학 속에 수많은 수전노가 등장하지만 몰리에르의 수전노 아르파공 과 셰익스피어의 수전노 샤일록은 수전노라는 공통점으로 묶어서는 파악할 수 없는 전혀 다른 캐릭터다. 물론 문학비평에서 필요에 따라 파우스트와 동주앙 등 공통점을 지니는 인물들을 유사 인물군으로 분류하기도 하지만 그들을 같은 인물이라고는 하지 않으며 같은 성격(character)이라고 하지도 않는다. 인문치료에서 바라보는 인간의 성격은 이 문학적 차원에서 보는 성격론에 입각한다. 성격의 유형화는 사실상 불가능하다고 보는 것이며 또 성격의 유형화를 통한 인간에 대한 접근은 위험할 수 있다고 믿는다. 때문에 생리학에서 연구된 유전적 기질과 심리학에서 연구된 성격의 유형 등은 참조하되 그것을 치료를 위한 결정적 근거로 활용하지는 않는다.

적정인문학으로서의 인문치료에서는 성격의 유형화보다는 소통양식의 유형화를 파악하는 것에 주력한다. 다시 말해 표현을 하려는 의지가 어느 정도 있는가, 소통을 위한 표현 능력을 갖추고 있는가, 또 표현을 할 때 그 유형은 어떠한가 등을 파악하는 데 초점을 맞추는 것이다.

소통하는 능력은 다른 발달 요소들처럼 성장과 더불어 발달하게 된다. 이 발달이 정상적으로 이루어진 경우 우리는 소통에 문제없이 정상적인 생활을 할 수 있다. 반면 성장기에 소통하는 법을 습득하지 못하면 소통에 문제가 생길 수 있다. 그러나 소통의 요령을 습득하지 못했다 하더라도 정신분석의 경우처럼 과거가 문제가 되지는 않는다. 습득을 하지 못한 원인을 대상자의 내적 세계에서 찾기보다는 그가 처한 환경의 문제에서 그 해결의 출발점을 찾는다. 문제를 해결하기 위해서는 문제를 지닌 사람이 '지금-여기(here and now)'의 상태에서 소통하는 법을 다시 새롭게 습득하면 되기 때문이다. 이런 관점에서 인문치료의 발달이론은 그 출발점을 인지행동주의적 혹은 게슈탈트적 발달이론을 공유한다. '지금-여기'에서의 상태가 파악되면 과거의 문제는 큰 중요성을 지니지 않는다. 그 상태에서 습득해야 할 소통 방법들을 새롭게 습득해 나가는 일이 중요한 일이기 때문이다. 게슈탈트 치료의 과정에서 프릿츠 펄스가 제안하고 있는 의미 있는 질문, 즉 "나는 지금 무엇을 하고 있는가?, 나는 지금 무엇을 알아차리고 있는가?, 나는 지금 이것을 어떻게 하고 있는가?"와 같이 미해결과제를 풀어나가는데 실질적으로 도움이 될 수 있는 질문들의 형태를 인문치료의 소통의 문제를 해결하기 위한 출발단계에도 적용을 하는 것이다.

나는 지금 어떤 방식으로 말하고 있는가? 나는 지금 무엇을 말하고 있는가? 나는 지금 무엇을 듣고 이해하고 있는가? 내가 지금 공감하고 있는 것은 무엇인가? 그리고 나는 앞으로 무얼 어떻게 말하기를 원하며 그것을 위해서는 내가 할 일은 무엇인가? 결국 나는 지금 어떤 방식으로 누구와 소통하고 있는가를 파악하는 것이 치료의 출발점이 될 수 있는 것이다.

그래서 인문치료의 과정에서는 치료가 시작되는 현재의 상태를 인정하는 것이 중요하다. 이미 소통의 실패를 겪은 개인들, 예를 들어 재소자나 갱생자들의 경우 과거에 소통이 부재했던 이유를 찾아 그 원인을 제거하는 행위는 충분한 치료행위가 될 수 없다. 그는 사회에서 이미 과거와는 다른 존재이기 때문이다. 그 상황에서 사회와 소통할 수 있는 방법을 찾아낼 수 있도록 도와야 한다. 물론 비행청소년이나 문제 사병 등 사회에 정상인으로 복귀할 수 있는 개인들의 경우 소통에 문제를 일으켰던 과거의 원인을 찾아내어 변화를 추구하는 일은 의미를 지닐 수 있다. 하지만 그들에게도 역시 중요한 것은 현시점에서의 변화의 의지다.

소통능력의 발달은 따라서 성장기에 정상적으로 진행이 되지 않은 경우라도 얼마든지 다시 시작될 수 있다는 점에서 다른 치료방법론에서 보는 인간의 발달에 대한 관점보다 긍정적인인 측면이 있다. 일반적인 발달이론에서 주장하듯이 성격이나 기질이 선천적이거나 혹은 성장기에 결정되는 것이라는 점을 인정하더라도 인문치료에서 성격이나 기질보다 더 중요한 요소인 소통의 능력은 나이의 고하를 막론하고 문제가 되는 시점부터 발달시킬 수 있는 가능성을 언제나 지니고 있기 때문이다.

2.5. 인문치료의 진단·평가 및 치료원리

인문치료에서는 미국정신의학회의 정신질환분류(DSM)나 세계보건기구의 질병분류(ICD)를 참조하지만 그 분류를 치료를 위한 진단의 기준으로 삼지는 않는다. 소통의 부재나 소통의 왜곡으로부터 생겨나는 마음의 병은 DSM이나 ICD에서처럼 기분장애나 불안장애 혹은 섭식장애나 수면장애 등의 분류로는 정확히 구별될 수 없기 때문이다. 물론 기분장애나 불안장애 등의 하위분류인 우울증이나 대인공포증 등의 증상이 존재하는 것 자체를 부정하는 것은 아니다. 그러나 그 우울증이나 대인공포증 등의 원인과 해결책을 무의식에서 찾거나, 인지의 문제로 접근하기보다는 소통의 차원에서 모색하고자 하는 것이다. 우울증이나 대인공포증 따위의 장애 증상은 그 원인이 극도로 다양한 만큼 해결책도 다양할 수 있다. 이 제반 신경증적 증상들이 무의식적 접근이나 인지적 접근에 의해 용이하게 치료되는 경우가 있을 수 있고 또 소통과 소외를 중심으로 하는 접근에서 더 효율적인 치료가 가능 할 수 있다는 말이다.

소통의 부재에서 오는 이러한 문제점들은 스스로가 문제를 자각하면서 해결되는 경우도 있겠지만 그렇지 못한 경우 누군가의 도움을 받을 필요가 있다. 그 도움이 적정인문학으로서의 인문치료를 진행하는 치료사의 일이다. 인문치료사의 일은 크게 두 가지로 나뉜다. 첫째, 효율적인 소통 방법을 알려주고 소통이 가능한 환경을 조성해주는 일이다. 둘째, 소통을 위해 필요한 지식과 자아 및 환경에 대한 인식의 부족분을 채워줄 수 있도록 관련 지식과 스킬의 습득을 유도하는 일이다. 우리는 소통이란 인지, 공감, 표현이라는 세 가지 요소가 단계별로 혹은 동시에 작동하는 행위로 본다. 인문치료사는 아래 그림의 소통의 모델에 기초하여 그 각각의 구성요소별 문제점들을 파악하고 그 해결책을 모색한다.

인문치료행위		
인지	자신	생각과 경험의 실체 파악
	남	남의 생각과 경험을 구상화하여 인식
공감	공감의 메커니즘의 이해 및 훈련	
표현	태도/성향/성격/어투/어휘 등의 점검 및 보완	

소통의 3요소

개인과 개인이 소통한다는 것은 결국 생각과 경험을 나누어 그 생각과 경험의 차이를 줄이고 서로의 공감도를 높이는 행위다. 개인과 집단이 소통한다는 것은 개인의 입장에서는 그 집단이 요구하는 가치와 규율을 준수하는 것이고 집단의 입장에서는 상대 개인이 지니고 있는 특수성을 감안하여 사회의 가치가 위협받지 않는 수준에서 그 특수성을 수용함으로써 공감도를 높일 수 있도록 노력하는 행위다. 그것은 집단과 집단의 경우도 마찬가지다. 따라서 치료사는 문제를 지닌 사람에게 소통의 본질을 인식시키고 소통의 조건과 그 조건의 수용 능력을 습득시켜야 한다. 이렇게 그 해결 원리는 간단하지만 그것을 실행하기는 쉽지 않다. 생각과 경험의 차이를 줄이기 위해서는 먼저 대비되고 있는 생각들과 경험들의 실체를 정확히 파악해야 하는데 사실 남이 무슨 생각을 하고 어떤 경험이 있는지를 파악하는 일은 결코 쉽지 않다. 또한 자신의 생각과 경험을 타자적 시각에서 보는 것도 결코 의지만 가지고 될 수 있는 일이 아니다. 생각과 경험의 차이를 줄이기 위해서는 우선 내 생각과 나의 경험의 실체를 먼저 파악하는 것이 중요하다. 다음 단계는 상대방의 생각과 경험에 대해 알아야 하는데 이는 상대방의 이야기를 경청함으로써 가능할 수 있다. 그러나 이 역시 쉽게 실천할 수 있는 일이 아니다. 자기의 생각이 무엇인지 구체적으로 알려면 그 생각을 언어화하여 구체적 형태를 부여하는 작업이 필요하며 남의 이야기를 경청하려면 그 이야기가 전달하려는 주요 전언이 무엇인지 파악할 수 있어야 한다. 여기에 인문 예술적 방법론이 개입한다. 철학은 논리이며 문학은 이야기고 역사는 기록이며 예술은 감각이다. 인문치료방법은 문학의 환유를 통한 객관화와 허구를 통한 간접경험, 철학적 사유 체계와 논리화를 통한 관점의 변화, 시간적 변화의 기록 위에 자신을 위치시킴으로써 얻어지는 객관적 시각,

아름다움에 대한 미학적 본능을 활용한 의식의 자극 등을 활용하여 소통을 위한 두 객체의 실체를 파악할 수 있도록 돕는 것이다. 이것이 바로 인문치료의 도구에 철학과 문학 그리고 역사와 예술이 포함되는 이유다. 인간은 생각(철학)하고 표현(문학/예술)하며 기억(역사)한다. 마음은 논리적이고 합리적인 차원은 물론 무의식적이고 직관적인 차원으로 구성되어 있다는 사실은 뇌신경과학적 연구에 의해서도 입증되고 있다. 따라서 마음의 병을 다루는 인문치료에는 이성적 논리뿐만이 아닌 감성의 개입이 필요한 것이며 이를 위해 인문적 요소는 물론 예술적 요소도 요구된다.

이렇게 인문과 예술적 가치를 통해 자신은 물론 타인의 생각과 느낌을 해석하고 그려냄으로써 혼란스럽고 설명할 수 없을 것 같았던 경험에 이름을 만들어 주는 일, 또 이런 과정을 통해서 소외된 개인으로 하여금 자신의 생각과 느낌을 구상화하고 남의 생각을 정확히 전달받으며 가능한 한 많은 공감을 할 수 있도록 돕는 일, 그리고 이를 통해 자기 제어력과 자기 효능감을 증진시켜 내면의 소통이나 타자와의 소통의 가능성을 높여주는 일, 이러한 일들이 인문치료사의 구체적인 치료 행위들이다.

과학자들에 의해 진행되어온 신경생리학적 연구들에 의해 밝혀진 사실들은 가설의 차원을 넘어선 진실로 받아들여진다. 그러나 그 진실들도 인간의 질병과 건강에 대해서는 여전히 일부분만을 설명할 수 있을 뿐이다. 1921년 독일태생의 미국 약리학자 오토 뢰비(1873-1961)가 뇌에서 뉴런을 통한 화학물질이 생산되어 근육에 전달된다는 사실을 확인한 이후 현재까지 수십 가지의 신경전달물질이 발견되었지만 이것으로 인간의 정신병리와 신체반응을 모두 설명할 수는 없다.

여전히 새로운 신경전달물질이 끊임없이 발견되고 있고 앞으로 그 수가 얼마가 더 발견될 지는 아무도 모른다. 과학자들에게는 그들이 지금까지 증명해낸 것 보다 앞으로 증명해 낼 것이 더 많이 남았을 수도 있는 것이다. 그래서 과학자들도 정신병리현상 전반에 대한 이론의 틀을 만들기 위해서는 궁극적으로는 가설에 의존할 수밖에 없다. 과학자들의 이론이 인문학자들이 이론보다 더 호소력 있게 보이는 것은 증명된 사실들에 기초하고 있기 때문이다. 하지만 그 이론들도 여전히 가설이다.

우리가 위에 기술한 인문치료의 한 이론은 과학적 실험을 근거로 하는 추론이나 가설은 아니다. 그래서 일견 신경생리학적 사실에 기초한 의과학적 추론들보다 덜 과학적인 듯이 보일 수도 있다. 그러나 정신병리에 대한 모든 전제는 가설이다. 즉 가능성을 기술한 설명이다. 인문학적 경험에 근거한 인문치료 가설의 개연성을 믿는 우리에게 남은 일은 인문치료이론이 보편적으로 인정받을 수 있도록 객관적인 데이터를 수집하고 이를 바탕으로 한 통계적 증명을 확립하는 일이다.

참고문헌

권석만, 2007, 『아론 벡 : 인지치료의 창시자』, 학지사.
김정규, 1993, 『게슈탈트 심리치료』, 학지사.
양승태, 2007, 『우상과 이상 사이에서』, 이화여자대학교출판부.
이무석, 2006, 『정신분석에로의 초대』, 이유.
인문한국사업팀저, 2008, 『인문치료』, 강원대학교 출판부.
임의영, 1993, 『스키너의 행동주의적 인간관』, 문학과 지성사.
『정신분석용어사전』, 2002, 이재훈 옮김, 한국심리치료연구소.
폴 리쾨르, 2005, 『해석의 갈등』, 윤성우 옮김, 살림.

Butt, Trevor, 2008, George Kelly and the Psychology of Personal Constructs (Paperback).

Wright, J.H., 2009, 『인지행동치료』, 김정민 옮김, 학지사.

Fay Fransella, 2008, 『조지 켈리』, 이훈진 옮김, 학지사.

Cognet, Louis, 1967, Le jansenisme, Paris, PUF.

Richard J Gerring, 박권생 역, 2004, 『심리학과 삶』, 시그마프레스.

Swingewood, A., 2004, 『문화사회학 이론을 향하여 - 문화이론과 근대성의 문제』, 박형신/김민규 옮김, 한울아카데미.

Histoire de la Philosophie, 1969, Gallimard, vol 3.

3. 인문치료에 있어 '과학적'이라는 말의 의미

인문학으로 치유행위를 한다고 할 때면 가장 많이 받는 질문 중에 하나가 인문치료의 효과를 '과학적'으로 증명할 수 있는가? 라는 것이었다.

우리나라에서 과학이라는 말은 자연과학과 동의어로 쓰인다. 어린이들이 과학자가 되고 싶다고 말할 때 사회과학자나 인문과학자를 지칭하는 경우는 거의 없다. 자연과학은 인과율에 기초한 법칙정립적 학문이다. 그래서 과학에서 객관성이나 체계적인 방법론은 필수적이다. 사전에 의하면 과학적이라는 단어의 의미는 '객관성', '정확성', '체계적인 방법' 등의 개념과 밀접하게 연결되어 있다. 따라서 만일 인간을 다루고 있는 인문학이 과학적이기를 요구한다면 그것은 인문학 연구가 객관성objectivity과 정확함precision을 갖추고 체계적인 방법론을 활용해야 한다는 뜻이 된다. 그렇다면 체계적인 방법론이란 어떤 것일까? 그리고 인문학 연구에 있어 객관성의 담보와 체계적 방법론의 적용을 통해 과연 이론의 여지가 없을 만큼 정확한 결론을 도출해 낼 수 있는가?

모든 엄밀한 학문들은 과학적 방법론이라고 하는 연구 방법론을 지니고 있다. 과학적 연구 방법론은 객관적 실험을 기초로 한다. 그리고 이 실험을 바탕으로 하여 어떤 결과를 얻어 내고 그 결과를 바탕으로 설정된 가설을 예측하고 검증하며 반박한다. 그리고 이 가설이 검증되었을 때 이론이 정립된다. 때로는 이론의 정립이 선행되는 수도 있다. 예측의 과정과 검토의 과정 그리고 반박의 과정은 반복된다. 이 과정들이 반복되면서 이론은 수정보완되며 완성을 향해 가거나 혹은 전면적으로 파기되기도 한다. 실증적 검증을 거쳐 완성된 이론은 객관적 가치를 지닌 학문적 원리가 되고 학문에서 하나의 법칙으로 간주된다. 아래 그림은 과학적 연구방법론을 다이어그램화한 것이다.

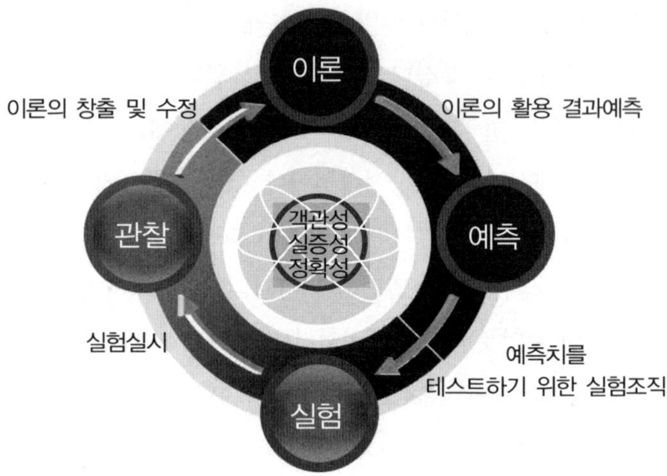

과학적 연구방법 과정

연구의 시작은 위의 순환구조 중 어느 상황에서도 시작될 수 있다. 그러나 일반적으로 출발은 실험단계를 제외한 나머지 세 단계, 즉 이론의 정립이나, 예측 혹은 관찰 단계에서 시작된다.

위와 같은 연구방법론에 인문치료연구를 대입하면 인문치료의 연구대상인 인간은 객체objet가 되어야 한다. 하지만 인간의 마음은 물론 신체도 객관화된 대상이 되기에는 너무나 다양한 기능들이 복잡하게 얽혀 있는 다중 복합체다. 인간의 신체 작동 메커니즘에 대한 지식이 아무리 발달했다고 하더라도 우리는 여전히 인간의 정신작용에 대해 아는 것보다는 모르는 것이 더 많다. 보고에 따라 다르지만 우리 과학은 현재 뇌의 기능에 대해 5% 내지 20% 정도를 알고 있다고 추정한다. 그런데 우리가 어떤 대상에 대해 20%를 알고 있을 때 과연 그 대상을 알고 있다고 말할 수 있는가? 99%를 알고 1%를 몰라도 그건 모르는 것이다. 하물며 20%라면...

우리가 경계해야 할 것은 인간에 대해 우리가 알고 있는 것만으로 모든 것을 설명할 수 있다고 믿고 행동하는 일부 학자들의 교만이다. 인간을 알기 위해 그리고 그 인간이 구성원인 사회를 이해하기 위한 과정에서 지금까지 우리가 발견한 그 어떤 과학적 사실도 절대적인 가치나 기준이 될 수는 없다.

사상적인 측면에서 합리주의자였던 데카르트는 인체를 기계에 비유하여 인체에 기계적-수학적인 개념이 적용되어야 한다고 강조하였다. 신의 창조물로서의 인간을 강조하던 중세의 인간관과 세계관에 대한 일종의 반작용적인 시각이었던 것이다. 17, 18세기의 다양한 과학적 발견을 기반으로 19세기 진화론, 세포설, 멘델의 유전법칙, 세균학, 예방학, 임상의학, 공중위생개념 등이 출현하면서 이제 인간의 수명은 17세기에 비해 아무리 적게 헤아려도 두 배 이상 연장되었다. 그리고 인간을 객관적 연구대상으로 하여 발견된 많은 사실들은 우리 인간의 생체 구조와 작동 원리 등에 대해 꽤나 설득력 있는 설명을 해주고 있다. 그러나 우리 시대가 자랑하는 과학도 여전히 우리 인간에 대해 아는 것보다는 모르는 것이 더 많다. 따라서 인간에 관한한 '과학적' 방법론을 통해 얻어진 '과학적' 결론들은 여전히 부분적으로만 설득력이 있는 것이다.

학문을 표방하고 있는 인문학은 과학적이어야 한다. 아니 최소한 과학적인 외양을 갖추어야 한다. 인문학이 인문학자들만의 세계를 벗어나 다른 분야의 연구자들에게 그리고 또 일반 수용자들에게 보다 신뢰도 높은 학문으로 인식되기 위해서 반드시 필요한 일이다. 하지만 이때 과학적이라는 말은 논리적이거나 실증적이라는 의미 이외에도 모든 가능성에 대해 열려 있는 마음가짐이라는 의미가 포함되어야 한다.

우리 인문학은 연구방법의 차원에서 과학적이기 위해 노력하되 과학적이 되기 위해 인문학적 가치를 포기하는 일은 없어야 할 것이다. 이것이 과학적이라는 단어에 대해 인문학이 취해야 하는 태도다. 그렇다면 인문학과 과학을 결합시킨 인문과학이라는 말은 적절한 표현인가?

일반적으로 과학이라고 번역되는 영어의 science는 더 넓은 의미로 학문 그 자체를 칭하기도 한다. 따라서 human science는 인문과학이라 번역될 수도 혹은 인문학이라 번역될 수도 있다. 그 둘 중에 어떤 표현이 더 적절한가에 대한 대답 대신 우리는 거꾸로 질문을 하나 던진다. 인문학마저 계량화된 과학이 되어버리면 인간의 삶은 얼마나 무미건조해질 것인가?

융복합 학문을 표방하고 있는 인문치료 역시 과학적이어야 한다. 하지만 사실 인문학이 그 인문학을 수용하는 사람들에게 제공해야 할 것은 사실의 객관적인 증명만은 아니다. 더 중요한 것은 감동이고 깨달음이다. 적정인문학으로서의 인문치료가 목표하는 인문학을 통한 마음 건강 증진이라는 행위도 감동과 깨달음을 통해 진행되어야 한다. 그 감동과 깨달음을 과학적으로 분석하는 것은 때로는 불가능하며 때로는 아예 의미가 없을 수도 있다. 따라서 과학적이기 위해 노력하되 과학적이 되기 위해 인문학적 가치를 포기하는 일은 없어야 할 것이다.

참고문헌

Gusdorf, G., La Révolutin galiléenne, Payot, 1967.

Lavisse, E., Histoire de France, Hachette, 1914.

Mandrou, R., Des humanistes aux hommes de science, Seuil, 1973.

Martin, H.-J., Livre, pouvoirs et société à Paris au XVIIème(1598-1701), Droz, Genève, 1969.

Mouy, P., Le Développement de la physique cartésienne(1646-1712), Vrin, 1934.

d'Occagne, M., Hommes et choses de science, Vuibert, 1936.

Ornstein, M., The Role of Scientific Societies in the seventeenth Century, University Press, Chicago, 1928.

Rousseau, P., Histoire de la science, Fayard, 1945.

Sagnac Ph., et de Saint-Léger A., La prépondérance française : Louis XIV(1661-1715), PUF, 1944.

4. 인문치료로서의 문학치료

오래전부터 문학은 그 핵심 요소인 표현과 서사를 통해 정신질환의 치료와 소외계층 및 문제 청소년의 교육에 활용되어왔다. 과학만능주의나 환원주의적 논리에 기초한 생리학적 차원의 병인 제거만으로는 완벽한 건강을 담보할 수 없다는 생각이 공감대를 형성하면서 인간의 질병, 특히 마음의 병의 경우, 근본적인 원인이 되는 정념과 욕망 그리고 실존간의 관계를 이해하고 삶의 안녕을 찾기 위한 효과적 도구로서의 문학의 역할에 관심이 높아지고 있다. 그러나 문학의 치료적 효과가 어떤 과정을 거쳐 일어날 수 있는지에 대한 논의는 사실 만족할 만큼 진행되지 못하고 있는 것이 사실이다. 국내의 문학치료선구자들이 문학치료를 체계화하고 학제화하기 위하여 지난한 노력을 기울였고 그 노력은 현재도 진행 중이긴 하지만 논의의 수준은 필요성을 강조하는 차원을 벗어나지 못하고 있다. 그것은 우리나라를 벗어나 국외로 눈을 돌려보아도 마찬가지다. 글쓰기 치료나 독서치료 등이 일찌감치 자리를 잡은 미국이나 캐나다 그리고 예술치료가 학제화되어 있는 프랑스에서도 문학의 치료적 기능에 대한 설명은 거의 없으며 있더라도 보편적 설득력을 지니기 힘든 수준이다.

문학의 중요한 효용들 중 하나는 일탈이다. 문학을 통한 일탈은 다른 여가활동과 마찬가지로 일상의 중압을 느끼며 살아가고 있는 현대인들에게 숨을 쉴 수 있는 기회를 제공한다. 사실 문학의 이 기능은 문학이 지닌 다른 기능들인 현실세계에 대한 진단이나 그 진단을 바탕으로 한 계몽적 웅변들보다 더 본질적 기능일 수 있다. 문학치료는 문학의 이 기능을 극대화시킨 문학의 현실적 활용의 한 형태다. 일탈은 일상의 틀로부터의 탈피를 의미한다. 일상의 틀은 인간이 속해 있는 사회제도와 생활환경을 의미하기도 하지만 동시에 그 인간의 내면에 의식적으로 혹은 무의식적으로 형성되어 있는 사고의 틀을 의미할 수도 있다. 프로이트가 인간의 정신세계는 의식 이외에도 무의식이라는 요소의 영향을 받는다는 사실을 밝혀내면서 현대사회는 인간의 정신 건강을 위해 이 무의식의 실체를 밝혀내고 이를 제어할 수 있는 다양한 방법들을 연구해내고 있다.

문학에서 무의식은 프로이트 이전부터 존재하고 있었고 프로이트 역시 이 사실을 잘 알고 있었다. 그는 자신이 무의식의 발현으로 보는 꿈에 관해 설명하며 다음과 같이 말한다.

> 작가들은 고대인들, 미신을 믿는 일반 민중들, 그리고 꿈의 해석을 쓴 나와 같은 편에 서 있는 것 같다. 왜냐하면 작가들이 상상력으로 만들어낸 인물들에게 꿈을 꾸게 할 때, 그들은 인간의 생각과 감정들이 꿈속에서도 계속된다는 일상적인 경험을 따르고 있는 것이고 인물들이 꿈을 통해 그들의 정신 상태를 묘사하기 때문이다. 그런데 작가들은 나를 도와줄 수 있는 누구보다도 귀한 원군이라고 할 수 있고 그들의 증언은 매우 높게 평가해야 할 것이다. 왜냐하면 작가들은 우리들이 학교에서 배운 보잘것 없는 지식으로는 미처 생각하지도 못했던 하늘과 땅 사이에서 일어나는 수많은 것을 알고 있기 때문이다. 그들은 우리 같은 보통 사람들보다 훨씬 앞서 있는 사람들인데, 특히 실리적인 문제에 있어서 그렇다. 왜냐하면 그들은 우리가 탐구를 시작하지도 못한 영역을 창작의 원천으로 삼고 있기 때문이다.[2]

---

2 지그문트 프로이트, 전집 14권『예술, 문학, 정신분석』,「빌헬름 옌젠의『그라디

몽상이나 환상 혹은 이상이나 비전이라는 말이 더 어울릴 이 작가들의 꿈이 허구라는 형식을 통해 구상화되는 작업인 문학은 여타의 글과는 확연히 다른 특징을 가지고 있다. 문학적 허구는 의식의 세계에서 펼쳐지지만 그 표현의 원천은 프로이트적 무의식의 세계다.

문학하기의 기본요소인 읽기와 쓰기를 통해 이 무의식 세계의 실체를 파악하고 제어할 수 있게 된다면 무의식에서 발현되는 많은 심리적, 정신적 문제들을 해결할 수 있다. 프랑스의 문학비평가이자 문학과 예술의 치료적 가능성을 일찌감치부터 강조해왔던 장 벨맹-노엘은 『문학텍스트의 정신분석』에서 "모든 해석은 하나의 핵심을 가지고" 있지만 정신분석학적 독서에서 중요한 것은 "하나의 핵심적인 공식을, 다시 말해 일종의 방정식을 제공하는 것보다는 텍스트의 여러 지점에서 표출되는 무의식의 동요들을 느끼게 하는 데 있다"[3]고 말한다. 이 말에서 우리는 문학텍스트에 대한 정신분석이 거꾸로 문학텍스트를 통한 정신치료로 이어질 수 있음을 발견한다. 벨맹-노엘이 이야기하는 "무의식의 동요"를 공감하는 일은 텍스트를 통해 독자가 자신의 무의식을 발견할 수 있는 계기를 마련하는 행위와 다름이 아니기 때문이다.

문학이 본질적으로 치료적 효능이 있다는 것은 아리스토텔레스의 『시학』부터 언급된 사실이다. 비극이 극적 요소를 통해 연민과 공포를 환기시키는 사건에 의하여 동일한 감정을 카타르시스시킬 수 있다고 본 이 그리스의 철학자는 문학과 연극의 치료적 효능을 인정한

바』에 나타난 망상과 꿈」, 정장진 옮김, 열린책들, 2003, pp.12-13.

3 Jean Bellemin-Noel, *La Psychanalyse du Texte Littéraire*, Natant, 1996, 『문학텍스트의 정신분석』, 최애영, 심재중 역, 동문선, 2001.

문헌상 최초의 경우다. 문학에 치료라는 말을 굳이 접목시키지 않더라도 문학의 한 주요 기능이 인간의 정서적 치유에 있다는 데는 이론의 여지가 별로 없어 보인다. 비극의 공포와 연민을 통한 카타르시스와 희극의 웃음을 통한 거리화 등은 자신의 정서 상태를 객관화함으로써 그 실체를 파악하는 행위라는 점에서 자기 진단이며 또 그로 인한 심리적 혼란을 극복할 수 있게끔 한다는 점에서 자기치료로 볼 수 있다.

4.1. '파르마콘Pharmakon'으로서의 문학

'파르마콘'이라는 그리스 단어는 이중성과 애매성을 의미하는 말로 약이라는 의미와 독이라는 의미를 동시에 지니고 있다. 우리는 유럽의 문학사에서 문학이 치료적 효능이 있다는 주장만큼이나 병의 원인이 될 수 있다는 주장도 자주 만나게 된다. 프랑스의 작가 몰리에르의 『우스꽝스러운 프레시외즈들』이라는 소극(笑劇)에는 그 당시 열풍이 불고 있던 연애소설을 읽고 현실감을 잃어버린 채 거의 망상에 빠져 있는 두 젊은 여인이 등장한다. 사촌 간인 두 사람은 그 당시 베스트셀러였던 마드무아젤 스퀴데리의 작품 『클레리』에 심취해 평소에도 현실로 빠져나오지 못하고 소설 속을 살고 있다. 아버지인 고르주비스는 딸과 조카딸에게 건실한 신랑감을 소개하는 자리를 마련했지만 이 두 여인은 그 신랑감들을 홀대하고 쫓아버린다. 이에 화가나 두 여인에게 왜 신랑감들을 그렇게 대했는지를 물어보는 아버지 고르주비스에게 딸 마들롱은 이렇게 대답한다.

> 결혼이란 여러 단계의 사건들을 거치고야 할 수 있는 거예요. [...] 드디어 사랑을 고백하는 날이 오지요. 사람들의 눈에 잘 뜨이지 않는 어느 정원의 조그만 오솔길에서 말이에요. 고백이 있으면 곧 바로 여자가 살짝 화를 내야 해요. 얼굴을 붉히는 정도로 말이지요. 그리고는 그 연인에게 당분간 자신의 모습을 보이지 말아야 해요. 그동안 그 연인은 우리 화를 풀어줄 방법을 모색해서 우리도 모르게 그의 열정을 고백하는 소리를 듣게 되도록 이끌어 결국 우리의 가슴 아픈 사랑고백을 이끌어내게 되지요. 그리고는 사건들이 일어나야 돼요. 이미 기울어진 사랑을 거슬러 달려드는 라이벌들, 아버지의 박해, 오해가 불러일으킨 질투, 한탄, 절망, 납치 뭐 이런 것들이 그 뒤를 잇게 되는 거지요. 일이 제대로 진행되는 건 이런 거예요. 제대로 된 사랑이야기라면 이런 것들은 피할 수 없는 법칙이지요. 그런데 다짜고짜 결혼이라니 사랑도 없이 결혼서약을 하는 일은 소설을 끝부터 읽는 거예요.

웃음을 위한 소극에서 마들롱과 카토의 망상은 웃기 위한 것이지만 현실적으로 그 당시 상층 부르주아 사회에 만연한 귀족취향과 허세는 병적인 것이었다. 그러나 몰리에르의 희극에 등장인물들이 현실과 허구의 경계를 구분하지 못하는 현상은 사실 특정 시대나 특정 지역에서만 있었던 일은 아니다. 디지털 세계를 살아가는 21세기에, 전 세계적으로 관찰되고 있는 심각한 문제인 리셋증후군이라는 것도 따지고 보면 몰리에르 극 속의 인물이 지닌 문제와 다를 것이 없다. 리셋증후군이란 현실세계와 가상세계를 구분하지 못해 실제 범죄 행위를 저질러도 리셋reset 해버리면 그만이라는 생각에 죄를 저지르고도 죄책감을 갖지 못하는 증상을 의미한다. 이 용어는 1990년대 초부터 등장하기 시작했다고 알려져 있고 1997년 일본에서 한 초등학생을 살해한 후 토막 내어 유기한 중학생이 컴퓨터 게임광으로 밝혀지면서 널리 사용되기 시작한 용어다. 이는 반사회성 인격장애로 분류되어 있는 리플리 증후군과는 차이가 있지만 근본적으로 보면 결국 자신의 이상적 욕구와 그 욕구의 현실적 실현 가능성의 차이에서 오는 괴리가 만들어낸 현상이라는 공통점이 있다. 가상세계와 현실세계를 구별하지 못한다는 점에서, 그 가상의 세계가 소설이 아니라 인터넷 세상이라는 점만 다를 뿐, 그 둘은 결국 동일한 현상인 것이다. 플로베르의 소설 『마담 보바리』의 주인공 엠마 보바리 역시 이러한 관점에서 분석이 가능한 대표적인 인물이다. 엠마는 소녀 시절 빠져들어 있었던 낭만적 경향의 소설로 인해 소설 속 허구의 세계를 현실로 간주한 나머지 자신의 삶도 소설처럼 모든 것이 아름답고 멋진 세계가 되기를 원했다. 하지만 현실은 계속해서 그녀에게 실망을 안겨준다. 조건만 따지고 한 결혼과 원치 않는 출산으로 인해 우울에 빠져 방황하던 보바리는 욕구불만을 해소하기 위해 불륜을 저질러 보지만 해결책이 되지 못한다. 결국 그녀는 낭비벽에 빠져 경제적으로 파산하고 급기야 음독자살을 하기에 이른다. 프랑스의 철학자 쥘 드 고티에Jules de Gautier는 엠마 보바리라는 인물에 대한 분석을 통해 "사람이 그 자신을 현실의 자신과 다르다고 생각하는 성향"에 대해 말하면서 그것은 환상이 자아내는 일종의 병이라는 사실을 지적하고 있다. 그리고 이러한 병적 증상을 '보바리즘bovarysme'이라 명명했다. 이것은 곧 과대망상이나 정신착란 등과 같은 정신병의 일종이라는 것이다. 이런 사람들에게는, 과거에 만들어진 비현실적 기대 때문에 이상화된 미래는 언제나 현재와 거리가 멀다. 이들에게는 현재는 없고 과거와 미래만 있을 뿐이다. 그래서 이들은 언제나 불행하다. 현재가 없는 사람은 행복할 수 없기 때문이다.

마들롱이나 엠마 보바리는 허구 속의 등장인물이지만 실제 삶에서 문학의 영향을 받아 병든 사람들도 얼마든지 그 예를 찾을 수 있다. 18세기 말『젊은 베르테르의 슬픔』을 읽고 모방 자살을 했던 유럽의 젊은 독자들 그리고 19세기 말 유럽의 데카당스 문학의 영향을 받아 감상의 과잉, 염세적 세계관 등에 물들어 있었던 젊은이들이 그 좋은 예다. 미국의 사회학자 데이비드 필립스는 자국에서 1947년에서 1968년 사이에 유명인들의 자살 보도 이후에 많은 사람들이 모방자살을 하게 되자 베르테르의 슬픔에서 아이디어를 얻어 이러한 모방자살 현상을 베르테르 효과라고 명명했다.

그러나 이렇게 병의 원인을 제공하는 문학은 동시에 약이 되기도 한다. 장 스타로빈스키는 장-자크 루소의 서간체 소설『누벨 엘로이즈』를 중심으로 한 연구에서 소위 병 주고 약 주는' 문학의 양면성에 대해 흥미로운 분석을 시도한다. 스타로빈스키에 따르면 루소는 한 지인에게 쓴 편지에서『누벨 엘로이즈』의 주인공인 앙리에트에게 병을 가져다 준 지독한 독서가 그 병에 대한 약이 될 수 있음을 밝히고 있다. 그러나 루소는 읽는다는 행위가 약이 되기 위해서는 한 가지 조건이 있어야함을 명시한다. 그 독서가 단순히 즐기기 위한 것이 아니라 자신을 돌아보는 행위로 이어져야 한다는 것이다. '책은 마음의 양식'이라는 표현은 책의 내용이 우리의 정신세계를 풍요롭게 살찌울 수 있다는 의미에서 사용된다. 그러나 모든 독서가 삶을 풍요롭게 할 수 있는 것은 아니다. 책을 읽는다는 행위는 그 책에 있는 내용의 습득을 넘어서 비판적 이성을 벼리기 위한 자기성찰과 자기탁마의 행위로 연결되어야만 삶의 풍요로 이어질 수 있다. 내용의 암기나 내용의 해석을 넘어 그 내용의 신뢰도에 대한 비판적 검토까지 진행될 수 있어야 하는 것이다. 문학작품들에 의해 병이 드는 현상은 이러한 비판적 이성이 결여된 상태에서 허구의 세계에 함몰되어 길을 잃기 때문에 생겨난다. 이러한 독서의 부정적인 예는 우리 문학사에서도 발견된다. 19세기 말 유럽의 세기말적 분위기가 김억 등에 의해 우리나라에 소개되면서 1920년대 『폐허』와 『백조』 같은 동인지들에 지배적으로 나타나는 퇴폐성은 당시 프랑스문학의 상징주의적 회의를 3.1운동 직후 절망적인 우리 사회의 모습에 대입시켜 유럽 19세기의 세기말 의식을 한국식으로 변형시켜 놓았다. 슬픔, 후회, 분노에 함몰되어 갈 길을 잃고 무기력해져버리는 이 한국 젊은 문인들의 염세주의는 그들의 모델이었던 프랑스 상징주의에서 관찰되는 염세적 분위기와는 본질적으로 다른 것이었다. 상징주의는 근본적으로 염세적 문예사조가 아니었다. 프랑스 상징주의자들에게, 일본 강점기의 암울했던 시절을 염세적, 병적 감수성에 젖어 자기폐쇄의 세계로 빠져들었던 오상순이나 이상화 같은 무기력은 없었다. 물론 이런 잘못된 영향을 받은 것은 당시 조선의 젊은이들만은 아니었다. 유럽에서도 상징주의는 세기말 댄디즘이나 데카당스의 형태로 변형되어 결국 폴 발레리가 말하는 "타락한 상징주의"가 되기도 했다. 하지만 보들레르를 비롯한 프랑스의 상징주의자들의 멜랑콜리는 기존의 잘못된 가치에 대한 처절한 저항과정에서 나타나는 표면적 현상 중 하나일 뿐이었다. 이 프랑스 텍스트들에 대한 정확한 번역과 비판정신이 결여된 잘못된 독서는 1920년대 우리 한반도의 암울한 상황과 맞물려 그렇게 젊은 지성들의 무기력을 양산했던 것이다.

우리는 여기서 데리다의 유명한 『플라톤의 약국』의 내용에 주목해 볼 필요가 있다. 77개의 상세한 주석이 붙은 150쪽이 넘는 이 논문에서 데리다는 플라톤이 병을 다스리기 위한 약물의 복용에 회의적이었다고 말한다. 인간은 스스로 치유 능력이 있으며 병에 걸리는 이유는 매우 다양하고 복합적인 요인이 작용하는 데 약물은 그 중 한 요인에 긍정적으로 작용할 수 있지만 다른 요인들에는 부정적으로 작용하여 상태를 악화시킬 수 있기 때문에 병이 진행되는 추이를 가능한 한 간섭을 하지 말고 살피는 것이 가장 바람직한 치료방법이라는 것이다. 그런데 데리다의 이 텍스트를 언급할 때면 거의 언제나 회자되는 플라톤의『파에드로스』편의 에피소드가 있다. 이집트 신화에서 문자를 발명한 신인 토트와 이집트 파라오 타무스 간의 논쟁이다. 토트는 문자가 "기억과 지혜의 파르마콘(약)"이라고 주장하고 타무스는 문자가 "기억과 상상의 능력을 퇴화시키는 파르마콘(독)"일 수도 있다고 주장한다. 데리다는 플라톤의 대변인인 타무스의 손도 또 그 반대편에 서 있는 토트의 손도 들어주지 않는다. 단 한 가지 분명한 것은 데리다가 파르마콘의 이중성, 즉 약이 독이 될 수 있고 거꾸로 독이 약이 될 수 있다는 양면성에 대한 중립적 인식에 대해 강조하고 있다는 사실이다.

앞서 언급한 바 있듯이 문학을 통한 치유의 근원에는 이 생각에 대해 생각하기, 즉 철학하기라는 개념이 있다.

독서든 아니면 글쓰기든 문학적 행위가 치유적 가치를 갖기 위해서는 비판 정신, 즉 '생각하는 힘'이 개입되어야 한다. 생각하는 힘은 이 파르마콘의 양면성에 대한 인식이 균형적으로 유지될 때 발휘될 수 있다.

4.2. 치료에 있어 문학과 철학의 관계

고대 그리스에서는 문학과 철학이 결국 동전의 양면과 같은 것이라는 점을 인정하면서도 그 둘 사이에 경계를 짓는 일이 잦았다. 특히 정신적 고통을 느끼는 마음의 병이 관련될 때 그런 현상은 두드러졌다. 정신적 치유 즉 영혼의 치유가 고대 그리스 철학의 중심 주제였다는 사실은 이미 잘 알려져 있다. 뉴욕 시티 칼리지의 철학교수이며 미국철학실천자협회(APPA)의 창립자인 루 메리노프는 그의 저서『철학상담소』(김익희 옮김, 북로드, 2006) 지난 2000년 동안 서양 철학의 가장 큰 주제는 마음의 병의 치유였다고 강조하고 있다. 그런데 영혼의 치료에 있어 문학은 철학의 적이며 동시에 동지였다. 로마의 사상가 보에티우스는 억울한 반역죄로 투옥되어 처형될 날을 기다리며 유배지에서 절망스러운 나날을 보내다 스스로를 위안하기 위한 글을 쓴다. 후일『철학의 위안』[4]이라는 제목으로 출간된 이 글에서 보에티우스는 자기 자신을 절망의 고통으로부터 치유해줄 철학을 여신의 모습으로 등장시켜 대화를 나눈다. 철학의 여신은 문학적 뮤즈에 둘러싸여 마음의 병으로 고통 받고 있는 주인공에게 이렇게 말한다.

> 누가 이 갈보들을 환자에게 접근하게 두었지? 이 갈보들은 환자의 고통을 덜어줄 수 있는 치료약을 줄 수 없어. 두 말하면 잔소리지. 아니 오히려 은근히 독을 주입시킬 수도 있지. 자 보시게, 감성이라는 쓸모없는 가

4 ANICIUS MANLIUS SEVERINUS BOETHIUS, 2014, 철학의 위안, 이세운 역, 필로소픽.

시로 이성의 단비를 막아 열매를 고사시키고 있군.[5]

문학을 학문science의 한 분야가 아닌 예술art의 한 분야로 분류하고 있던 고대 그리스에서, 예술인 문학을 학문인 철학과 구별하는 가장 큰 기준은 정념과 감성의 유무였다. 제우스와 기억의 여신인 므네모시세 사이에 태어난 여신인 뮤즈들은 미술, 음악, 문학을 관장하는 정념과 감성의 여신이었다. 보에티우스는 자신을 나약하고 슬프게 만드는 것은 감성이라 여겼고 그 감성의 신이 관장하는 문학은 그의 마음을 병들게 하는 요인이라 여겼던 것이다. 그 병든 마음을 치유할 수 있는 것은 철학적 로고스를 통해서였다.

한편 문학과 철학의 역할을 반대로 이야기하고 있는 경우도 있다. 제정 로마에서 철학을 강의하고 관직도 경험했던 시인 플루타르크는 다음과 같이 말한다.

> 철학의 잔인한 말이 건전한 젊은이의 영혼에 준 상처를 준다. 그러나 그 상처를 고칠 수 있는 것도 말이다. 고통과 아픔을 받아들여야 한다. 회한이 우리를 짓눌러버리지 못하도록(...) 먼저 만나게 되는 정화과정과 혼란을 참아내자. 결국은 희망 속에 이 시련들을 이겨내고 우리 영광스럽고 행복한 보상을 받게 될 것이다.[6]

스스로를 철학자이기보다는 시인이라 여겼던 플루타르크는 철학과 문학의 역할에 있어 보에티우스와는 정반대 입장을 취하고 있다. 플

---

5 Boèce, 2002, *Consolation de Philosophie*, trad. Jean-Yves Guillaumin, Paris, Belles Lettres, p.21.

6 Plutarque, *comment il faut écouter* ; J. Starobinski에서 재인용. p.192-193.

루타르크가 언급한 '말'은 운문, 즉 시다. 문학인 것이다.

고대 그리스인들에게 철학과 문학은 지금 우리들이 생각하는 것과 달랐던 것 같다. 철학과 문학은 서로가 상대를 병의 근원이며 그 병을 치유하는 것은 상대가 아닌 자신이라고 말한다. 그렇다면 과연 이 고대 그리스인들의 생각처럼 문학과 철학은 마음의 병을 가운데 놓고 서로 대척점에 서 있는가?

형태와 내용에 있어 문학과 철학은 분명 다르다. 철학이 관념적 언어로 진실을 기술하고자 한다면 문학은 상징적이고 환유적인 언어를 통해 아름다움을 묘사한다. 철학은 보편적 언어로 기술되지만 문학은 개별적 언어로 묘사된다. 하지만 이렇게 전혀 다른 차원의 특징들로 인해 문학과 철학을 무 자르듯 둘로 나눌 수 있는 기준점을 찾기는 힘들다. 특히 현대적 시각에서는 문학과 철학의 경계선은 분명하지 않다. 니체나 말라르메, 사르트르, 신클레어 등의 사상가들은 문학자인가 철학자인가? 니체는 예술과 철학의 문제에 대해 이렇게 쓴다.

> 철학이 예술인가 학문인가를 정하는 일은 매우 어려운 일이다. 목적과 생산물을 생각하면 철학은 예술이다. 그러나 방법, 즉 '개념으로 재현하기'라는 방법론은 학문과 공유하고 있다.[7]

철학이 방법론적으로는 학문(과학)에 가깝지만 그 결과물은 예술이라는 니체는 철학이 결과적으로는 예술임을 인정한 것이다. 개념을 재현하기 위한 과정에서는 사변적 언어를 사용하지만 언어가 지닌 논

7 Nietzsche, 2014, *Le Livre du philosophe : Etudes théoriques,* Broché.

리적 표현의 한계로 인해 철학도 결국 시적 언어에 의해 완성되기 때문이다. 문학처럼 철학도 존재의 모델들을 찾고 있다. 철학자도 예술가처럼 존재의 가치에 대해 숙고한다. 그리고 그 숙고는 결국 언어로 표현되어야 가치가 실현된다. 이러한 이유로 니체나 쇼펜하우어 등의 많은 철학자들은 철학이 예술적(문학적) 요소를 포함하고 있음을 인정한 것이다.

문학과 철학은 서로 다른 속성을 지니고 있지만 분리되지 않는다. 그 이유는 둘 간의 이질적 속성에 비해 동질적 속성이 훨씬 강하기 때문이다. 철학이 없는 문학은 생명 없는 말의 유희일 뿐이며 문학이 없는 철학은 표현되지 못한 생각의 조각일 뿐이다. 문학과 철학이 진정한 문학과 진정한 철학이 되기 위해서는 생각과 표현(언어)이라는 두 가지 요소가 결합되어야 한다. 철학이 단순히 생각하는 기술이기만 하지 않은 것처럼 문학도 단순히 표현하는 기술이기만 한 것이 아니기 때문이다. 생각과 언어 사이에는 경계가 없다. 생각은 언어로 표현되고 언어는 생각을 담고 있기 때문이다.

위에 인용했던 보에티우스나 플루타르크의 경우 문학과 철학을 경계 짓고 있지만 사실 그들의 인용문 안에는 그들의 주장의 자가당착적 오류가 드러난다. 보에티우스의 글은 운문으로 되어 있다. 다시 말해 그 작품에서 철학의 여신이 보에티우스의 병인 염세적인 슬픔을 쫓아버릴 때도 철학의 여신은 운문으로 말하고 있다. 철학의 이성적 승리는 자신이 몰아낸 뮤즈의 언어, 즉 문학을 통해서 가능했던 것이다. 여신의 주장이 호소력을 지닐 수 있다면 그것은 문체와 문장의 수사적 가치 때문이다. 이는 온전한 문학적 가치다. 플루타르크의 경우 로고스적인 철학이 잔인하게 마음에 상처를 준다고 하지만 그 상처를 아물게 할 수 있는 것도 결국 다시 '생각하기'다. 현재 심리학적 용어로 표현한다면 잘못된 인지로 인한 자동적 사고를 수정할 수 있는 것도 결국 새로운 방식의 인지인 것이다. 사실 플로베르의 소설『보바리 부인』은 보바리즘의 치료제이며 몰리에르의『우스꽝스러운 프레시외즈』들은 프레시외즈적 망상의 치료제다. 문학이 만든 병을 치료하는 것도 문학인 것이다. 물론 문학이 만든 병을 치료하기 위해 수행되는 문학 읽기에는 루소가 말한 필수 조건인 '이성적 수용'이 전제되어야 한다.

결국 치유를 가운데 놓고 문학과 철학이 둘일 수 없는 이유는 그 둘이 치유를 위해 필요한 공통적인 특질을 지니고 있기 때문이다. 그것은 로고스와 파토스다. 영혼을 아프게 만드는 정념의 상징인 파토스로 인해 영혼은 원치 않은 변화를 겪게 된다. 그리고 그 변화는 온전히 몸을 통해 드러난다. 때로는 아픔으로 때로는 기쁨으로... 몸과 영혼은 아플 때 서로 불편함을 나눈다. 그러나 그 불편함을 해결하는 것도 파토스를 통해서다. 인지치료나 로고테라피에서 소위 논리라는 로고스적 가치를 치료적 기제의 전면에 내세울 때도 그 로고스는 파토스를 배제하지 못한다. 철학과 문학은 인간의 아픔을 해결하려는 과정에서 논리의 로고스와 웅변의 파토스를 통해 서로 만나게 된다. 문학과 철학을 통해 생각의 힘과 표현의 힘을 키우는 행위는 결국 마음의 병을 일으키는 다양한 요인들에 대한 면역 및 저항능력을 키우는 행위다.

4.3. 문학의 치료적 작동 양태

치료적 활용이라는 관점에서 문학의 작동 양태는 서양의학에서 치료를 정의하는 관점에 따라 나뉘는 카테고리의 틀 속에 대입될 수 있다. 한 카테고리는 서양의학의 주된 치료방법인 '이종요법allopathy', 즉 병의 증상이나 원인을 억제하거나 증상에 반대되는 작용을 유발하여 치료하는 방법이며 다른 하나는 이 이종요법과 대비되는 개념의 '동종요법homeopathy'이다 히포크라테스가 건강한 사람도 질병과 유사한 증상을 일으킬 수 있는데 질병의 원인과 같은 물질을 소량 사용하면 그 증상을 낫게 할 수 있다는 동종의 원리를 처음으로 발견하였다고 한다. 동종요법은 1790년대 독일의 의사 사무엘 하네만(Samuel Hahnemann)이 이 동종의 치료 원리를 발전시켜 1810년에 이를 발표함에 따라 치료의 한 방법으로 자리 잡았다. 또 다른 하나는 현대의학에서 활발히 진행되고 있는 '대증對症요법symptomatic treatment'인데 질병의 치료에 있어 원인보다는 증상에 집중해서 실시되는 치료법을 말한다.

문학의 이종요법식 적용의 예는 국내 문학치료의 선구자들 중 한 사람이었던 고 정운채 교수의 '작품서사와 자기서사 이론'에서 찾을 수 있다.[8] 그에 따르면 작품의 바탕에는 작품서사가 있고 삶의 바탕에는 자기서사가 있다. 그런데 작품서사와 자기서사는 서로 영향을 주고 받는다. 따라서 마음의 병을 앓고 있는 대상이 지닌 자기서사의 문제점을 파악하여 자시서사의 부족한 점이나 잘못된 점을 수정해 줄

8 정운채, 2006,『문학치료의 이론적 기초』, 문학과 치료.

수 있는 문학작품을 골라 그 작품의 건강한 작품서사로 병든 자기서사를 대체한다면 병든 자아는 건강한 자아로 바뀔 수 있다. 이러한 논리를 바탕으로 진행되고 있는 정운채 학파의 문학치료 행위는 질병의 원인이 되는 문제서사의 반작용이라 할 수 있는 작품서사를 약물처럼 사용한다는 의미에서 문학의 이종요법식 적용의 예라고 할 수 있다. 이 개념은 병은 외부로부터 우리 내부로 들어와 있는 것이므로 그것을 약물을 통해 제거한다는 개념과 그 맥을 같이 한다. 이 때 치료는 회복이며 본래상태로의 회귀일 수 있다.

문학의 동종요법식 치료는 앞서 보바리즘이나 베르테르 효과에서 관찰할 수 있었던 문학적 허구 속의 등장인물들의 문학병리학적 상태와 동일한 임상 병리학적 증상을 지니고 있는 사람들에게 그 작품에 등장하는 인물의 유사성을 경험하게 하는 방법이다. 이러한 문학치료적 방법은 사실 문학치료라는 말이 일반화되기 훨씬 전부터 교육의 현장에서 자주 활용되어왔다. 그리고 이런 동종요법식 방법들은 치료를 위해서보다는 사상적 교화나 세뇌를 위해 더 적극적으로 이용되었던 예가 더 많을 것이다. 한 사회의 이데올로기를 공고히 하기 위해 그 사회의 구성원들에게 이데올로기적 이상향의 인물들을 영웅화하는 모든 텍스트들이 이러한 방법을 활용한 대표적인 예다. 더구나 동종요법식 문학치료는 치료에 활용되는 문학 텍스트가 병든 인물을 다루거나 혹은 병든 상황에 대한 심미적 탐닉에 몰두하는 내용을 담은 경우여야 하는데 이 경우 흔히 '퇴폐'니 '막장'이니 하는 표현을 통해 그런 내용의 독서 자체를 지양해야 하는 사회악으로 간주하는 시각 때문에 시도조차 할 수 없는 상황에 처하기도 한다. 이런 종류의, 소위 퇴폐적인 텍스트들은 권장할만한 양서가 아니라는 생각은 문학치료 특히 아동이나 청소년들을 대상으로 하는 문학치료에서 동종요법식 문학치료를 진행하기 힘들게 하는 요소다. 게다가 동종요법은 치료대상자에게 치료적 효과를 보기 이전에 자존심에 상처를 주거나 치료의 의지를 말살키는 부정적 효과를 가져 올 수 있다는 위험성도 있다. 하지만 성공적으로 적용된다면 가장 큰 극적 효과를 기대할 수 있는 방법이기도 하다.

마지막으로 치료에 있어 문학의 대증요법식 적용이다. 먼저 집고 넘어가야 할 점은 대증요법은 동종요법이나 이종요법과 같은 차원의 분류기준을 갖는 개념은 아니라는 사실이다. 동종요법과 이종요법이 병의 원인을 어떤 방식으로 제거하느냐를 기준으로 구별되는 개념이라면 대증요법은 원인요법과 대비되어 병의 원인을 제거하는 것이 치료의 핵심인가 아니면 병의 증상을 제거하는 것이 치료의 핵심인가 하는 근원적인 질문에서 출발하여 원인요법과 달리 증상의 치유에 목적을 둔 치료방식을 의미한다. 대증요법에서는 질병의 증상은 질병을 없애려는 인체의 자구노력을 반영하므로 증상을 질병의 일부가 아니라 치유과정의 일부로 파악한다. 증상을 억누르거나 부족한 것을 보충하는 현대서양의학의 주류인 원인요법과 달리 대증요법은 환자의 병적 상태와 유사한 증상을 유발시킴으로써 자가면역능력을 자극하고 증진시켜 스스로 치유되도록 유도한다. 몰리에르에 의해서 적극 지지를 받았던 이런 방식의 치료요법은 의학이 고대 그리스 의학에 대한 피상적 모방의 수준에 머무르고 있었던 17세기에 충분히 대두될 수 있는 당연한 관점이었다. 하지만 의학의 발달이 신의 영역으로 여겨지던 인간복제를 넘보는 21세기에도 이러한 시각은 여전히 유효하다. 인간의 몸과 마음의 작동의 기제에 관해서는 아직도 아는 것보다는 모르는 것이 더 많기 때문이다. 원인을 파악할 수 없는 질병은 많다. 특히 그것이 정신건강과 관련되었을 때는 더 말할 것도 없다. 원인 모를 증상으로 고통 받는 사람을 위해 할 수 있는 일은 그 증상을 완화시키는 일이다. 표면적인 증상의 완화가 질병의 원인을 제거하지 못하거나 혹은 거꾸로 악화시키는 절대적인 부작용이 있을 때라도 증상의 완화나 제거를 통해 한 사람의 실존적 삶이 이전보다 상대적으로 평안해질 수 있다면 증상완화를 위한 치료는 진행되어야 한다.

문학을 치료적으로 활용할 때 이러한 대증요법의 치료철학은 매우 유용하다. 마음의 병은 특히 그 원인의 제거가 불가능할 때가 많기 때문이다. 마음의 병은 제거가 가능한 한정된 객체가 아니라 실존을 이루고 있는 전체의 한정될 수 없는 한 부분으로 인식되어야 한다. 서구의 역사에서 가장 대표적인 정신 질환인 멜랑콜리에 관한 방대한 연구를 진행했던 로버트 버튼은 멜랑콜리를 "사회적, 역사적 상황이 만들어낸 인간의 어떤 상태"[9]로 보았다. 병을 제거할 수 없다면 인간은 그 병을 길들이고 함께 살아야 한다. 그 자체가 파르마콘이기도 한 마음의 병은 잘 길들이고 다스리면 약이 되기도 한다. 서양의 역사에서 멜랑콜리에 대한 시각이 그랬다. 멜랑콜리는 그래서 잘 다스리면 창조적 에너지로 변환되어 예술혼을 춤추게 할 수 있는 긍정적 에너지가 된다. 유럽 낭만주의 시대 대부분의 작가들은 그 멜랑콜리적 에너지를 동경하기까지 했다.

---

9 Burton, Robert, 2004, *Anatomie de la Mélancolie*, traduction de Bernard Hoepffner et Catherine Goffaux, José Corti, 3 vol. 2004 / Robert Burton 2005, *Anatomie de la Mélancolie*, choix et traduction de Gisèle Venet, Gallimard, coll. Folio Classique, 2005, Vol. p.73.

흑담즙을 의미하는 그리스어를 어원으로 하는 멜랑콜리는 본래 기질적인 병리현상을 지칭하는 말이었으며 현대 정신병리학에서 말하는 '우울증(depression)'과 같은 의미를 갖는 표현이었다. 우울증은 19세기 중반부터 정신적 병리현상인 우울증을 지칭하기 위해 사용되기 시작하였으며 1957년 스위스의 정신과 의사 롤랑 쿤Roland Kuhn이 항시스타민계열의 경구용 치료제를 발견하면서 약물적으로 치료될 수 있는 정신질병으로 분류되기 시작했다.

멜랑콜리에 대한 논의와 연구는 그리스 시대부터 근대에 이르기까지 철학, 문학, 미술, 음악 등 다양한 분야에서 진행되어왔다. 그래서 멜랑콜리는 서양 문화사 및 사상사를 이해하기 위한 핵심 개념 중 하나로 인식되기도 한다.

멜랑콜리에 대한 접근은 크게 두 가지로 진행되어왔다. 하나는 질병의 치유라는 목적에서 출발한 의학적 접근이며 다른 하나는 창작의 원동력으로서의 지적 자극에너지라는 관점에서 출발한 미학적 접근이다. 의학적 관점이 아닌 예술의 자극요소로서 멜랑콜리는 긍정적 이미지가 컸다. 고대부터 멜랑콜리는 천재성의 상징으로 여겨진 경우가 많았다. 멜랑콜리에 대한 접근은 대부분의 경우 우울증에 대한 병리학적 접근이라기보다는 멜랑콜리가 지니고 있는 예술적 생산성에 초점을 맞추어왔다. 멜랑콜리는 창조를 자극하는 슬픔이며 생각을 촉진하는 절망으로 받아들여졌던 것이다. 특히 유럽의 낭만주의자들에게 멜랑콜리는 예술창작을 위한 절대적 요소로 받아들여지기도 했다. 그러나 여기에서 주목해야 할 사실은 멜랑콜리라는 성향자체가 예술창작의 원동력이 된 것은 아니라는 사실이다. 멜랑콜리는 뮤즈를 더 가까이서 느끼기 위한 자극에 불과하다. 멜랑콜리의 실체를 파악하고 그것의 부정적인 면을 사회적인 차원에서 또 개인적인 차원에서 극복하려한 노력들이 문학을 비롯한 예술전반에 깔려있음을 간과하지 말아야 할 것이다. 멜랑콜리의 극복을 위한 문학적 노력에 대한 분석은 현재 새로운 관심 속에 진행되고 있는 문학을 활용한 인간의 정신적 질병의 치유에 적용될 수 있는 모델 개발에 토대가 될 수 있을 것이다. 멜랑콜리가 생산성을 자극할 수 있는 요소라면 우리는 우울증에 빠진 사람들이 발휘할 수 있는 생산성을 자극할 수 있는 방법을 찾아야 할 것이다. 그 방법은 글이나 그림 혹은 음악 등의 자기 표현을 가능케 하는 다양한 문화예술적 표현 도구들에서 찾을 수 있을 것이다. 텍스트를 통해 독자가 자신의 무의식을 발견할 수 있는 계기를 마련하는 행위와 다름이 아니기 때문이다.

우리는 여기서 다시 한번 문학적 허구에 대해 생각한다. 멜랑콜리 환자, 즉 우울증 환자들에게 그 우울의 실체를 객관적으로 파악하게 하는데 문학적 허구는 중요한 역할을 할 수 있기 때문이다. 문학에 치료라는 말을 굳이 접목시키지 않더라도 문학의 한 주요 기능이 허구적 세계에서의 객관화를 통한 인간의 정서 치유에 있다는 데는 이론의 여지가 없다. 비극의 공포와 연민을 통한 카타르시스와 희극의 웃음을 통한 거리화 등은 자신의 정서상태를 객관화함으로써 그 실체를 파악하는 행위라는 점에서 자기 진단이며 또 그로 인한 심리적 혼란을 극복할 수 있게끔 한다는 점에서 자기치료라는 말을 적용할 수 있다.

문학의 치유적 기능을 이야기할 때 치유는 질병으로부터의 치유를 의미한 것이 아니다. 그것은 필연적으로 마주쳐야 하는 실존적 환경에서 지극히 인간적인 문제들로 인해 야기되는 일상의 고통으로부터의 치유를 의미한다. 이 고통들의 원인은 대부분의 경우 근본적으로 제거될 수가 없다. 따라서 문학의 치유적 활용은 원인요법적 치료 철학보다는 대증요법적 치료 철학을 그 행동 근거로 삼을 수밖에 없는 것이다.

4.4. 문학적 치료의 범위

유럽에서 학문의 세분화는 르네상스시대부터 시작되어 18세기까지는 완만히 진행되다가 19세기 초반부터 빠른 속도로 진행되어 현재의 모습에 이르렀다. 성서 및 고대의 문헌을 번역하며 시작되었던 서구의 학문은 그 지식의 양이 쌓여가면서 전문분야들이 세분화될 수밖에 없었다. 문헌과 연구결과가 축적되면서 한 사람이나 한 집단이 연구하기에는 학문의 양이 너무 방대해졌기 때문이다. 이 세분화된 학문들은 자신의 독자성을 확보하기 위해 다른 학문들과의 변별성을 강조하면서 구획화되어 갔다. 학문의 구획화 과정에서 갈라진 각 분야의 학문들에게는 고유의 연구대상이 할당되었고 그 세분화된 각 분야를 융합한다는 것은 시대정신에 역행하는 어리석은 행동으로 간주되었다. 이와 같은 세분화 과정에서 인문학인 문학이나 철학 등은 과학과 양립될 수 없는 학문으로 분류되었다. 그 과정에서 데카르트의 이원론적 인간관 이후 사람들의 의식 속에 자리 잡은 몸과 영혼의 이분법적 개념은 우리의 영혼을 담당하는 문학과 우리의 몸을 보살피는 의학이 서로 각자의 영역을 침범할 수 없는 것처럼 보이게 만들었다. 문학 텍스트는 치료행위의 도구가 될 수 없었으며 의사들의 행위 역시 문학적 허구와는 전혀 관련이 없는 것처럼 인식되었다. 그러나 그 경계는 무너지고 있다. 사실 경험론적 가치를 인정하지 않는 과학 만능주의적 의식을 지닌 의사들조차도 최소한 언어의 주술적 활용이 의미를 지닌다는 것에 대해서는 인정한다. 굿을 진행하는 샤만의 행위는 치료행위라고 분류되지는 않지만 굿은 사실상의 치료행위다. 샤만의 주술과 치료사의 치료는 많이 닮았다. 죽음에 대한 두려움을 넘어서게 하고 사랑하는 사람을 떠나보내고 느끼는 상실감을 위로하며 불확실한 미래에 대한 불안감을 다독거리는 이 종교적 행위는 정서적 탈진을 어루만져주는 돌봄의 행위이기 때문이다.

미국의 문학평론가 스테판 그린브라트Stphen Greenblatt는 "문학교수는 중산층을 대상으로 하는 월급쟁이 샤만이다."라고 말한다. 문학 작가는 샤만과 마찬가지로 과거의 목소리나 저 세상의 목소리와 대화를 한다. 책이라는 마술적 오브제를 통해 작가는 독자인 다른 이들에게 그 목소리를 들려준다. 그들은 샤만과 마찬가지로 종종 인간의 영혼을 돌본다고 주장한다. 푸코의 표현을 따르자면 창작으로서의 문학과 대비되어 수용으로서 혹은 공부로서의 문학은 일종의 자기배려 기술이다. 다시 말해 치료의 매개체로서의 문학은 음악이나 의술과 같이 자기 배려에 할애된 기술인 것이다. 따라서 쓰기나 읽기 혹은 분석하기 등의 다양한 문학행위는 병인제거를 위한 치료guérison의 도구라기보다는 돌봄soin의 도구다. 문학은 우리 아픈 마음의 병인을 제거해주지는 못한다. 정념인 그 병인은 제거될 수 있는 것이 아니기 때문이다. 하지만 그 병이 주는 고통을 극복할 수 있도록 혹은 그 병과 함께 살아갈 수 있도록 도와줄 수 있다.

스토아철학자들에게 인간의 불행은 가질 수 없는 것을 가지려하거나 피할 수 없는 아픔을 피하려고 하기 때문에 생겨나는 것이었다. 인간은 일련의 영적인 훈련을 통해 불행해 빠진 자신을 변화시킬 수 있는데 그 훈련 중에 정념의 치료라는 것이 있었다. 독서와 명상, 자기제어, 좋은 것에 대한 기억 등이 정념의 치료를 위해 수행해야 할 영적 훈련이다. 이런 훈련을 통해 정신은 벼리어져 유연하게 판단을 수정하거나 바꿀 수 있게 된다.

마음의 병에 대한 스토아 철학의 입장은 문학을 활용한 인문치료의 철학적 바탕이 될 수 있다. 우리에게 마음의 병을 가져다주는 원인인 정념을 우리는 제거할 수 없다. 정념은 삶을 아프게도 하지만 근본적으로는 우리를 살게 하는 욕동의 원천이기 때문이다.

우리가 이상에서 살펴본 문학의 치료적 기제의 실체와 그 다양한 적용 형태의 근간에는 공통적인 특질이 있다. 문학의 치료적 기제는 생각하게 하는 힘의 배양이라는 사실이다. 그리고 그것은 데리다가 강조하는 파르마콘의 양면성에 대한 인식이 균형적으로 유지될 때 발휘될 수 있다.

문학치료에서 치유는 질병으로부터의 치유라기보다는 고통으로부터의 치유다. 이 고통들의 원인은 정념은 근본적으로 제거될 수 없다. 따라서 문학의 치유적 활용은 대증요법적 접근과 그 맥락을 같이하게 된다. 문학은 치료적 차원에서 병인을 제거해주는 역할보다는 그 병이 주는 고통을 극복할 수 있도록 사고와 표현 그리고 감응의 능력, 즉 소통의 능력을 키워주는 역할을 할 수 있다. 문학을 포함한 인문학을 통해 소통의 능력을 키우는 일은 결국 마음의 병을 일으키는 다양한 요인들에 대한 면역 및 저항능력을 키우는 행위다.

참고문헌

보에티우스, 2014, 철학의 위안, 이세운 역, 필로소픽.

정운채, 2006, 『문학치료의 이론적 기초』, 문학과 치료.

토마스 만, 2009, 『쇼펜하우어·니체·프로이트』, 원당희 역, 세창미디어.

Boèce, 2002, Consolation de Philosophie, trad. Jean-Yves Guillaumin, Paris, Belles Lettres.

Burton, Robert, 2004, Anatomie de la Mélancolie, traduction de Bernard Hoepffner et Catherine Goffaux, José Corti, 3 vol.

2005, Anatomie de la Mélancolie, choix et traduction de Gisèle Venet, Gallimard, coll. Folio Classique, 2005, Vol.

Derrida, Jacques, 1968, La Pharmacie de Platon, Tel Quel, n 32 et 33.

Foucault, Michel, 1984, Le Souci de soi, Histoire de la sexualité, vol.3, Paris, Gallimard, NRF, Bibliothèque des histoires.

Gautier, Jules de, 1892, Le bovarysme, la psychologie dans l'oeurve de Flaubert. Léopold Cerf, Paris.

Greenblatt, Stephen, 1988, Shakespearean negotiations. The Circulation of socilal energy in Renaissance England, Berkeley, University of California Press, chap.1, p.1.

Hadot, Pierre 2002, Exercices spirituels et philosophie antique, Paris; Albin Michel.

Nietzsche, 2014, Le Livre du philosophe : Etudes théoriques, Broché.

Starobinski, Jean, 1989, Le Remède dans le mal, Paris, Gallimard.

Voelke, André-Jean, 1993, La Philosophie comme thérapie de l'ame. Etudes de philosophie hellénistique, éd. universitaires de Fribourg, Paris, éd. du Cerf.

5. 문학비평과 문학치료 이론의 접목

5.1. 문학사 속 신비평과 고전문학

20세기 중엽 프랑스에서 롤랑 바르트와 레이몽 피카르를 중심으로 벌어졌던 비평의 신구논쟁은 이제 더 이상 진행형이 아닌 문학사의 한 공간을 차지하는 지난 사건이다. 논쟁 이후 반세기가 지난 현재 신비평과 그에 대비되는 개념의 '강단비평' 혹은 '대학비평'은 더 이상 대척점에 위치하고 있지 않기 때문이다. 신비평이 뒤늦게 소개된 우리나라에서 조차 1990년대 들어서면서부터 이 두 진영 간의 대립은 큰 의미를 갖지 못했다. 이 시기 강단비평의 중심이었던 파리 4대학에서도 신비평적 방법론에 기초한 문학박사학위 논문들이 다수 양산되기도 했다. 사실상 따지고 보면 1990년대부터 시작하여 지난 사반세기동안 프랑스에서 진행되어온 문학연구 활동들은 그것이 신비평의 형태를 띨 때조차도 언제나 강단비평이었다. 신비평적 움직임은 대학 밖에서보다도 대학 안에서 더 활발히 진행되었기 때문이다. 1968년 프랑스의 대학들이 변화를 겪은 이후 신비평은 더 이상 문단 밖에서 문예 전문잡지를 중심으로 이루어지던 아카데미 밖의 활동은 아니었다. 신비평은 구비평과 더불어 자연스레 대학에서 가르치는 문학비평 방법론으로 간주되었고 그렇게 문학사의 흐름에 편입되었다.

프랑스에서 신비평의 출발은 대학체제 변화 및 발전의 역사와 밀접한 연관이 있다. 1789년 프랑스 대혁명이후 붕괴되었던 프랑스 대학의 조직관련 법령이 1808년 새로 제정되면서부터 시작된 국가박사학위(Doctorat d'Etat) 논문체계는 1984년 전면 수정된다. 소위 '3eme cycle 학위'(1954년부터 시작된 doctorat de specialite를 법적 근거로 한 학위를 일컫던 말 cf)décret no. 54-770)와 국가박사학위의 중간수준으로 조정되었던 신박사 체계가 실시된 것이다. 그 이후 박사학위 논문의 수준은 양과 질에 있어 하향조정이 불가피했다. 이 새로운 체제의 박사학위가 양산되기 시작했던 1990년대부터 소위 '실증적 혹은 역사적 비평방법론에 바탕한 작가의 생애와 작품전반에 걸친 광범위한 연구 형태나 혹은 한 시대를 통째로 다루는 박사학위 논문은 급격히 줄어들고 한 작가의 작품 속 등장인물연구나 주제비평형식'의 신비평적 색채가 짙은 형태의 논문들이 다수 등장하게 되었다. 석사학위 취득 후 평균 8-14년 이상, 실질적으로는 20년 이상이 요구되던 국가박사학위논문에서 진행되던 그 광범위한 연구 작업이 짧게는 4년에서 6년 안에 연구를 마무리지어야 하는 새로운 박사학위 체계에서는 물리적으로 수행 불가능했던 것이 가장 큰 이유라고 볼 수 있다. 13세기 그 첫 모습을 갖추었던 프랑스 대학은 대혁명 이후 존재론적 논의의 대상이 되기 시작하여 루이 나폴레옹 시절 존립의 고비를 겪기도 했다. 자칫 명칭 자체가 사라질 뻔 했던 대학은 제 3공화정에 들어 재정비된다. 1896년 당시 주무 장관이었던 포엥카레R. Poincare에 의해 제창된 대학 재설립 및 확장 정책이 의회의 압도적인 지지를 받고 추진되었고 이 정책과 더불어 대학은 급속한 양적 팽창을 경험하게 된다. 1900년 3만 명이 채 안되던 대학생의 수는 1968년 60만 명으로 20배 이상 증가했다. 1968년 3월 파리 10대학에서 촉발되었던 학생혁명은 우발적인 사건이 아니었다. 양적 팽창과 더불어 다양한 민주화 과정을 겪은 프랑스의 대학생들은 이제 대학의 운명을 결정하는데 자신들의 의견이 개입되기를 원했고 그 결과 프랑스의 대학은 다시 한번 대대적인 변혁을 겪게 된다. 대학생들의 민주적 봉기의 기저에는 1960년대 전 세계를 뒤흔든 좌우익 대결 구도가 있었고 이러한 사회적 분위기는 대학교육에서도 지대한 영향을 미쳤다. 사회 변화는 대혁명이후 정부주도로 200여년 가까이 진행되어온 고급 기술자 양성교육으로서의 대학교육이 그 지평을 넓히는 계기를 제공했던 것이다. 1968년 벵센느에 설립된 〈벵센느 실험 대학 센터〉는 독립채산제형태로 운영되었고 그곳에서 들뢰즈, 푸코, 리요타르 등 20세기 사상사에 지대한 영향을 미친 지식인들이 교육에 참여했다. 이 실험대학은 1979년 파리8대학에 통합되었다.

1960년대 신비평의 급작스러운 확장은 이러한 대학교육의 변화라고 하는 사회적 움직임의 영향이기도 하였다. 20세기 초까지도 프랑스의 문학 비평방법론을 주도했던 소르본느에서 소위 역사주의 비평을 완성한 이들의 영향력은 여전히 절대적이었다. 스스로를 '문학사학자'라고 지칭하기를 주저하지 않았던 이들의 추종자들은 다시 소르본느에 남아 교수가 되었고 또 일부는 여러 대학으로 퍼져나가 각자 자신들만의 문학 비평의 영역을 구축해나갔다. 그 소장학자들이 대학에서 영향력을 행사할 수 있는 나이가 되면서 이들의 비평방법론은 세계적인 논의의 대상이 되었던 것이다.

그러나 이들이 새로운 문학비평방법론을 주창하고 설파하던 상황에서도 그 대상이었던 문학은 여전히 고전문학이었다. G.풀레, J.리샤르, C.모롱, R.바르트, G.주네트, L.골드만 등 다양한 형태의 신비평을 창안한 사람들이 관심을 갖고 분석의 대상으로 삼는 작품들은 여전히 프랑스 고전주의 시대의 작품이었다. 그 이유는 아마도 그들이 학창시절 주로 학습한 것이 프랑스 고전주의 작가들의 작품이었고 소위 대학비평 방식으로 그 작품들을 학습하고 이해했던 그들이 자신들이 개발한 새로운 방식으로 텍스트를 읽어나가려고 할 때도 그들의 새로움을 강조하기 위해서는 전통 비평에 의해 다루어졌던 작품들을 다루는 것이 더 유리했기 때문이었을 것이다.

이 과정에서 좀 더 주목하여 살펴볼 것은 그들이 희극 텍스트보다는 비극 텍스트에 더 큰 흥미를 보였다는 점이다. 신비평은 공통적으로 텍스트 외적 요소들의 텍스트 해석에 대한 영향을 배제하고 텍스트 내에서 읽는 재미를 찾는 작업이다. 그래서 신비평은 공통적으로 문학을 정치나 사회 등 역사적 환경으로부터 독립시키려는 특징을 보인다. 작품을 쓴 작가가 자신이 처한 환경으로부터 받았을 영향이나 혹은 그 주변의 독자들의 반응보다는 오히려 문학 작품 내에서 찾을 수 있는 구조적 일관성이나 연관성 등을 찾아내어 의미를 부여하는 작업이다.

비극을 만들고 감상하는 과정에서 사건의 인과율은 중요한 요소다. 사건들이 어떻게 얽히는(nouer)가는 그 얽힘이 풀어지는 순간(denouement) 드러나게 되는데 그때 관객들이나 독자들이 미처 생각하지 못했던 플롯(intrigue)을 발견하게 되면서 이들의 작품에 대한 평가와 만족도는 높아지게 된다. 반면 희극의 경우 사건의 인과율은 그리 중요하지 않다. 매 장면마다 각인되는 단편적 전언이나 느낌을 강조하는 희극은, 그래서 이야기의 전개가 논리적이지 못하고 또 논리적이 되려고 하지도 않는다. 데우스 엑스 마키나(Deus ex machina)는 바로 그러한 희극의 특성을 잘 드러내는 극적 장치다.

러시아 형식주의자들을 포함한 유럽의 모든 신비평 주창자들에게 논리에 큰 의미를 두지 않고 구성되는 희극은 분석하기에 결코 매력적인 대상이 아니었다. 특정표현이나 상징 혹은 이미지에서 통사론적이나 의미론적 상호관계와 연관성을 파악하는 일에 그 주안점을 두는 일종의 분석비평이자 의미비평인 신비평이 희극에서 분석거리를 찾는 일은 쉽지 않았기 때문이다. 그래서 그들의 주 대상은 비극과 시였다.

모롱의 심리비평도 시작은 말라르메의 시였고 그 뒤를 잇는 작품은 라신의 비극들이었다. 모롱의 문학박사학위 논문 제목은 『라신느의 생애 및 작품에서의 무의식』이었고 이 논문은 1957년 같은 제목으로 단행본으로 출간된다. 이 논문에서 모롱은 『앙드로마크』로 시작하여 11편의 비극과 라신느의 유일한 희극, 『소송광들』까지 분석하며 라신느의 무의식 세계를 탐험한다. 그러나 모롱의 가치는 이 두 작가에 대한 분석에서보다 오히려 그 비중이 상대적으로 작았던 몰리에르를 비롯한 희극작가들에 대한 분석에서 더 크게 드러난다. 그 어느 누구도 시도하지 않았던 희극에 대한 분석은 모롱의 심리분석이 그 모든 신비평들의 목표, 즉 '텍스트 본연의 의미 찾기'에 있어 다른 신비평방법론들 보다도 더욱 적합한 방법일 수 있다는 가정을 가능하게 한다. 사실 희극 분석에 대한 모롱의 의지는 이미 라신에 대한 분석 작업이 끝나는 시점에서부터 드러나기 시작한다. 라신의 유일한 희극이었던 『소송광들』을 라신의 무의식 세계를 분석하는 과정에서 제외했던 모롱은 그 분석의 말미에 부록을 달아 이유를 설명하고 있다.

> 이 구조 [라신 작품의] 내에서 『소송광들』은 어디에 위치시켜야 하는가? 나는 너무나도 자연스러운 독자들의 이 질문을 피하고 싶지는 않다. 이 질문에 답을 하려면 희극장르에 대한 조금은 복잡한 심리비평이론을 간략하게 정리할 필요가 있다. 사실 이 주제는 무척 어려운 문제다. 베르

그송과 프로이트의 중요한 작업들이 여전히 마무리되지 않았기 때문이다.

모롱은 곧 바로 자신이 희극을 다루지 못한 이유를 번호를 매겨가며 설명한다. 희극에서는 비극에서와 달리 무의식이 크게 중요한 역할을 하지 않으며 희극의 변장이나 속임수 등이 유발하는 웃음 속에 무의식을 추출할 수 있는 재료들이 흩어져버리기 때문이라는 것이 주된 이유인데 우리가 주목할 것은 마지막 4번의 내용이다.

> 결국 이러한 이유들로 인해 농담plaisantrie은 [정신분석적 작업을 위한] 기본 기제가 되기는커녕 사회적인 기능으로 작동한다. 즉 일상의 작은 신경증들에 대한 치료기제가 되는 것이다. 그 신경증들은 우리자신에 대한 것일 수도 타인에 대한 것일 수도 있다.[10]

이어지는 지면에서 모롱은 라신과 장세니스트들의 전기적 사실을 언급하며『소송광들』에 대한 약식 심리비평을 실시한다. 그리고『소송광들』들은 라신의 다른 작품들인 "무의식의 비극"과 비교하여 "의식의 희극"이라는 사실이 라신의 무의식 세계를 탐험하는 과정에서『소송광들』들이 제외될 수밖에 없는 이유였다는 설명으로 2쪽에 걸친 짧은 분석이 마무리된다. 논문의 후주 같은 느낌이 드는 이 변명의 글에서, 그러나 우리는 뜻밖에 우리에게 중요한 내용을 발견할 수 있었다.『소송광들』을 쓰며 라신이 젊은 시절 경험했던 유쾌하지 못했던 일들을 이 작품에 투영하고 있다는 모롱의 의견은 충분히 일리가 있다. 라신은 사제가 되기 위해 젊은 시절 장세니스트들과 많은 시간을 보냈

10 Charles Mauron, L'Inconscient dans l'oeuvre et la vie de Racine, Editions Ophrys, 1957, p.341.

다. 그러나 그의 사제직함에 대한 이의를 제기하는 사람들이 소송을 걸었고 라신은 패배를 경험했다. 레이몽 피카르는 작품 『소송광들』이 이 아픈 경험은 물론 당시 포르 루와얄의 스승이었던 아르노와 변호사 르메트르에 관한 작가의 개인적인 악감정을 풀어내고 있다는 연구 결과들이 있음을 알리고 있다.[11] 이 전기적 사실을 인정한다면 모롱의 심리비평의 결론은 라신이 작품을 통해 자신의 의식과 무의식 속에 존재하고 있었던 분노의 감정을 쏟아내고 있는 것이라고 볼 수 있다. 우리가 흔히 이야기하는 글쓰기를 통한 카타르시스 작업이고 이는 표현예술치료적 관점에서 보면 예술적 표현을 매개로한 자기 정화행위 즉 자기 치유행위다.

라신의 유일한 이 희극은 그의 비극만큼이나 라신의 극작가적 천재성이 두드러지는 작품이다. 쉽고 우아한 언어로 구성된 알렉상드랭의 향연과 기발한 패러디를 포함한 희극적 웃음유발 장치의 적절한 활용은 라신이 의도했던 “고급의 웃음”[12]을 유발하고 있다. 그러나 라신의 웃음은 근대 희극의 아버지라 불리는 동시대 작가인 몰리에르의 웃음과는 본질적으로 다르다. 라신의 웃음의 핵을 이루고 있는 패러디들은 대상의 본질에 대한 숙고를 유도하고 새로운 가능성을 향하는 생산적 패러디가 아니다. 라신의 자신의 패러디와 더불어 누군가에 대해 그리고 무언가에 대해 웃어버리고 만다. 웃음을 수단으로 삼아 현실세계와의 거리화를 통해 자기 관조의 기회를 제공하고 웃음의 대상들마저 무대에 같이 어우러지기를 원하며 경쾌한 잔치마당을 제공하는

11 R. Picard, *La Carrière de Jean Racine*, Paris, NRF, 1956, pp. 139-142.

12 Racine, *OEuvres complètes*, édition de J. Morel et A. Viala, Garnier, 1980, p. 194.

몰리에르의 희극이 관객을 '즐기게 하기 위한 것'이었다면 라신의 희극은 라신 자신과 라신의 생각에 공감하는 사람들이 '즐기기 위한 것'이었다. 희극적 글쓰기를 통해 자기의 무의식에 자리한 아픔을 쏟아내는 일이기도 했던 것이다.

모롱은 희극적 장르가 심리비평의 대상이 될 수 있음을 확실하게 보여주기 위해 쓴 다른 책에서 희극적 웃음이 한숨과 눈물의 적이라는 부왈로의 말을 인용하고 있다.

> 이제 이 글에서 "희극적 장르"에 어떤 의미가 부여되고 있는가 이야기해 보자. [...] 희극적 장르는 관객들에게 기존의 심리적 느낌을 비우고 이를 대체할 수 있는 새로운 심리적 반응을 불러일으키는 것을 목적으로 만들어진 일련의 연극작품들을 의미한다. 따라서 공포와 같은 기존의 심리적 느낌들은 태생부터 필수적이었던 조건들 중 하나를 제거하며 웃음을 억제하고 공통적 특질을 지니고 있다. 그래서 희극적 장르는 우선 부정적인 더 나가서는 복잡한 정의를 받아들인다. 그러나 핵심적인 말은 이미 오래전부터 알려져 왔다. "한숨과 눈물의 적인 희극"이라고 부왈로가 말했다.[13]

모롱과 부왈로가 내리고 있는 이와 같은 정의는 희극이 지닌 예술로서의 가치를 오히려 축소시키는 결과를 가져올 수 있다. 우리는 앞서 몰리에르의 희극이 이와 같은 개인적인 한숨이나 눈물과의 관계를 크게 넘어서 인간 보편에 대한 그리고 사회 전반에 대한 철학적 성찰이 깔려있음을 확인한 바 있다. 라신의 희극이 그의 천재성을 만끽할 수 있는 놀라운 작품이기는 하지만 희극의 미학적 가치에 있어 몰리에르

13 Charles Mauron, Psychocritique du Genre Comique Aristophane Plaute Terence Moliere Jose Corti, 1985.

의 희극과 비교해 아쉬운 점이 있다면 바로 라신이 개인의 한숨과 눈물을 벗어나지 못하고 그 작품에 많은 부분을 투사하고 있다는 사실이었다. 하지만 우리가 문학의 치유적 활용차원에서 주목하고 있는 것은 희극의 미학적 가치가 아니다. 그것은 희극이 지니고 있는 치료적 가치다. 모롱이 희극을 "기존의 심리적 느낌을 비우고 이를 대체할 수 있는 새로운 심리적 반응을 불러일으키는 작품"이라고 표현할 때 그리고 "한숨과 눈물의 적인 희극"이라는 부왈로의 표현에서도, 우리는 현대 예술치료가 강조하는 비움과 채움의 치유행위를 연상할 수 있다.

5.2. 심리비평 방법론의 치료이론 적용가능성

"심리비평은 문학텍스트 내에서 분석 대상을 식별하여 그 텍스트를 분석함으로써 문학텍스트에 대한 이해의 폭을 넓히기 위한 것이다."[14] 로 시작하는 모롱의 심리비평에 대한 정의는 심리비평이 "부분적"인 것이며 "다른 문학비평방법을 대체하는 것이 아니라 그 방법들 중 하나가 되고자할 뿐이다."라는 부연으로 마무리된다. 이와 같은 모롱의 정의를 김화영은 다음과 같이 설명한다.

> "그[모롱]에 의하면 문학작품은 다음과 같은 세 가지 국면에서 검토되어야 한다. [...] 모롱의 심리비평은 바로 그 둘째 항, 즉 작품이 작가의 인

14 이하에 인용되는 모롱의 내용은 Charles Mauron, Psychocritique du Genre Comique Aristophane Plaute Terence Moliere Jose Corti 1985.의 내용에서 필자가 발췌하여 번역한 것이다.

> 격 및 그 역사와 맺고 있는 관계를, 그러나 그 중에서도 작가의 〈무의식적〉 인격 및 그 역사와의 관계만을 연구의 대상으로 삼는다. 이처럼 처음부터 지극히 제한된 그러나 분명한 대상을 설정하고 있는 모롱은 심리적 비평이 다른 비평을 대신하는 총체적 비평이 아니라 〈부분적〉인 영역만을 점하고 있음을 분명히 한다."[15]

사실상 모롱의 표현을 그 시대의 맥락에 맞추어 살펴보면 보면 그 당시 많은 신비평옹호론자들에게서와 마찬가지로 모롱의 태도에서도 소르본느가 중심이 된 대학 강단의 문학연구자들의 반응을 의식하는 모습을 발견할 수 있다. 『강박적 메타포에서 개인신화까지』가 출간된 해가 1963년이었지만 그가 정신분석을 문학비평에 접목하려는 시도가 알려진 것은 1941년 『말라르메 그 난해함Mallarme l'obscur』이 출간되면서부터였다. 한편 레이몽 피카르르가 『신비평인가 신사기인가Nouvelle Critique ou la Nouvelle imposture』를 출간한 것은 1965년이었지만 롤랑바르트와의 문학비평의 방식에 대한 신경전은 이미 바르트의 『글쓰기의 원점Le Degre zero de l'ecriture』이 출간된 1953년 무렵부터 본격적으로 시작되었다고 볼 수 있다. 이 글은 소르본느식 전기비평 혹은 역사비평을 비판한 『라신에 관하여Sur Racine』에 대한 논쟁의 형식을 띠고 있는 팜플렛 성격을 띠고 있었다. 신비평이라 분류될 수 있는 비평방법론들이 쏟아져 나오던 1960년 초반 소르본느의 전통적 문학연구를 대변하던 피카르와 신비평의 전위대장 격이었던 바르트와의 격렬한 논쟁이 실질적으로 진행되기 직전이었지만 두 진영 간의 긴장상태는 이미 극에 달해 있었다던 것이다. 레이몽 피카르르가 릴대학 전임강사로 재

15 김화영, 『프랑스 현대비형의 이해』 민음사, 1984, p.207.

직하다 소르본느의 교수로 부임한 것이 모롱의 작품이 출간되던 1963년이었다. 모롱이 위와 같이 자신의 비평방법이 기존의 문학비평방식을 대체하는 것이 아니라 문학텍스트에 대한 "부분적" 접근이며 기존 "문학비평방식들 중에 하나가 되려고 한다"는 조심스러운 표현을 한 이유는 그 만큼 비평의 신구논쟁이 극에 달해 있었던 상황에서 문학적 절대권력에 비견될 수 있었던 강단비평에 대해 바르트식의 정면 대결을 원하지 않았던 때문이었을 것이다.

> "어쨌든 심리비평은 부분적인 것이다. 심리비평은 다른 문학비평방법을 대체하는 것이 아니라 그 방법들 중 하나가 되고자할 뿐이다."

모롱의 조심스러운 태도는 정신분석학계와의 충돌을 우려하는 내용에서도 엿볼 수 있다.

> "정신분석비평은 문학 텍스트를 분석하는 비평방법 중 하나다. 경험적 분석방법을 취하고 있는 정신분석 비평은 텍스트 속에서 작가 자신도 생각하지 못했거나 의도하지 않았었을 관계를 찾아내거나 연구하는 작업이다. 따라서 고려되어야 할 사항은 작가의 무의식적 특성(인간적)이 된다."

모롱의 책이 출간되던 1963년은 프로이트 사후 23년이 지난 시점이었지만 그가 제창한 정신분석학은 문학에 다양한 형태로 개입해오고 있었다. 물론 문학비평에 정신분석을 접목하려는 의도에 대해 비판적 시각들이 존재했던 것은 사실이다. 무엇보다도 정신병 환자의 자유연상과 예술가의 작품을 동일시 할 수 없다는 원론적 문제 제기를 비롯하여 정신분석 이론 자체가 지니고 있는 불완전성에 근거한 논리적 비판에 이르기까지 모롱이 정신분석을 문학에 접목시키는 과정에서 제기되는 이의는 문학 분야에서 뿐만이 아니라 정신분석학계를 비롯한 정신의학계에서도 대두되었다. 모롱은 이들 특히 정신의학계와 충돌에 대해서도 우려하고 있는 듯이 보인다.

> "심리비평에서 정신분석은 필수적으로 습득하여 활용할 수 있는 지식이 되어야 하지만 그 목표가 병을 낫게 하는 데 있는 것은 아니다. 심리비평은 정신분석을 이용하여 예술에 과학을 접목하는 것이다."

앞서 언급했듯이 모롱이 정신분석을 활용하여 가장 먼저 분석을 시도한 작가는 말라르메였다. 말라르메의 시에 대한 심리비평을 시도하면서 모롱은 말라르메에 대해 그 이전까지 아무도 주목하고 있지 않았던 중요한 사실 하나를 강조한다. 말라르메는 5살에 어머니를 15살에 아버지를 여의였고 누이 마리아도 13세 때 세상을 떠났다는 사실이다. 이 사실은 모롱이 말라르메의 시를 분석하는 과정에서 발견되는 모든 것이 수렴되는 핵이 된다. 정신분석과 문학의 상관관계에 관하여 많은 연구를 하고 또 문학의 치유적 효능을 언급한 바 있었던 장 이브 타디에도 이 일련의 사건들이 말라르메의 작품에 끼쳤을 영향에 주목해야 한다고 주장했다.[16] 말라르메의 텍스트에 이러한 사건들의 영향이 드러나고 있는 상징이나 메아리를 발견하기 위해서는 텍스트의 구조와 언어로부터 말라르메의 생각의 연상망을 추적해야 한다. 생각의 연상망이란 그 누이의 죽음이 연관되는 감정과 표현을 모두 추출하여 그 추출물들이 만들어내는 복합적인 연상망을 연구해야

16 Jean-Yves Tadie, La Critique litteraire au XXeme siecle, Paris, les dossiers Belfond, 1987, p.144.

하는 것이다. 이 연상망은 우리가 텍스트로부터 가독 가능한 작가의 감정이 드러나는 외적 구조의 속에 숨겨져 있는데 그 연상망의 해석을 통해 우리는 작가의 무의식의 세계를 탐험할 수 있다. 여기서 가장 궁금한 것은 그 연상망이라고 하는 것을 어떤 방식으로 추출해 내는가 하는 점이다. 그것은 이미 잘 알려져 있는 모롱의 4단계 분석 방식에 의해서다. 모롱은 심리비평 작업을 구성하는 방법론을 아래와 같이 요약하고 있다.

> 1) 한 작가의 다양한 텍스트를 갈톤의 사진[17]에서처럼 포개어 분명 작가도 모를 수 있을 강박적 연상의 망이나 이미지 모음이 드러나게 한다.
>
> 2) 동일 작가의 작품을 통해 그 강박의 연상망과 이미지의 모음, 혹은 빈출 어휘나 1번 단계에서 드러난 구조 등이 어떻게 반복되고 변화하는가를 연구한다. 왜냐하면 실질적으로는 이 구조들이 극적 형태와 상황을 빠르게 그려내기 때문이다. 생각의 연쇄와 상상적 판타지사이에서 모든 층위가 관측될 수 있다. 이 두 번째 작업에서는 다양한 테마의 분석이 꿈이나 메타포의 분석과 연결된다. 이 작업은 대체적으로 개인 신화의 이미지에 도달하게 된다.
>
> 3) 개인신화와 그 아바타들은 무의식적 자아와 그 발전과정에 대한 표현으로 해석된다.
>
> 4) 이렇게 작품에 대한 연구를 통해 획득된 결과들은 작가의 생애와 비교하는 과정을 거친다. 여기서도 여전히 작가가 대상이 아니고 장르가 대

---

17 무의식의 전개과정을 구별해내기 위해서 정신분석은 생각의 자유연상이라는 고유의 기법을 활용한다. 그러나 문학에서는 자유연상기법의 활용이 불가능하므로 심리비평에서는 자유연상기법을 텍스트 포개기로 대체한다. 텍스트 포개기를 병렬된 텍스트들 개별적으로 주목하는 텍스트 단순 비교와 혼동해서는 안 된다. 텍스트 포개기는 단순비교와는 달리 이해할 수 없는 우연한 일치에만 집착하는 일이 없기 위해 각 텍스트들을 혼합하여 그 혼합된 텍스트 분석에 주목한다. 이 점에 관해서는『강박적 메타포에서 개인의 신화로』서문을 참조할 것.

> 상인 방법의 적용은 변화를 초래할 것이다. 텍스트의 언어학적 측면은 혼합될 것이다. 신화적 유형이나 상황들은 –칼 융이 이 단어에 부여한 의미인 원형이라고 할 수 도 있는- 적어도 많은 인간 그룹에 보편화될 것이다. 결국 집단적 현실이 개인적 현실을 대체할 것이다.

우선 텍스트와 이미지의 겹침을 통해 연상망을 찾아내고 강박적 혹은 무의식적 이미지들을 추려낸다. 다시 말해 작가가 자신의 작품 속에서나 혹은 글 속에서 무의식적으로 만들어낸 이미지이며 그것은 그로부터 작가의 개인적 성향과 성격 등을 알아내기 위한 것이다. 여기에서 또 한 가지 주목할 점은 작가의 인격을 사회적 자아와 창조적 자아로 나누고 있다는 사실이다. 이 두 자아는 한 개인의 기능을 양분하고 있는데 작가의 강박이나 정신적 고통들이 투영된 이미지의 그룹을, 한편으로는 창조와 상상에 의해 그리고 다른 한편에는 인간관계에 의해 형성하고 있다. 그 다음 작업은 상황과 문체 등으로 이루어져 있는 구조를 재편성함으로써 개인신화를 걸러낸다. 개인신화란 "무의식적으로 형성된 작가의 개인성과 그 개인성이 어떻게 발전해 왔는가 하는 것"[18]이다. 개인신화는 작품의 구조와 작품내부 에너지의 흐름을 통해 작가의 무의식적 자아에 연결된다. 그리고 그 개인신화를 바탕으로 작가의 생애가 연구대상이 된다.

심리비평은 문학텍스트 내에서 분석 대상을 식별하여 그 텍스트를 분석함으로써 문학텍스트에 대한 이해의 폭을 넓히기 위한 것이다. 분석의 대상은 작가의 의도로나 혹은 우연적으로는 발견될 수 없는 작가의 무의식적 자아에서 합리적으로 연구해낼 수 있는 근거가 확실

---

18 C. Mauron, Psychocritique du genre comique, Jose Corti, Paris, 1964, p.141.

한 관계이다. 그것들이 지니고 있는 강박적 성격에도 불구하고 인지되지 못하거나 혹은 부분적으로 인지되는 이 관계들은 텍스트 포개기를 통해 드러난다.

결국 문학에서의 심리비평은 정신분석을 통해 다양한 증상들을 진단하는 것이 아니고 그 예술작품에서 드러나는 어떤 하나의 증상을 찾아내는 것이다.[19] 그것은 이미지의 연상망이다. 이미지의 연상망은 메타포의 체계다. 그리고 이어지는 작업은 그 기저에 깔려 있는 콤플렉스를 발견하는 것이다.

다른 신비평들 주창자들과 달리 고전문학의 비극과 희극을 모두 대상으로 삼을 수 있음을 입증하고자 하는 모롱의 노력은 그의 무의식을 탐색하는 비평방식이 어떤 텍스트에도 적용이 가능한 분석도구로서의 보편적 가치를 지니고 있음을 보여주기 위한 것이었다. 전통의 문학비평이 무의식을 다루지 않았고 또 정신분석은 신경증 환자의 병적 무의식만을 연구했을 뿐 문학텍스트의 분석에는 관심이 없었던 반면 심리비평이라는 주제비평은 이 두 가지의 전혀 다른 학문 영역의 가치들을 묶어내어 그 영역들을 넘어선 새로운 형태의 학문하기를 만들어낸 것이다. 이 초학문적 행위의 최종 목표는 텍스트 작성자의 내면 자아를 찾는 행위다. 여기에서 내면자아란 예술을 통해 드러나는 작가의 내면세계를 의미한다. 이 작업은 문학을 치유적 목적으로 활용하고자 하는 연구에 결정적인 도움을 줄 수 있다.

---

19 Ch.Mauron, op.cit., pp.48-49.

5.3. 한국에서의 문학비평의 위상과 문학치료

20세기 우리 문학은 우리 사회가 살아온 극적 역사만큼이나 아픈 경험과 깊은 고뇌를 바탕으로 문학사에 영원히 남을 굵직한 족적을 남겼다. 이웃 국가들을 통해 수입된 현대적 의미의 서구 문학은 우리의 인문학 기반의 지적 전통과 만나면서 마치 수백 년의 전통이 배경이 되었던 것 마냥 단박에 걸출한 소설가와 시인들을 양산해 내었다. 특히 우리 문학이 서구 그 어느 나라의 문학에도 뒤지지 않은 만큼 질적으로 그리고 양적으로 급속한 성장이 가능했던 것은 구한말, 일제강점기, 한국동란 그리고 군사 독재정권과 산업화 과정으로 이어지는 그야말로 극적 역사의 전개 덕분이었다. 일상의 삶이 그 어떤 극적 상황보다도 더 극적이었던 그 세대들의 이야기꾼들은 자신의 경험을 지면위에 잘 풀어 놓는 것만으로도 서구의 주요 문인들이 그들의 작품을 통해 던졌던 인식론적 혹은 존재론적인 질문들과 충분히 비견될 수 있는 깊은 생각과 의미 있는 질문들을 이끌어 낼 수 있었다.

그리고 우리 창작자들은 또 다른 '문학하는 사람들'의 지원을 받게 된다. 해방직후까지 열악했던 우리나라의 대학교육은 50년대 중반부터 폭발적인 양적 팽창을 경험하게 된다. 이 양적 팽창과 더불어 문학을 전공으로 하는 학과들도 늘어났고 그렇게 문학전공교수와 학생들을 통칭하는 '문학을 [연구]하는 사람들'이 생겨났다. 이 문학을 하는 사람들이 하는 일이 주로 문학비평과 문학사의 정리 및 의의를 찾는 일이었다. 문학석사와 문학박사들은 논문의 형식을 빌려 수도 셀 수 없을 만큼 많은 문학비평들을 쏟아내었고 그 석박사를 배출하던 교수진들은 문학 전문가로서의 역할에 충실하기 위해 프랑스, 독일, 영국, 미국 등지의 소위 선진국의 문학하는 사람들의 문학관련 글들을 부지런히 번역하고 또 이를 바탕으로 자신만의 문학비평 방법론이나 문학론을 주창하기도 했다. 문학을 연구하는 사람들의 이러한 문단 외적 문학 활동은 문단 내에서 활동하는 문인들에게는 도움이 되기보다는 부담에 더 가까웠지만 오히려 그 덕에 본의든 아니든 간에 우리 문학이 바람직한 긴장을 유지할 수 있도록 자극하는 역할을 해온 것은 사실이다.

우수한 창작자들과 열정적인 연구자들은 이렇게 한 세기 동안 우리의 문학의 지평을 넓혀왔다. 그러나 한 세기 동안 문학 세계를 지탱해왔던 이러한 구도는 21세기 들어 다른 분야와 마찬가지로 근본적인 변화의 흐름을 경험하고 있다. 문학은 영화가 그랬듯이 더 이상 전문비평가들의 도움을 필요로 하지도, 또 그들의 비평을 무서워하지도 않는다. 생산자와 소비자를 직접 연결시켜주는 소통 환경의 변화로 인해 중간자들의 역할은 점점 줄어들고 있고 문학의 경우도 예외가 아니다. 웹 소설 등 소위 사이버문학을 제공하고 있는 인터넷 공간들이 늘어나면서 작가와 독자는 직접 연결되고 작가는 독자의 직접평가를 받는다. 볼만한 영화를 고르기 위해 제일 먼저 확인하는 것이 영화평론가의 의견이 아니라 네티즌들의 평점인 것처럼 이제 읽을 만한 소설이나 시를 선택하기 위해 문학평론가의 평가를 우선하는 일은 흔치 않다.

21세기 문학은 20세기 문학과 다르지 않다. 그것은 낭만주의 문학이 고전주의 문학과 다르지 않은 것과 같다. 시와 소설을 쓰는 사람들이 추구하는 가치와 생각은 변해왔고 또 문학하는 환경도 변했지만 문학의 본질은 변하지 않았다. 예를 들어 웹 소설은 우리가 알고 있는 소설과 다르지 않다. 다른 점이 있다면 소설이 유통되는 방식에 차이가 있을 뿐이다. 유통방식이 변하면서 가장 큰 영향을 받은 것은 작가도 독자도 아니고 그들 사이의 중계를 업으로 삼던 문학평론가였고 문학교육체계였다.

문학비평가 혹은 문학연구자의 역할은 줄어가고 있고 그들의 업적은 이제 문학사의 지면을 채울 역사적 자료로서만 의미가 있을 뿐이다. 여기에서 우리의 현실적 문제가 대두된다. 1950년대 후반과 1980년대 중반 대학의 폭발적 확산을 계기로 늘어나기 시작한 문학 관련 학과는 2017년 현재 대학의 구조조정 작업을 통해 그 수가 줄어들기는 했지만 여전히 수백 개에 달하고 있다. 이 전공에 속해 있는 수천 명의 교수와 수만 명의 학생들은 문학비평과 평론을 기반으로 구성된 커리큘럼에 따라 가르치고 배우고 있다.

대학의 전공이 직업으로 이어지는 경우는 사실 생각보다 많지 않고 인문사회계열의 경우는 더욱 그렇다. 그런데 이것은 대학의 구조개혁 과정에서는 긍정적인 아이러니로 나타나기도 한다. 이렇게 전공을 직업으로 연결하지 않는데 익숙한 문학전공 학생들은 대학의 학문분류 방식이 변화하면서, 역설적으로 이에 적응할 수 있는 충분한 유연성을 갖추게 된 것이다. 문제는 교수를 포함한, 소위 '문학하는 사람들'이다. 다시 말해 문학을 업으로 살아가는 강사와 연구원 그리고 이런 삶을 여전히 꿈꾸고 있는 대학원생들 같은 대학의 구성원들이다. 인문학의 위기도 사실상 인문학의 위기가 아니라 인문관련 전공학과의 위기였던 것처럼 문학의 위기도 사실 문학전공학과의 위기이고 또 시대의 변화에 부응하지 못하고 있는 일부 문학 산업 종사자들의 위기일 뿐이다.

문학인 웹 소설에 독자들은 여전히 열광하고 있고 영화 드라마 등 문학적 이야기가 접목되어야 그 가치가 담보되는 문화행위들이 산업으로서의 가치를 인정받고 있는 한, 문학이 지닌 가치는 영원할 것이다. 그런데 20세기 문학세계의 주최이자 주인공의 역할을 하고 있다고 착각했던 문학하는 사람들은 이 환경의 변화를 인정하지 않으면서 설자리를 읽고 소외되고 있다. 그 소외가 두려워 억지를 부리기도 한다. 웹 소설은 소설적 가치가 부족한 아니 문학적 가치가 부족한 수준 낮은 오락거리라는 그들의 주장은 억지다. 19세기 신문연재소설의 등장 때 프랑스의 문학하는 사람들이 목소리를 높이며 했던 이야기와 다르지 않다.

대학의 문학하는 사람들은 이제 역할을 잃었다. 그리고 현실을 깨닫지 못한 채 억지를 부리고 있다. 이들은 어떻게 될 것인가? 시대의 흐름에 자연스럽게 휩쓸려 사라질 것인가? 아니면 소위 지원정책에 기대어 연명치료식의 생명연장을 하게 될 것인가? 두 가지 모두 해결책이 아니다. 앞의 경우는 우리 사회가 오랫동안 투자했던 시간과 비용을 수확 없이 고스란히 잃는 어처구니없는 상황으로 이어지게 될 것이다. 이 수 천명의 문학하는 사람들은 최소한 10년 이상의 고등교육을 받은 사람들이다. 그 교육에 투자된 사회비용은 대충 따져도 수조원에 달한다. 또 그들이 지니고 있는 활용가치를 찾아낼 수 있다면 그 가치 또한 무시할 수 없을 터인데 그 가치도 포기하는 셈이 되는 것이다. 뒤의 경우는 앞의 경우보다 더 심각한 결과를 초래하게 될 것이다. 문제를 지니고 있어 어려움에 처한 집단이 그 어려움을 해결하기 위한 근본적인 노력은 하지 않고 위기만 벗어나려는 임기응변적 처방에만 기댄다면 상황이 해결되기는커녕 더 악화되는 것처럼 문학하는 사람들에 대한 현실적 안정만을 위한 지원이 가져올 결과는 불을 보듯 뻔하다. 이러한 대처는 현 상황을 더 악화시킬 뿐만 아니라 문학하는 사람들이 가져다 줄 수 있는 긍정적 가치들과 그 가치들의 확산 가능성마저도 온전히 사라지게 만드는 일이 될 것이다. 회생가능성이 없는 기업에 공적자금을 투입하는 경우처럼 이런 지원은 낭비에 지나지 않는다. 해결책은 이들이 지니고 있는 능력의 21세기적 활용가능성을 찾아 그 능력이 부가가치를 양산해낼 수 있도록 하는 일이다.

문학 비평 방법론의 치료적 활용가능성은 다른 신비평의 방법론들에서도 찾아볼 수 있다. 러시아 형식주의자들의 분석적방법과 그 용어들, 골드만의 사회적 관계망과의 연관성 등도 연구방향을 어떻게 설정하느냐에 따라 문학의 치료적 활용을 위한 이론정립에 유용한 근거자료로 제공될 수 있다. 이제 21세기에 문학사의 한 모퉁이를 장식하고 있는 이 신비평적 시도들의 문학외적 활용가능성을 제시할 수 있다. 인문치료의 한 분야인 문학치료는 기본적으로 인문치료가 지니고 있는 특성들을 모두 공유하고 있으나 문학만의 고유 속성들 또한 유지하고 있다. 신비평을 지향하던 사람들의 연구경향은 현대에 언급되는 통섭, 융합 연구의 개념과 일맥상통한다. 학문들이 세분화 될 시기에 맞춰 신비평을 주장하던 이들은 다양한 학문과 문학을 연결하여 새로운 읽기방법을 제시하기 시작한다. 언어학과 정신분석학, 그리고 심리학과의 연결과 같은 다양한 시도가 있었고 이는 이론적으로만 끝난 것이 아니라 실질적으로 문학비평에 활용되어 신비평의 지평을 열었다. 문학을 치유적으로 활용하려고 하는 입장에서 보면 기존의 비평방법론이 지니고 있는 언어 분석 기능과 무의식의 세계에 대한 분석 방식 등을 마음의 치유가 필요한 사람들, 혹은 내적 성장이 필요한 사람들을 대상으로 하는 문학치료에서 진단 및 치료 방법으로 적용할 가능성을 발견할 수 있다.

인터넷은 그것이 지니고 있는 파급력으로 인해 부정적인 결과들을 만들어 내기도 하지만 그보다는 긍정적 기능이 더욱 크다. 그 중 가장 큰 기능은 민주적 가치 평가 방식에 대한 공헌이다. 앞서 지적했듯이 이제 지적 판단은 소수 엘리트의 전유물이 아니다. 영화에서도 문학에서도 민주적 집단지성의 판단이 소수 엘리트들의 판단보다 더 큰 가치를 갖는다. 이제 우리는 모두가 쓰고 모두가 읽고 판단한다. 책의 출판도 특정인들의 전유물이 아니며 문학작품을 쓰거나 판단하는 일도 누구나 다 할 수 있는 일이 되었다. 잘하고 못하고의 문제는 그 다음 문제이고 쓰고자 하는 의지만 있다면 누구나 다 쓸 수 있게 된 것이다.

우리가 주목할 것은 이 '누구나' 쓴 '어떤 글'이라도 분석의 대상이 될 수 있다는 사실이다. 그리고 그 분석은 다른 독자들에게 재미를 제공하기 위한 것이 라기보다는 글쓴이의 내면 자아를 찾아 자기정체성의 확립을 바탕으로 타인과의 양질의 소통을 원하는 이들을 돕기 위한 것이다. 21세기 문학은 모두의 이야기를 펼쳐놓을 수 있는 장이 될 것이다. 지금까지의 문학이 재능 있는 소수의 이야기꾼들과 그 이야기를 들어주는 다수의 독자들 간의 소통형태로 진행되어왔다면 앞으로의 문학은 재주가 있건 없건 모두가 참여해서 서로 간에 쓰고 읽는 행위가 될 것이다. 이야기를 하는 사람들은 누군가 그 이야기를 들어주길 원한다. 모두의 이야기를 듣고 그것을 분석해주는 일이 대학의 문학 전공자들에게 주어질 수 있는 새로운 역할이 될 수 있을 것을 기대한다.

참고문헌

김화영, 『프랑스 현대비형의 이해』, 민음사, 1984.

Mauron, Ch., Des Métaphores obsedantes au Mythe personnel, Introduction à la Psychocritique, Jose Corti, 1963, reed, 1995.

Mauron, Ch., L'Inconscient dans l'oeuvre et la vie de Racine, Editions Ophrys, 1957.

Mauron, Ch., Psychocritique du Genre Comique Aristophane Plaute Térénce Molière Jose Corti, 1985.

Picard, R., La Carrière de Jean Racine, Paris, NRF, 1956.

Racine, J., OEuvres complètes, édition de J. Morel et A. Viala, Garnier, 1980.

Tadie, J.Y., La Critique littéraire au XXème siecle, Paris, les dossiers Belfond, 1987.

Verger, J., Histoire des universités en France, Toulouse, Privat, 1986.

6. 예술치료와 인문치료

나는 2007년부터 인문치료에 대한 연구를 시작하면서 자연스럽게 예술치료에 관심을 갖게 되었다. 인문치료라는 용어자체가 아이디어 차원에서 새로 만들어진 말이었던 만큼 그 시절 인문치료에 대해서는 정의부터 대상, 방법 등 아무 것도 정립된 것은 없었다. 개념이 새로운 것이니 당연히 전문가는 존재하지 않았다. 인문치료의 실체를 구성하는 일은 급히 구성된 13명의 연구진의 협동 연구에 맡길 수밖에 없는 상황이었다. 이를 위해 내가 할 수 있었던 일은 유사한 분야라 판단한 예술치료 분석이었다. 그 첫 단계는 내가 독해가 가능한 영어와 프랑스어로 된 예술치료관련 책자들을 조사였고 그 과정에서 이론적인 체계가 가장 잘 정립되어 있는 책을 하나 발견하게 되었다. 그 책이 2011년 번역한 리샤르 포레스티에의『프랑스 예술치료의 모든 것』이다.

이 책을 번역하는 과정에서 예술치료의 정의와 대상 그리고 방법론 등을 파악할 수 있었고 이를 응용하여 인문치료의 이론의 바탕을 마련할 수 있었다. 포레스티에는 음악의 역사와 철학에 조예가 깊은 학자였으므로 10여년 이상 학술적 교류를 해오며 그의 연구들을 통해 많은 도움을 받을 수 있었다. 그는 예술치료가 철학적, 과학적 기초를 단단히 갖추기를 원했고 그를 위해 제일 먼저 제시되어야 할 질문은 역시 가장 원론적인 것이었다. 바로 예술이란 무엇인가? 였다.

이 인식론적 차원의 질문은 예술의 개념이 성립된 이후 지금까지 지속적으로 제기되고 있다. 그러나 오랜 세월에 걸쳐 시도되었던 그 많은 노력에도 불구하고 아직 아무도 완벽한 답을 찾지는 못했다. 그만큼 어려운 질문이기 때문이다.

예술치료학은 처음부터 이 어려운 질문을 비껴갈 수 있었다. 예술치료에서 미학적 차원의 문제는 논의의 대상이 아니라는 암묵적인 동의가 있었던 덕이다. 그러나 참여자들에 의해 창작된 결과물의 미적 가치에 대한 평가나 논의가 치료과정에서 큰 의미가 없다고 해서 예술치료학마저 미학적 논의에서 자유로울 수 있는 것은 아니다. 예술가라면 예술이란 무엇인가에 대한 고민을 쉬지 않고 해야만 하는 것처럼 예술치료사들도 자신들이 사용하는 치료도구인 예술이 과연 무엇인가에 대한 고민을 놓아버려서는 안 된다.

우리나라에서도 이제 예술치료의 효용 자체를 의심하는 이는 드물다. 미술치료학과, 음악치료학과 혹은 예술치료학과라는 이름으로 예술치료학이 대학에 독립학과로 자리를 잡아 전공자를 배출하고 있다는 사실은 이미 기술적 방법론이나 치료의 효용성에 대한 충분한 공감대가 형성되어 있다는 것을 방증한다. 그러나 예술치료가 유용한 치료기술을 넘어서 하나의 독립 학문으로 대접을 받기 위해서는 치료도구로서의 예술과 미적 만족을 위한 예술이 어떻게 다른가에 대한 구분이 명확하게 존재해야 한다. 그리고 그 구분의 기준을 제시해야 하는 사람은 예술가들이 아니고 예술치료사들이다. 예술을 어떻게 정의해야 하는가 하는 고민은 미학자들의 몫이지만 치료에 있어서 예술은 무엇인가 하는 고민은 예술치료사들의 몫이기 때문이다.

6.1. 예술치료 이론에서의 예술론

우리나라에서 예술치료가 학술적 연구대상이 된 이후 학문적 논의는 주로 치료의 효과를 검증하는 데 집중되어왔다. 이 연구들이 다양한 문제영역에서 예술치료의 효능을 실증적으로 입증하는데 충분히 공헌했다는 것은 의심할 여지가 없다. 그러나 아이러니컬하게도 이러한 실증적 연구들은 실증을 위한 가설정립의 단계에서, 자주, 그 가설의 개연성에 대한 의문에 부딪히곤 한다. 그리고 가설 정립 단계에서 제기되는 이러한 문제점들은 대략 하나의 근본적인 질문으로 수렴된다. 예술이 지닌 치료적 효과는 예술의 어떤 특성으로부터 생겨나는가? 다시 말해 예술치료의 구체적인 치료기전은 무엇인가 하는 질문이다.

우선 의사이자 프랑스 예술치료의 선구자 중에 한 사람인 장 피에르 클렌의 강연 내용에서 우리는 어렴풋이나마 치료의 도구로서 예술을 어떻게 볼 것인가에 대한 고민을 엿볼 수 있다.

> 흥미로운 사실은 많은 예술가들이 예술의 측면이 자연스러운 개인의 발달을 이끄는 방법이며 또한 자신의 어려움을 토로하는 장이라는 것을 확인했다. 모레노의 예를 들면 1911년부터 즉흥극을 고안해내었고 사이코드라마를 창안하면서 "행위 안에 자신을 창조하는 성취"를 느낄 수 있다고 하였다. 또한 영국의 화가 Adrian Hill은 1941년부터 자신의 결핵을 도왔던 회화의 가치를 인정하면서 미술을 치료적 시각으로 이끌게 된다. 이후 정신병원과 장애인을 위한 여러 명의 화가들이 전통을 이어간다. 예술치료는 이렇듯 예술적 목표와 접하는 것으로부터 출발하므로 심미적인 욕구들과 함께 한다고 할 수 있고 치료적 목표에서는 아픔과 고통으로

> 부터 한 개인이 자신을 긍정적으로 발전하게 하는데 관심을 갖는 것이다 (J.-P. Klein, 2002 ; 6).

위의 발표문이 프랑스어의 한국어 초벌번역임을 염두에 두더라도 그가 이야기 하고 있는 "심미적인 욕구(désire esthétique)"라는 말로부터 우리는 클렌도 예술치료가 일반 예술행위와 미학적 가치를 공유하고 있음을 인정한다는 사실을 알 수 있다. 다시 말해 그림이나 조각 등이 치료의 도구로 사용될 때라도 예술치료 도구로서의 예술 역시 예술로서의 정체성을 담보해주는 미학적 가치로부터 완전하게 자유롭지는 못하다는 것이다.

무용치료에서도 비슷한 관점을 지닌 연구자들을 만날 수 있다. 인간행동을 개념적 차원에서 언어.인지적 행동과 운동적 행동으로 구분할 때 그 행동의 가시적 최소단위를 '동작'이라고 정의하고 있는 임의영은 다음과 같이 쓰고 있다.

> 그러므로 특정한 목적, 즉 외부작용의 수단으로서 또는 마음의 상태를 반영하는 수단으로서의 무용동작은 신체부위간 시간적.공간적.힘 차원의 요소간의 관계가 심미적으로 구현된 상태로 정의할 수 있으며 각 요소의 조화로운 흐름과 안형(案形)을 완성할 때 비로소 에포트가 내재된 동작, 또는 기술적 동작으로서의 특성을 갖게 된다(임의영, 2002 ; 16).

임의영이 적고 있듯이 예술행위로 인정되는 무용동작이 일반 동작과 구별되는 가장 핵심적인 특징은 "심미적인 구현"이다. 매튜 본의 발레『백조의 호수』에서 왕자가 자신을 구해준 백조와 자신의 어머니가 함께 춤을 추고 있는 모습을 보고 분노하며 추는 춤의 동작과 우리가 일상에서 보는 분노표출을 위한 폭력적 동작은 분명이 다르다.

그 차이를 만들어내는 것이 "심미적인 구현"인 것이다. 현재 우리나라에서는 무용치료와 동작치료를 하나로 묶어 무용동작치료라는 표현을 사용하고 있지만 엄격히 말하면 무용치료와 동작치료 사이에는 큰 차이가 있다. 그 차이는 바로 미학적 가치의 존재유무다. 이는 예술치료가 육체적 훈련을 통해 치료를 꾀하는 또 다른 치료법인 작업치료ergotherapy와 차이를 갖는 요소이기도 하다. 작업치료가 환자로 하여금 일상생활이나 직업활동에 있어 독립적인 능력을 갖출 수 있도록 유도함을 목적으로 그 환자에게 필요한 신체 부위를 적응시키거나 강화하는데 반해 예술치료에서 무언가를 만들어내는 행위는 일상생활에 적응만을 위해 진행되는 것이 아니기 때문이다. 내담자들에 의해 창출되는 춤은 그들로 하여금 '창의적' 표현활동을 경험하게 하는데 이 점이 바로 무용치료를 예술치료의 한 분야로 자리매김하도록 한 특성이다. 창의적 생산과정이 없는 동작치료는 운동치료와 구별되지 못한다. 그리고 이와 같은 창의적 생산과정에서는 창작의지를 자극하는 요소인 심미적 가치가 개입이 되어야 한다. 다시 말해 창작물은 아름다워야 한다는 것이다. 예술치료에 있어 아름답다는 말은 객관적인 기준에서 혹은 다수의 판단기준으로 아름다워야 한다는 것은 아니다. 동작을 만들고 행위로 옮긴 사람의 기준으로 아름다워야 한다는 것이다. 물론 예술을 통한 심리치료과정에서 "얼마나 잘 표현했는지에 관한 관심보다는 어떻게 무엇을 표현했는지가 중점이 된다."는 의견은 분명 옳다. 그러나 그것이 진단의 과정이 아니라 치료의 과정이라면 그때는 단순히 무엇을 표현 했는가 만이 중요한 것은 아니다. 치료를 위해서는 피상담자가 창작과정에서 느낄 수 있는 만족감이 중요하고 그 만족감은, 그것이 무용이건 회화이건 조소이건 간에, 미적 체험을 통해 획득될 때 극대화될 수 있다.

정신질환자들의 예술치료 활동을 통해 얻은 결과물들은 심미적인 관점에서 바라보게 되면 "일차 과정적 사고로의 퇴행의 산물이 아니라, 통제를 벗어난 보편적인 심미적 충동의 산물로 간주"(Winner, 2004 ; 518)되곤 한다. 이러한 심미적 접근을 최초로 제안했고 또 실질적으로 정신분열증 환자들이 생산해낸 그림, 조각, 설치미술품 등을 450여 명의 환자들로부터 5000여 점을 수집한 후 연구하여 그 작품들안에 공통적으로 존재하는 요소를 발견한 한스 프린츠혼(Hans Prinzhorn)은 정신질환자가 만들어낸 작품들도 예술품이 될 수 있으며 그 예술품의 특징은 "건강한 충동"의 산물임을 강조하고 있다. 그러나 엘렌 위너는 프린츠혼의 연구 및 주장에도 불구하고 정신질환자들의 작품을 예술품으로 간주하기에는 몇 가지 어려움이 있다는 점을 지적한다. 겉으로 보기에 초현실주의나 표현주의 예술과 흡사해 보이는 정신분열환자들의 예술을 결국 예술로 볼 수 없는 이유는 이들의 그림이 자폐적인 방식으로 그려졌으며 구조가 의도적으로 조직되어 있지 못하고 다른 사람들에게 그 의미가 전달되기 어렵기 때문이라는 것이다. 위너의 지적은 예술치료사가 주목해야 할 지적이다. 프린츠혼이 수집한 작품들은 정신질환자들이 누구의 지도나 도움 없이 스스로 만들어낸 것들이다. 다시 말해 치료라는 의도적 행위의 산물이 아닌 단순한 자기표현이었던 것이다.

프린츠혼은 정신의료전문가이자 예술에 대한 깊은 지식을 지닌 사람이었지만 예술치료사는 아니었다. 그래서 그의 호기심은 정신질환자들이 만들어낸 그림이나 조각들이 어떤 의미를 담고 있는지에 관한 것이었을 뿐 예술을 통한 치료의 가능성을 타진하기 위한 것은 아니었다.

예술치료에서 예술은 작품이 외부 상황의 묘사보다는 한 개인의 정신에 뿌리를 둔 살아 있는 창조적 과정의 소산이라는 것에 중점을 둔다. 이 창조적 과정은 치료를 목적으로 구성된 의도적인 과정을 통해야 한다. 예술이 진단의 과정이 아니라 치료의 과정에서 개입될 때 그 예술의 치료적 효능은 그림을 그리고 도자기를 빚으며 춤사위 조직해내는 등의 창조적 활동 중 발생하는 다양하고도 긍정적인 힘에 기인하는 것이다. 그 창조적 활동이 주는 긍정적 힘의 원천 중 가장 중요한 것이 바로 스스로가 창조한 작품에서 얻을 수 있는 만족감이다. 그 만족감은 크게 두 가지 형태로 나뉠 수 있다. 하나는 표현욕구의 분출을 통한 카타르시스의 만족이며 다른 하나는 표현과정에서 진행될 수 있는 통찰을 통한 깨달음의 만족이다.

일상적 표현과 예술적 표현은 두 경우 모두 내적 에너지의 발산이고 또 두 경우 모두 정서적 카타르시르를 유도할 수 있지만 형식을 갖추고 있는 예술적 표현을 통할 때 그 표현 행위가 보호받을 수 있다는 시각은 매우 독창적인 것이다. 우리는 이러한 시각을 통해 치료에 있어서 예술은 형식적 차원에서 카타르시스적 해방을 맛보는 내담자에게 스스로를 보호할 수 있는 틀, 즉 일종의 안전장치가 될 수 있음을 인식하게 된다.

논문이나 저서는 아니지만 한국표현예술심리치료협회의 홈페이지에는 '예술치료에 있어 예술'이라는 제목을 달고 예술에 대한 정의를 내리고 있는 짧은 글이 있다. 이 협회의 예술에 대한 관점은 아래와 같다.

> [...] 이러한 이유로 예술치료에서 예술은 예술품 자체가 가지는 예술성보다 창작과정의 심리학과 예술작품에 나타난 상징성을 더 중요하게 다룬다. 비록 예술치료에서 작품이 가지는 예술성에 중점을 두지는 않지만, 예술이 진정한 자기표현의 방편으로 사용되었을 경우 감동을 주는 훌륭한 예술품이 되는 것을 종종 볼 수 있다. [...] 이러한 차원에서 예술치료에서 상용되는 예술은 남과 구별되는 개인의 고유한 정신을 탐험하는 도구로서, 본래의 자기 또는 근원적인 삶을 찾아가는 방편이라 하겠다. [...]
>
> (한국표현예술심리치료협회 keapa.or.kr)

이 정의를 따르면 예술치료에서 예술은 창작과정에서 나타나는 내담자의 심리와 예술작품에 나타난 상징성을 파악하기 위한 도구다. 이러한 시각은 '예술을 활용한 심리치료의 입장'이다. 이어지는 글 〈프랑스의 예술치료에서 보는 예술에 대한 시각〉에서 다시 한번 언급하겠지만 '예술을 활용한 심리치료'와 '예술치료'는 분명 다른 것이다. 어쨌든 이 정의에서도 예술치료에 있어 예술이란 무엇인가에 대한 인식론적 차원의 접근은 없다.

사실 미국에서부터 사용되기 시작되어 일반화된 '표현예술치료'라는 말은 의미의 차원에서 지나치게 포괄적인 외연을 포함한다. 우리 주변에서 진행되는 예술치료과정에서는 '예술'과 '표현'의 구별이 모호할 때가 많다. 피상담자나 환자가 그리는 집과 사람 그리고 나무들을 통해 진단하고 치료하는 과정에서 그들이 그림을 그리는 행위는 예술행위인가 아니면 단순한 표현행위인가? 모든 예술은 표현행위지만 모든 표현이 예술은 아니다. 종이 위에 무언가를 그리는 행위, 타악기를 즉흥적으로 두드리는 행위 등을 모두 예술이라고 할 수는 없는 것이다. 이런 행위를 통한 치료를 예술치료라고 부른다면 예술치료에서 예술이라는 말은 예술적 형식을 빌어 진행되는 모든 표현을 지칭하는 말이 될 것이다. 즉 예술의 모습을 본 딴 모든 행위를 예술이라 칭하게 되는 것이다. 예술치료에서의 예술은 예술의 형식적인 면만을 수용하는 것인가? 아니면 예술의 본질적인 면까지 수용하는 것인가?

우리는 예술의 본질적인 면까지 수용할 때 예술치료의 진정한 가치가 확립될 수 있다고 본다. 모든 글쓰기 치료나 독서 치료를 문학치료에 포함시킬 수 없는 것처럼 그리기, 붙이기, 칠하기, 만들기 등의 모든 공작행위를 통해 진행되는 치료에서 그 행위들을 예술로 인정할 수는 없는 일이다. 프랑스에서 지난 30년간 예술치료이론을 정립하였고 또 해마다 지속적인 임상과 연구를 통해 그 이론을 수정보완해가고 있는 프랑스예술치료협회가 정의하고 있는 예술론은 이러한 답을 찾고 있는 우리들에게 유익한 시사점들을 제공한다.

6.2. 프랑스 예술치료에서 예술을 보는 시각

표현이라는 말과 예술이라는 말의 경계가 모호하게 된 근본적인 원인은 유럽언어에서 예술이라는 말의 어원이 된 고대 그리스어 'technē'를 분석하는 과정에서 찾을 수 있다. 그리스 철학자 플라톤은 『정치론』에서 신이 더 이상 개입하지 않는 세계에서 인간은 결국 살아남을 수 없다고 말한다. 이러한 어려움을 극복하고 인간이 스스로 살아갈 수 있도록 신은 인간에게 자비로운 선물을 주었는데 그것이 바로 예술technē이다. 예술은 일상에서 마주치는 문제들을 해결해낼 수 있는 숙련된 능력 또는 활동을 뜻하는 말로 오늘날 예술이라는 단어가 사용되고 있는 의미 즉, 아름다움을 추구하는 미학적 행위라는 의미와 함께 일상의 삶을 영위하기 위해 필요한 '기술'을 뜻하는 말이었다. 그 기술에는 정치 기술, 직조 기술, 말하는 기술 등도 포함된다. 이러한 활동들을 통해 인간은 스스로 사회를 유지하고 발전시킬 수 있었다. 사실 오늘날 예술이라는 단어의 의미도 따지고 보면 이 기술이라는 범주를 넘어서지 않는다. 예술은 미의 기술, 더 정확히 말한다면 아름다움을 추구하는 기술인 것이다.

현재 프랑스예술치료협회의 기술 및 연구분과의 수장으로 있는 리샤르 포레스티에Richard Forestier는 예술치료에서의 예술은 고대그리스어의 어원에 나타나는 두 가지의 의미를 철저히 구분해야 할 필요가 있다고 말한다.

> 예술치료에서는 이러한 구분을 명확히 한다. 왜냐하면 예술치료를 하기 위해서는 먼저 인간에게 예술의 중요성을 일깨워주고 다음은 예술 활동의 두 속성, 즉 장인이 유용성을 추구하는 경우에서와 같이 실용적 기술이라는 속성과 순수예술의 경우와 같이 아름다움을 추구하는 기술이라는 두 속성이 있음을 일깨워주어야 하기 때문이다. 기술의 동의어로서의 예술과 미학적 가치추구라는 면에서의 예술의 구별은 르네상스 시대부터 시작되어 18세기에 아름다움의 과학이라고도 불리던 미학과 함께 완성되었다. 다시 말해 그리스어의 art라는 단어는 현재처럼 삶을 영위하기 위한 제반 분야의 기술과 미적 가치를 추구하기 위한 행위라는 의미의 예술로 나뉜 것이다. 따라서 art를 수행하는 행위도 두 가지로 분류된다. 하나는 장인artisan의 작업이고 또 다른 하나는 예술가artist의 작업이다. 장인의 입장에서 진행하는 치료는 작업치료ergotherapy이고 예술가의 입장에서 진행하는 치료는 예술치료art-therapy가 되는 것이다. 이 두 가지 치료행위는 같은 뿌리에서 시작되었지만 이 그 목적과 치료과정에서 활용되는 방법에서 차이를 갖는다(Forestier, 2007 ; 24).

오늘날 우리나라에서 사용되고 있는 예술이라는 말은, 어원이 지니고 있던 두 가지의 뜻 중에서 '아름다움을 추구하는 기술'이라는 의미로만 이해된다. 일반인들과 비교할 수 없을 만큼 숙련된 손놀림이나 기술을 통해 남들이 흉내 내기 힘든 물품을 만들어내는 이들을 우리는 장인(匠人)이라 부른다. 예술가가 되기 위해서는 사실 이 장인의 과정을 반드시 거쳐야 한다. 모든 장인이 예술가는 아니지만 모든 예술가는 장인이어야 한다. 일반인들이 장인의 솜씨를 따라하는 것은 불가능하다. 그 솜씨는 적지 않은 세월동안 연마된 것이기 때문이다. 예술치료 회기 중 참여자들이 그림을 그리거나 악기를 다룰 때 그들이 도달하고자 하는 궁극적 수준은 장인의 그것은 아니다. 물론 예술작품을 만드는 것은 더욱 아니다. 그러나 예술치료를 하는 참여자들도 예술가가 예술품을 완성하는 과정에서 얻게 되는 모든 희열과 고뇌 그리고 만족감은 동일하게 느낄 수 있다. 이러한 정서적 차원의 변화를 경험하려면 예술치료에서는 예술은 일상적인 표현과 분명히 구별되어야 한다.

> 한 가지 집고 넘어갈 것은 예술적 표현과 일상의 표현을 혼동하여 뜨개질, 부채, 자전거와 같은 실용적인 소일거리에 회화나 조각과 같은 예술작품과 동일한 가치를 부여하는 일부 예술치료 경향이 있다는 사실이다. 이러한 예술치료들은 단순한 소일거리를 위한 공작활동의 결과를 기대할 뿐, 예술작품을 만들겠다는 생각을 하는 사람들에게는 오히려 혼란만을 불러일으킬 뿐이다. 이러한 경향의 예술치료들이 예술의 본질을 원시 예술이나 소박파 예술에서처럼 인식하고 있다고 주장한다고 해도 사실 이러한 혼란은 예술에 대해 고대와 현재 사이에 일어난 개념의 변화를 이해하지 못하는데서 기인하고 있는 것이다(Forestier, 2007 ; 25).

물론 예술치료행위에서 미켈란젤로 같은 예술가를 만들어내는 것이 목표가 될 수는 없다. 또 예술치료에 참여하는 사람들은 미켈란젤로와 같은 천재적인 재능을 지니고 있는 사람들은 아니다. 프린츠혼이 수집했던 정신병자들의 미술작품 중에서도 예술작품으로서 인정을 받을 수 있을 만큼 보편적인 미적 가치를 지니고 있는 작품은 극소수에 지나지 않는다. 그렇다면 예술치료과정이 단순한 작업치료과정을 넘어서 내담자들에게 창조적 차원의 미적체험을 경험하게 할 수 있는 방법은 무엇인가?

포레스티에는 예술치료에서의 예술행위를 통해서도 미학적 차원의 예술행위와 마찬가지로 인간의 직관과 우연 등 인간의 본능에 관련되는 개념들이 지식과 논리처럼 후천적으로 습득되는 인자들과 결합되어 상호영향을 미치며 작동되는 과정을 겪게 된다는 점에 주목한다. 인간이 살면서 자신의 삶의 방향을 설정할 수 있는 것은 인간의 이러한 복합적인 기능들이 어울려 작동될 때 생성되는 일련의 조화와 일관성 때문이라는 것이다. 인간은 논리적으로만 살수는 없으며 그렇다고 또 본능을 따라 살 수만도 없다. 프로이트의 이드와 슈퍼에고의 관계를 연상케 하는 그의 분석에 따르면 인간의 행위에는 본능에 따른 기계적인 행위와 이성에 따른 윤리적 행위 사이에 상호 역동 관계가 존재한다. 다시 말해 인간의 관계를 구성하고 활성화하는 고유의 개별적인 성질과 그 인간을 둘러싼 사물의 공통적이고 자연적인 상태간의 역동적 관계가 형성되어 있다는 말이다. 치료에서 예술은 이 역동관계를 표현하게 할 수 있는 매개도구가 되어야 한다.

원론적이지만 매우 효율적으로 정립된 이러한 개념은 중증 발달장애사에 대한 재활프로그램을 구성하는데 있어서도 적절한 원리로 활용될 수 있다. 대상자의 본능에 따른 행위를 자극함으로 해서 그 본능을 표출시키고 그것을 다시 의지의 표출로 변환시킴으로써 인지적, 사회적 차원의 재활이 가능해 질 수 있는 것이다. 이것은 사실 피카소나 비틀즈 같은 예술가들의 창작활동의 매커니즘과 동일한 것이다. 그들은 기존의 예술에 비해 혁신적인 형식과 내용을 통해 그들의 예술적 혼을 표출한 사람들이다. 이러한 예술행위를 위해 그들은 내면의 움직임을 끌어내어 우선은 감각적 쾌락을 경험하고 이 감각적 쾌락은 반항 혹은 저항이라고 하는 기존의 가치와 대립하는 과정을 통해 정신적 쾌락으로 이어지며 궁극적으로는 자신들의 예술적 재능을 통해 내면세계를 완벽히 표출해내었던 것이다. 물론 발달 장애자들에게는 이 예술가들과 같은 재주와 능력이 없지만 중요한 것은 발달장애자들의 경우도 자신들이 만들어낸 작품에 대해 만족을 느낄 수 있다면 전체적인 과정은 예술가들이 예술작품을 완성하는 과정과 동일한 과정이 될 수 있다는 사실이다. 예술적 천재들과 예술치료의 내담자들이 자신의 작품에 대한 만족을 위해 똑같이 할 수 있는 것이 있다면 그것은 창작을 위한 고뇌(참여자들에게는 표현을 위한 고뇌)와 지속적이고 효율적인 노력이다. 예술치료에서의 예술이 운동치료의 동작이나 공작활동과 달라지는 것이 바로 이 지점이다. 예술가가 창작을 위해 겪는 고뇌만큼은 아니더라도 예술치료에서 창조적 표현을 위한 행위에는 '잘 하고자 하는 의지'가 개입되어야 한다. 그리고 그 의지를 뒷받침 해줄 수 있는 기술적 능력을 습득하는 노력도 예술치료에서는 필요하다. 예술치료사가 특정 예술분야의 숙련된 기술과 지식을 갖추어야 하는 이유도 여기에 있다. 의지만 가지고 예술치료사가 될 수는 없는 일이다.

또 하나 흥미로운 것은 치료에 임하는 예술치료사의 태도에 관한 포레스티에의 생각이다. 그는 예술치료행위에서 예술의 창작원리를 따라야 할 사람은 단순히 환자뿐만이 아니라 예술치료사도 포함된다고 주장한다. 예술치료사의 치료행위는 예술가의 창작 행위를 닮아야 한다는 것이다. 예술가가 작품을 만들어내는 과정처럼 예술치료사는 대상자 내면의 세계로 뛰어들어 그 세계를 육체적인 행위를 통해 표출하도록 만들고 다음 단계로 그것을 정신의 세계로 연결시켜 그 내면세계의 표출과정과 결과에 대해 대상자가 만족감을 느낄 수 있도록 유도해야 한다. 결국 치료 결과는 치료사의 작품인 것이다. 이것은 예술가가 창작을 하는 것과 마찬가지의 개념이다. 다만 관찰과 표현의 대상이 자신이 아닌 대상자라는 것 그리고 자신의 표현능력을 통해서가 아니라 대상자의 표현능력을 통해서라는 것, 또한 자신의 작품에 대한 만족이 아니라 대상자가 만족하는 모습에 만족해야 한다는 것이 다를 뿐이다. 예술치료사도 대상자와 마찬가지로 예술행위의 본질적 매커니즘에 동참해야 하는 것이다.

이러한 입장은 심리치료나 상담에서 일반적으로 치료자의 개입을 최소화하는 것을 원칙으로 삼는 입장과는 크게 다르다. 사실 프랑스 예술치료협회에서 강조하고 있는 것 중에 하나가 예술을 활용한 심리치료와 예술치료의 차이다. 포레스티에에 따르면 예술치료와 심리치료의 가장 큰 차이점은 육체에 대한 입장이다. 심리치료에서는 내담자와 치료자간에 소통이 심리적 방식을 통해 이루어진다면 예술치료에서는 육체가 포함된다는 사실이 가장 큰 차이점 중에 하나라는 것이다. 또한 예술을 활용한 심리치료와의 차이는 내담자가 만들어낸 창작물을 치료사가 해석하느냐 아니냐 하는 것이다. 예술치료의 목적은 대상자의 표현 능력을 키워주는 것이므로 그 표현된 결과에 대한 치료사의 분석 작업은 필요 없는 것이다.

물론 그렇다고 해서 예술치료행위에서 표현 행위가 예술교육에서처럼 미적 가치가 뛰어난 작품을 추구하거나 대상자의 예술가적 자질을 양성해 내는 것이 목적이 될 수는 없다. 포레스티에는 말한다.

> 예술치료는 예술교육과 구별된다. 객관적 아름다움을 추구하지 않은 예술치료에서 르네상스 시대처럼 작가의 의도적 미완성 작품인 'non finito'와 같은 훌륭한 작품을 만들어낼 수는 없을 것이다. 다만 아름다움을 추구하는 과정에 있다면 그 작품은 이미 아름다움으로 빛나지 않을까 하고 여길 뿐이다(Forestier ; 24).

예술치료과정에서 그리기나, 붙이기, 글쓰기 등의 행위가 단순히 이야기를 끌어내기 위한 매개체로 사용되거나 대상자의 심리상태를 파악하기 위한 과정에 머무르는 것이 아니라 그 자체로 아름다움을 추구하기 위한 행위라면 그 행위는 이제 예술이라는 이름으로 명명되어도 좋을 것이다. 자신이 표현하고 싶은 것을 예술의 형식을 빌어 표현하는 것이 표현예술치료의 기법이라면 우리는 거기에 '아름답게'라는 부사를 덧붙이려 하는 것이다. 그러면 예술치료의 치료 행위는 '자신이 표현하고 싶은 것을 예술의 형식을 빌려 아름답게 표현하려 하는 것'이 된다. 아름답게 표현하려는 의지의 개입과 함께 단순 작업이었던 그리기, 붙이기, 글쓰기의 행위는 예술행위가 되는 것이다. 그 의지와 함께 참여자들의 표현이 담긴 창작물들은 여느 예술가의 창작물처럼 예술작품이 될 수 있다. 차이가 있다면 그 작품에 가치를 인정하는 사람의 수와 내용이 다르다는 것뿐이다. 예술가들의 작품에 가치를 부여하는 것이 다수의 수용자라면 내담자의 작품에 가치를 부여하는 것은 내담자와 치료자 혹은 그의 지인 정도일 것이다. 그러나 그 수의 많고 적음은 중요하지 않다. 핵심은 스스로 그 미적 가치에 만족할 때 내담자는 이미 미적 체험을 경험하게 된다는 사실이다.

6.3. 예술치료에서의 예술

예술치료에서의 예술의 본질은 미학적 차원에서 바라보는 예술의 본질과 크게 다르지 않다. 예술치료에서도 완성된 결과물을 통해 아름다움을 느끼는 미학적 긴장과 즐거움은 반드시 필요한 것이다. 그러나 여기에서 말하는 아름다움이란 객관성이 담보된 보편적인 아름다움을 말하는 것이 아니다. 예술치료에서 추구하는 아름다움이란 참여자가 만족할만한, 참여자가 느끼는 아름다움이다.

사람들은 각자 나름의 기준으로 아름다움을 판단한다. 선악의 판단과는 상관없이 자신이 원하는 미적 가치를 추구할 수 있는 것이다. 어떤 이에게는 소음으로만 들리는 하드록 음악이 다른 이에게는 아름답게 느껴질 수 있으며 그림에 문외한인 사람이 이발소 벽에 걸려 있는 이름 모를 작가의 작품을 보며 다른 사람이 밀레의 만종에서 느끼는 크기만큼의 감동을 느낄 수도 있다. 감상의 과정뿐 아니라 창작의 과정에서도 그것은 마찬가지다. 윤동주나 박수근이 창작의 뮤즈를 찾기 위해 고뇌하는 과정을 통해 시를 완성하고 그림을 그려냈을 때 느꼈을, 아쉬움이 동반된 자긍심 그리고 나른함이 깃든 행복감은 예술치료과정에서 그림을 그리고 콜라주를 하며 시를 쓰는 과정에서 완성의 단계에 도달했을 때 참여자들이 느껴야 하는 감정이다. 그 감정을 경험하지 못하는 치료는 진정한 예술치료가 아니다.

예술치료에서 아름다움은 철학적이거나 예술적인 차원의 숙고를 통해 얻는 것은 아니다. 예술치료사는 단지 참여자들에게 그들이 좋아하는 미적 취향과 나름대로의 스타일을 표현하게 도와주면 된다. 물론 이 일은 쉬운 일이 아니다. 이를 위해서 예술치료사에게는 예술적 지식과 감각 그리고 참여자에 따라 상황을 판단하여 치료의 방향을 설정할 수 있는 유연성을 갖출 수 있도록 하는 경험 및 전문지식이 필요하다.

예술을 매개로 하는 심리치료와 예술치료의 근본적인 차이가 여기에 있다. 예술치료사는 심리치료를 하기위해 예술을 상식적 차원에서 활용하는 사람이 아니다. 예술치료사는 예술의 전문가여야 한다. 심리치료의 궁극적 의도는 상담자의 입장에서 피상담자가 왜 아름다움을 추구하는지를 파악하려는 것이라면 예술치료사의 경우는 대상자가 아름답다고 생각하는 것을 표현하도록, 그리고 그 아름다움을 완성하고 희열을 느낄 수 있도록 도와주는 것이다. 예술치료사에게 예술에 대한 일정 수준 이상의 조예가 필요한 까닭이다.

심리치료가 내가 아는 어떤 것에 관해 인지·행동적 차원에서 진행되는 것이라면 예술치료는 내가 왜 그리고 어떻게 즐거움을 느끼는가를 경험하면서 진행되는 것이다. 이러한 구분을 통해 우리는 미학적 차원의 즐거움을 경험하는 일이 육체가 기억하고 있는 어떤 느낌을 근원적으로 표현하는 것임을 알 수 있게 된다. 그 표현을 통해 우리는 예술행위가 제공해주는 추상성과 실존적 차원의 만족감을 경험하는 것이다.

예술가들에게 작품을 어떻게 만드는지 물어서 구체적인 답을 구하기는 쉽지 않다. 예술작품이 만들어지는 공통적 메커니즘은 아직 밝혀지지 않았기 때문이다. 그러나 왜 예술작품을 만드는가에 대한 답은 분명히 들을 수 있다. 예술가들의 창작의욕을 자극한 원인은 여러 가지다. 개인적인 위안일 수도 있고 혹은 소명의식일 수도 있으며 아니면 돈일 수도 있겠지만 결국 그것은 자기만족이라는 개념으로 수렴된다. 자기만족은 가장 궁극적인 즐거움이다. 예술작품을 창작하며 얻는 즐거움은 동작에 의한 인지적, 운동적 체험과도 관련이 있겠지만 그 큰 부분은 정서적 체험에 기인하는 것이다. 정서적 체험은 전이나 승화 혹은 투사와 같은 프로이트식의 방어기제의 형태로 나타날 수도 있겠지만 감동이나 깨달음처럼 미학적, 정신적 차원으로 이어질 수 있다. 한편 창작과정에서의 이러한 체험은 감상과정에서도 동일하게 나타날 수 있다. 예술작품의 의미를 이해하고자 도전하는 것은 그 자체로 즐거움을 줄 수 있기 때문이다.

우리가 고전이라 칭하는 모든 작품들이 창작의 시점에서부터 고전이었던 것은 아니다. 그 작품들은 오히려 혁신이었고 파격이었으며 도전이었을 때가 많았다. 르네상스 시대의 단테와 레오나르도 다빈치가 그랬고 낭만주의 시대의 보들레르와 들라크루아가 그랬으며 모더니즘의 세기로 일컫는 20세기의 베케트와 피카소가 그랬다. 우리에게 고전적인 가치를 지니는 작품들은 대부분 기존의 가치에 대한 근원적인 의문에서 출발하여 그 의문에 대한 답을 제시하는 과정에서 탄생한 것들이다.

프랑스의 초현실주의자들처럼 자동기술을 창작의 테크닉으로 사용하던 소수의 예술가들을 제외하고는 예술의 창조과정은 무의식보다는 의식적 수준에시 이루어졌다. 위에 언급된 작가나 예술가들의 창작과정도 자신들이 당면한 실존적인 문제에 대한 논리적이고 합리적인 사고와 접근으로 시작이 되었다. 물론 이들의 창작과정에는 논리 이외에도 감성과 직관 등의 비논리적 요소들도 개입이 되지만 이들이 창조해낸 혁신적인 작품들은 대부분 자신들의 세대까지 예술의 대상으로 인식되지 않았던 것들을 예술에 끌어들이고 또 예술적 표현 방법이 아니라고 생각되던 방식을 과감히 도입해 새로운 논리적 관계로 풀어낸 것들이었다. 예를 들어 사무엘 베케트의 대표작『고도를 기다리며』는 미완성 문장으로 된 제목부터 정체가 불분명한 등장인물, 내용이 없는 줄거리 그리고 기이한 무대배경까지 그 이전의 연극들에게는 낯설기만 한 요소들로 가득 찬 기괴한 연극이었지만 연극미학에 대한 숙고를 거친 기존연극에 대한 반연극으로서의 가치를 인정받아 결국 작가는 노벨문학상을 받게 된다. 노벨상을 받은 이후 이 반연극은 거꾸로 고전이 된다. 비논리가 논리로, 반이성이 이성으로 바뀌는 대표적인 경우다. 결국 부조리극이라 일컫던, 겉으로 보아 반논리적이고 비상식적인 것 같았던 이 작품도 결국은 작가의 의식의 세계에서 철저하게 계산된 작품이었던 것이다.

위너는 자신의 예술심리학에 대한 저술을 마무리하면서 예술의 수수께끼 풀기라는 에필로그를 통해 다음과 같이 적는다.

> 쾌활하고 대담한 태도 역시 예술가들을 특징짓는다. 그리고 예술가들은 실험하고 관습을 타파하고자 하는 욕구를 지니고 있다. 기꺼이 실험을 하고자 하는 의지는 매우 높은 동기수준과 관련되어 있다. 높은 수준의 자아강도, 자율성, 강한 욕구 없이는, 그리고 실패했을 때와 대중들로부터 조롱받았을 때 이를 지탱해 낼 수 있는 능력이 없이는 창조에 필수적인 고통과 훈련의 시간을 견뎌 낼 수 없다(Winner, 2004 ; 536).

위너는 창조하고자 하는 욕구는 지식 탐구와 관련이 있다고 말한다. "왜 창조하는지 물어보면 예술가들은 지식을 얻기 위해서, 그리고 발견하기 위해서, 창조한다고 대답한다." 예술치료행위는 이 예술행위에서 추출되는 창조의 메커니즘을 활용할 필요가 있다. 발견하기 위해, 알기 위해 창작한다면 창작을 통해 발견하고 또 알 수도 있는 것이다. 그리고 그 창작과정은 삶의 의미를 찾는 과정이기도 하다. 그래서 그 과정은 쉽지 않으며 때로는 또 다른 고통을 수반하기도 한다. 창작의 고통은 출산의 고통에 비유된다. 출산은 고통스럽지만 그 고통은 어느 것과도 비교할 수 없는 희열을 안겨준다.

내이턴(Nathan)과 멀비스(Mirviss)는 예술작품을 창조하는 과정에서 얻게 되는 긍정적 효과를 7가지 분야로 나누어 설명한다. 그것은 내면세계의 확장과 자유의 경험이며 내적, 외적 의사소통의 한 방식이고 자기의 일상 세계에서 벗어나 그 세계 밖에서 자신을 관조할 수 있도록 허락해주는 여가이며 자기가치를 찾는 여정이다. 그것은 곧 고통과 아픔에 대한 치유인 것이다. 또한 창조적인 사람의 특성에 관해 분석하면서 호기심과 궁금증, 경험에 대한 개방성, 학습에 대한 즐거움, 모호함에 대한 인내력, 위험감수 등이 창조성과 관련된 직접적인 요인임을 주장한다. 이 특성은 자아정체성의 혼란이나 자존감의 부재 혹은 삶의 의미 상실 등 우리가 앓게 되는 마음의 병의 근본적인 원인들의 발원을 억제하고 긍정의 삶을 살게 해주는 에너지에 다름이 아니다.

미적 체험이란 아름다운 예술품을 만들거나 감상하면서 겪을 수 있는 감동을 말한다. 그것은 단순히 예술작품에 대한 이해가 아니다. 예술작품에 대한 이해가 정서적인 자극으로 이어져 공감하고 분노하며 두려워하거나 찬탄하는 행위를 말하는 것이다. 그리고 이러한 행위의 궁극에는 만족감이 위치해야 한다.

예술행위가 욕망을 충족시킨다고 할 때 그것이 단순한 표현이어서만은 아니다. 그리고 그 때 예술은 표현 중 분출될 수 있는 야만(野蠻)을 제어하기 위한 형식적 안전장치이기만 한 것도 아니다. 예술행위는 미적체험을 추구하는 행위다. 자신이 창작해낸 작품이 아름답다고 느끼는 과정이 있어야 진정한 예술치료다.

예술이 지니고 있는 치료적 힘은 과연 무엇일까? 답은 거꾸로 치료에 있어 예술은 무엇인가를 정의하면서 찾을 수 있다. 지금까지 연구된 국내 연구자들의 연구내용을 정리하면 예술에 대한 시각은 아래와 같이 정리될 수 있다. 첫째, 예술은 안전틀이다. 즉 표현을 위한 안전한 형식으로서의 표현 기술이다. 둘째, 예술은 언어적 표현으로 불가능한 것을 가능케 해주는 효율적 표현 양식이다. 셋째, 예술은 그 창조과정에서 통찰을 경험케 하는 효율적 인지매개도구다. 우리는 이와 같은 예술의 정의에 한 가지를 덧붙이려한다. 예술은 아름다움을 경험하게 하는 미적체험의 통로라는 사실이다. 사실 이 네 번째 속성은 치료에 있어서 예술이 지니는 속성 중 가장 핵심적인 것이다. 이 효용가치는 앞의 세 가지 효용들에 예술치료로서의 의미를 부여해주기 때문이다. 즉 아름다움을 느끼고 경험하는 일, 즉 미적 체험이 없다면 예술치료행위는 작업치료행위와 구별되지 못한다. 미적 체험이 결여된 예술치료에서의 예술은 그저 작업 행위일 뿐이다. 예술치료에서 예술이 음악, 회화, 조각 등 형식적인 면만을 모방한 것이라면 그 의미는 작업치료의 수준을 넘어서지 못한다는 뜻이다. 예술이 예술일 수 있는 것은 아름다움을 추구하기 때문이다. 예술치료에 있어서 예술도 이 본질을 벗어날 수 없으며 또 벗어나서도 안 된다.

6.4. 예술치료의 인문학적 가치

대체의학을 연구하며 진정한 치료행위가 어떤 것인지 누구보다도 많은 고민을 했던 의사 전세일은 의학적 관점에서 우리 사회의 사람들을 세 부류로 나눈다. 건강한 사람과 환자사이에는 건강한 사람도 아니고 그렇다고 의학적 기준으로 환자라고 할 수 없는 사람들이 있는데 그는 이들을 "불건강한 사람들"이라 칭한다. 그리고 우리들 중 대부분은 불건강한 사람이라고 말한다. 예술치료의 대상은 바로 이 불건강한 사람들이다.

불건강한 사람들을 대상으로 하는 예술치료의 경우 그림을 그리거나 악기를 연주하거나 동작을 취하는 과정에서 진행되는 표현이 자신의 내부에 쌓여있던 정체불명의 한을 쏟아내는 일에 멈추어서는 그 치료의 효과가 일시적일 수밖에 없다. 사람들에게 창조적 능력과 동기를 키워주는 일은 예술치료의 가장 중요한 핵심이다. 다시 말해 예술적 능력을 키워 예술적 지능을 향상시키는 일이야말로 어려움을 겪는 사람들이 자신의 난관을 스스로 이겨나갈 수 있는 힘을 키워주기 위해 어떤 것보다도 효율적일 수 있다는 것이다. 예술가이기 위해서는 경험을 기억으로 파악하고 변형시키는 능력이 필요하다. 그것을 우리는 감수성이라 부른다. 그러나 예술가에게 천재적 감수성만이 모든 것은 아니다. 기억을 표현으로 재료를 형식으로 표출시키는 능력도 필요한 것이다. 예술가가 예술에 관련된 모든 규칙, 기술, 형식, 관습들을 완벽하게 이해해야 하는 까닭이다. 그래서 건강한 예술가들은 예술행위과정에서 경험하는 미적체험을 통해 한편으로는 상상의 세계에 몰입할 수 있으면서 다른 한편으로는 현실을 통제할 수 있는 것이다. 이 건강한 예술가들이 경험하는 세계는 예술치료를 받는 내담자들이 경험해야 할 세계이기도 하다. 그 경험을 통해 예술은 갇혀 있는 개인에게 자유를 줄 수 있다. 예술은 인간만이 소유하고 있는 상상할 수 있는 능력, 생각에 대해 생각할 수 있는 능력, 경험과 생각을 공유할 수 있는 무한한 능력을 자극하고 배양하기 때문이다.

이것이 인문학적 치유와 직결되는 예술치료의 지점이다.

참고문헌

강경선(2011), 승화로서 예술의 치료적 기능에 관한 고찰, 예술심리치료연구, 7(3), 21-37.

권용실(2010), 예술심리치료의 효과에 대한 비판적 견해, 2010년 한국예술심리치료학회 춘계학술대회 발표자료집.

이근매(2011), 예술심리치료의 특성과 효과에 관한 연구, 예술심리치료연구, 7(2), 59-81.

이모영(2008), 예술심리치료에서 예술의 창조적 차원에 대한 고찰, 예술심리치료연구, 4(2), 109-129.

이모영(2010), 예술심리치료에서 미적 체험의 치료적 차원에 관한 고찰, 예술심리치료연구, 6(3), 81-104.

임의영(2002), 동작분석의 이론과 실제, 한국예술치료학회 학술대회 자료집.

조용태(2009), 학교에서의 예술심리치료, 2010년 한국예술심리치료학회 춘계학술대회 발표자료집.

Achenbach, Gerd B., Philosophische Praxis, chap. 8 〈Philosophie, Philosophische praxis und Psychotherapie〉, Verlag fur Philosophie Jurgen Dinter, 1987, pp.81-96.

Allison Morehead(2011), The Musée de la folie: Collecting and exhibiting chez les fous, Journal of the History of Collections, 23권 1호, 2011, pp.101-126.

Argé Nathan Anne , Mirviss Suzanne(2011), 창조적 예술치료의 기법, 박희석, 류정미, 윤명희 옮김, 학지사.

Boyer-Labrouche, Annie(2007), Manuel d'art-thérapie, Dunod, ©1992.

Forestier, Richard(2007), Tout savoir sur l'art-thérapie, Favre.

Hill, Adrian(1947), Art versus Illness, Londres, 1945 ; trad. franç. L'art contre la maladie. Une histoire d'art-thérapie, Paris, Vigot.

Jobin Anne-Marie(2002). Le journal créatif : À la rencontre de Soi par l'art et l'écriture. Éditions du Roseau, Canada.

Klein Jean-Pierre, L'art-thérapie. Éd. Hommes et perspectives, France, 1993.

Klein, Jean-Pierre, 프랑스 미술치료, 2002, 한국예술치료학회 7월 월례발표집.

Klein, Jean-Pierre, L'art-thérapie, PUF, 2007.

Ouaknin, Marc-Alain(1994), Bibliothérapie Lire, c'est guérir, Seuil.

Spellmeyer, Kurt, Arts of Living, 2003 : 『인문학의 즐거움』, 정연희 역, Human&Books, 2008.

Winner, Ellen(2004), 예술심리학, 이모영, 이재준 옮김, 학지사.

L'évaluation en art-thérapie, actes du congrès international d'art-thérapie organisé pour le 30e anniversaire de l'Ecole d'art-thérapie de Tours-Afratapem, 2007.

7. 연극치료와 인문치료

연극치료는 예술치료의 여러 분야 중 가장 오랜 전통을 지니고 있다. 히포크라테스 시대의 연극은 이미 치료적 의미가 짙은 행위였다. 그리스시대의 연극 경연대회는 디오니소스 축제의 주요행사였다. 축제의 신인 디오니소스는 치료의 신이기도 했다. 아리스토텔레스의 시학으로부터 인용되는 카타르시스를 언급하지 않더라도 고대 그리스인들이 연극으로부터 치료의 효용을 인정했던 사실은 명확한 듯이 보인다. 특히 아리스토파네스의 모든 코메디는 다양한 강박증 환자들에 대한 치유과정을 그리고 있으며 소포클레스와 유리피데스의 비극들도 정념의 노예가 된 인간들의 비극적 종말을 통해 관객들로 하여금 공포와 연민을 경험하게 함으로써 그들이 비극의 주인공과 같은 정념의 노예가 되는 것을 경계하도록 하였던 것이다. 기원전 422년 공연된 아리스토파네스의 『말벌』은 그 단적인 예다. 이 희극속 인물 브델리크레온은 판결광인 자신의 아버지 필로크레온을 치료하고자 한다. 그러나 어떤 치료방법도 효과를 볼 수 없다. 필로크레온은 오로지 재판정에 나가 판결을 하려는 욕망만 지니고 있다. 브델리크레온은 자신의 아버지가 심한 열등감에 고통을 받고 있고 재판에서의 판결행위는 그러한 필로크레온에게 그 열등감을 잊을 수 있는 일종의 도피행위라는 사실을 깨닫는다. 브델리크레온은 아버지와 협상을 시도한다. 아버지로 하여금 원하는 만큼 판결을 할 수 있도록 하지만 단지 집안에서만 가능하다. 아들은 집안의 정원에 재판정을 만든다. 필로크레온은 열정적으로 판결을 내리고 두 하인은 각각 검사와 집행관 역할을 맡는다. 그러나 필로크레온은 판결을 하면서 법률 해석상의 실수를 범하고 그 사실에 몹시 속상해한다. 그리고 연극의 후반부가 진행된다. 아들은 아버지를 위로하고 아버지가 휴식을 취할 수 있도록 유도한다. 아버지는 판결의 강박에서 벗어나 삶의 기쁨을 다시 누릴 수 있게 된다. 아버지는 연극 속 연극이라 할 수 있는 재판행위를 통해 자신의 고통의 원인이었던 열등감으로부터 벗어남으로써 판결의 강박으로부터 치유될 수 있었다. 이 연극의 주제는 연극치료였던 셈이다. 그리스와 더불어 서구 고대문명의 양축을 이루는 고대 로마에서도 카엘리우스 아우렐리아누스라는 의사가 아리스토텔레스의 카타르시스 이론에 기초하여 연극의 치유적 기능을 인정하고 흑담즙의 과다로 발생하는 멜랑콜리 증상의 치료를 위해 코메디 관람을 처방했다고 한다.[20]

현재 한국에서도 연극치료는 미디어의 치료관련프로그램에 자주 언급되고 또 그 치료과정이 일부 공개되기도 하면서 일반인들에게도 결코 낯선 분야가 아니다. 우리가 이러한 연극치료를 인문치료적 관점에서 다시 조망하고자 하는 이유는 연극치료와 동의어로 혼동되고 있는 사이코드라마와의 변별점을 확인해 보기 위해서다.

20 F., Lizion, *Une expérience d'art-thérapie à dominante théâtre auprès de personnes victimes de traumatismes psychiques*, Tours, 2011, p.31.

7.1. 연극치료와 사이코드라마

연극치료는 흔히 사이코드라마와 혼동된다. 하지만 둘은 다르다. 사이코드라마는 연극치료의 한 분야이지만 동시에 연극치료의 모태이기도 하다. 모레노를 창시자로 하는 사이코드라마는 1920년대부터 시작이 되었지만 연극치료라는 말이 일반적으로 통용되기 시작한 것은 1980년 즈음이다. 영국연극치료협회(BDA)가 결성된 것은 1979년이며 미국의 전미연극치료협회(NAD)가 결성된 것은 1982년이다. 사이코드라마보다 늦게 출발한 연극치료에서는 연극과 치료라는 두 개념을 사이코드라마에서 보다 더 넓은 의미에서 정의하려 한다. 사이코드라마가 코메디아 델아르테식의 즉흥극(impromptu)의 개념을 도입한 전통연극의 형태를 취하면서 알코올중독이나 신경증 환자의 증상완화를 목적으로 하고 있는 반면 연극치료에서는 연극을 일상의 동작까지 아우르는 거의 모든 퍼포먼스로 확장시키면서 치료의 영역에 발달과 유희까지 포함시키고 있다.

연극치료(Dramatherapy)는 데이빗 존슨에 따르면, "다른 예술치료(미술 음악 무용)처럼 창조적 매체를 심리치료에 활용하는 것이다. 즉 내담자와 치료자 간에 치료적 이해가 확립된 상태에서 치료목표가 진행되는 활동의 우연한 부산물이 아니라 그에 우선하는 그런 활동을 말한다".[21]

이러한 일반적인 정의에 비해 앞서 언급한 BAD와 NAD의 연극치료에 대한 정의는 좀 더 구체적이다. 전자에 따르면 연극치료는 "사회

21 로버트 랜디, 『연극치료』, 이효원 옮김, 울력, 2002, p.93.

적, 심리적 문제와 정신 질환 및 장애를 이해하고 증상을 완화시키며 상징적 표현을 촉진하는 수단으로 그것을 통해 내담자들은 음성적이고 신체적인 소통을 유발하는 창조적 구조 안에서 개인과 집단으로서 자신을 만날 수 있다." 그런가 하면 후자에게 연극치료는 "증상 완화, 정서적이고 신체적인 통합, 개인의 성장이라는 치료 목표를 성취하기 위해 의도적으로 드라마/연극을 활용하는 것이다."[22]

일반적으로 연극치료의 목표는 심리적인 문제에 대한 인식을 높이고 즉흥성과 창조적 사고의 기술을 발달시키며 신체운동 및 미적 행위 그리고 그와 유사한 접근방식을 포함해서 역할의 레퍼토리를 확장하는 것이다. 초기 발전 단계에서 연극치료는 환자로 하여금 관습적인 연극이나 뮤지컬을 공연하도록 돕는 것이었다. 1960년대 즉흥극에 대한 모레노의 아이디어의 영향을 받아 연극치료는 한 단계 더 발전하게 된다. 고조되던 모레노의 영향으로 1964년 3월 프랑스의 파리에서 최초로 국제사이코드라마학술대회가 개최되기도 하였다.

사이코드라마가 우리나라에 소개되어 치료에 적용된 시점은 그리 오래되지 않았다. 사이코드라마를 한국에 최초로 소개한 것은 1969년 한동세인 것으로 알려져 있으며 1973년 이화여대병원에서 개최된 정신의학회 월례학술집담회에서 강준상에 의해 첫 사이코드라마 발표가 있었던 것으로 알려지고 있다. 그 후 1974년부터 정신과 병원에서 오영진, 유석근, 이근후 등에 의해 실제 치료현장에서 활용되기 시작하였다.[23] 소극적으로 운영되던 사이코드라마는 1994년부터 최헌진이

---

22 앞의 책, p.92.

23 김정일, 『사이코 드라마』, 살림, 2004, p.10.

한국 최초로 '사이코드라마지도자과정(초급, 중급, 고급)'을 운영하면서 상담이나 임상현장에 있는 많은 임상가들이 본격적으로 관심을 갖는 장르가 된다. 그 이듬해 최헌진과 그 제자들이 '한국사이코드라마연구회'를 만들어 약 100여 명의 회원을 확보하면서, 1996년 8월에는 모레노의 부인 젤카 모레노를 한국에 초청, 특별 워크샵을 개최했다. 그 후 한국에 사이코드라마에 관심을 갖는 사람들이 많아지면서 1997년 2월에 '한국사이코드라마학회'(현재 '한국사이코드라마/소시오드라마학회')가 창립되었다. 최근에는 정신과 의사 외에도 임상심리사, 사회사업가, 그리고 간호사 등 다양한 직업군에 속한 사람들이 디렉터로 활동하고 있고, 그 외에도 교정시설, 지역 상담센터, 각급 학교의 상담센터 등에서 활발하게 사이코드라마와 소시오드라마가 실시되고 있다.

그러나 사실 현재 우리나라에서 연극치료와 사이코드라마는 그 경계가 분명치 않다. 그 이유는 첫째, 두 개념의 분리된 정의와는 달리 실질적으로 현실에서 행해지고 있는 치료방법은 서로 구별되지 않고 혼용되는 경우가 많기 때문이다. 예를 들어 한국사이코드라마, 소시오드라마 협회에서는 공연예술치료전공분야를 신설하여 연극치료와 무용치료를 교육하고 있으며 미술치료, 음악치료, 무용치료 등을 아우르는 통합적 형태로 사이코드라마를 진행할 수 있도록 훈련 하고 있다. 다시 말해 사이코드라마는, 연극치료 전문가들이 연극치료를 사이코드라마와 구별하기 위해 설정하는 범위를 넘어서서 연극치료와 실질적으로 그 내용을 공유하고 있는 것이다.

둘째 이유는 보다 근본적인 것이다. 세계의 곳곳에 연극치료협회나 학회들이 결성된 지 30년이 흘렀지만 이 협회나 학회에서 제시하고 있는 연극치료 이론들이 사실상 모레노의 사이코드라마 이론을 기초하고 있다는 사실이다. 연극치료를 사이코드라마와 변별하려는 일부 학자들의 의도에도 불구하고 연극치료는 이론적으로 그리고 실제에 있어서도 여전히 모레노의 사이코드라마 이론에 절대적인 빚을 지고 있다.

7.2. 모레노 사이코드라마의 중심개념

사이코드라마를 이해하기 위해서는 모레노가 연극행위로부터 치료를 위해 추출한 두 개의 개념에 대한 이해가 선행되어야 한다. 하나는 아리스토텔레스 이후 연극적 논쟁에서 지속적으로 회자되고 있는 카타르시스고 다른 하나는 니체로부터 프로이트를 거쳐 아르토에게서 공통적으로 드러나는, 재연(representation)으로서의 연극이 아닌 '허구적 자기 분출의 장'으로서의 연극이라는 개념이다.

사이코드라마는 드라마의 형식을 빌려 심리적으로 질병을 지닌 사람들을 치료하기 위해 창조된 일종의 정신치료방법이다. 그러나 현대에 들어 사이코드라마는 아동들의 발달을 위해서는 물론 다양한 연령층 및 계층의 정신건강을 확보하기 위해 실행되는 프로그램들에서 광범위하게 적용되고 있다. 또한 사이코드라마는 어떠한 연극보다 쉽게 접근할 수 있는 연극의 한 장르이기도 하다. 정신의료를 담당하는 기관에서뿐만 아니라 문화원이나 혹은 유치원에서 즉흥 연극이라는 주제로 많은 사람들이 경험하고 있다. 다시 말해 그 어떤 연극의 장르보다도 많은 사람들이 경험하고 있는 연극의 한 형태라고 할 수 있는 것이다. 자신들이 직접 참여한 경험이 있는 사람들의 경우 그 경험을 오히려 연극적 경험이라고 생각하지 않는 것은 아마도 아마추어인 본인이 시도했던 그 연행이 연극이라고 할 수 없을 것이라 판단하기 때문일 것이다. 그러나 사이코드라마에서 관객과 배우의 경계선이 없다는 점은 연극의 본질적 형태, 즉 샤머니즘의 연행이 연극의 시작을 알리던 시절의 모습과 가장 가까운 모습이기도 하다.

아리스토텔레스는『시학』을 통해 비극의 가장 중요한 요소 두 가지를 강조한다. 하나는 비극의 제작과정에 있어서의 그 재미를 극대화시킬 수 있는 극작법 차원의 '드라마적 요소인 플롯plot/intrigue'이고 또 하나는 비극을 참관한 관객이 경험할 수 있는 효과로서 카타르시스였다. 전자는 극의 진행 중에 맛볼 수 있는 재미를 제공하며 후자는 극이 끝난 후에 여운을 제공한다. 아리스토텔레스는 비극은 관객들에게 공포와 연민을 불러일으켜야 하며 이 감정들을 통해 인간이 지니고 있는 정념이 순화될 수 있다고 믿었다. 이 정신적 승화과정을 그는 카타르시스라고 부른다.

프로이트에게도 카타르시스는 정신치료에 있어 중요한 요소였다. 프로이드는 아리스토텔레스의 정의와는 다르게 억눌린 자아를 해방시키는 일을 카타르시스라고 정의한다. 히스테리를 치료하는 과정에서 그의 치료목표는 어떠한 감정을 정화시키는 것이 아니라 억눌려 있던 감정을 겉으로 드러낸 후, 지금까지는 부인해오던 것을 자기 자신의 판단을 근거로 하여 다시 인정하거나 거부하도록 하는 것이다. 프로이트에 의하면 이드와 수퍼에고의 갈등으로 인해 에너지가 구속되고, 문제가 되는 갈등은 에고에 의해서 억압되거나 차단된다. 프로이트에게 있어 치료는 이 차단된 에너지를 방출시키는 일이었다.

한편 사이코드라마에 영향을 미친 연극에 대한 또 다른 새로운 시각은 니체의 것이었다. 1871년 니체는 연극이 단순한 현실의 모방이라는 아리스토텔레스적 정의를 넘어서 새로운 시각을 제시한다. 니체에게 연극의 장면들은 관객 개인의 변환의 욕구를 충족시켜줄 수 있는 상상의 세계다. 그는 비극의 탄생에서 이렇게 말한다.

> 호머의 묘사가 지니는 그 어떤 것과도 비교할 수 없는 명확함은 어디에서 오는가? 그것은 그의 사물을 보는 관점의 명료함으로부터 나오는 것이다. 우리가 그렇게 모호한 방식으로 시를 논하는 것은 우리가 모두 한심한 시인들이기 때문이다. 사실 미학적 현상은 단순한 것이다. [...] 다른 사람의 몸과 영혼을 통해 살고 행동하면서 스스로 변신하고픈, 거부할 수 없는 충동을 느끼는 것, 그것이 연극에 있어 미학적 현상이다.[24]

연극 배우는 다른 사람의 육체 안에서 변신을 한 채 행동하는 사람이다. 니체에게 비극의 가치는 단순한 카타르시스에 있는 것이 아니라 변신을 위한 장으로서 상상의 세계 속에서 다른 사람의 삶을 사는 행위가 가능한 공간이라는 점에 있다.

심리적 차원에서의 연극적 가치에 대한 주장 중 우리가 또 주목해야 할 것은 아르토의 잔혹극이다. 아르토는 잔혹극에 관해 설명하면서 관객들에게 연극의 모든 규칙과 논리적 지성으로부터 자유로워질 것을 요구한다. 그에 의하면, 연극은 이야기 전개가 가져다주는 논리적 상황에 대한 반응을 야기하기보다는 감정의 격동을 통해 표면으로 드러나게 되는 내면의 잊혀있던 이미지에 대한 반응을 이끌어낼 수 있어야 한다. 아르토의 연극은 어떤 상황에 대한 재현이 아니고 무의식

---

24 F. Nietzsche, *La naissance de la tragédie*, trad. G. Bianquis, Paris, Gallimard, 1962, Chap. 8 〈L'origine de la Tragédie〉, p.80.

세계에 존재하는 이미지들을 이끌어내는 창조적 행위였던 것이다.

모레노는 연극에 대한 이 같은 새로운 시각들을 모두 사이코드라마에서 적용시켜 응용하였다. 위에 언급되었듯이 모레노에 의해 창시된 사이코드라마는 자발성을 핵심으로 하는 즉흥극이다. 자발성과 즉흥극이라는 두 개념은 사이코드라마의 핵심이다. 즉흥성에 대해서는 우리나라에서 행해지는 사이코드라마들도 그 개념을 잘 적용시키고 있지만 자발성이라는 부분에 대해 간과하고 있는 경우를 적지 않게 발견할 수 있다. 모레노는 사이코드라마가 '연극적 방법을 통해 인간존재의 진실을 조명하고 인간이 처한 환경의 현실적인 측면을 탐구하는 과학'이라고 주장한다.[25] 이때의 진실 혹은 주관적 진실이란 현실의 기준에 의한 객관적 진실 또는 논리적 진실이 아니라 인간 개인마다 내면에 지닌 자기만의 진실, 다시 말해 지금 이 순간 내적으로 표현되었건 표현되지 않았건 간에 그 개인이 지닌 생각과 느낌 그리고 판타지와 꿈의 구체적인 실체를 말하는 것이다.

결국 모레노에게 사이코드라마는 자신의 실제생활에서 좌절당한 상황이나 자기실현의 소망 등 자신이 직면하고 있는 모든 문제들을 연기해봄으로써 개인의 문제를 해결하고 그 안에서 자기를 회복하며 행위 하는 힘을 기르는 것이다.

---

25 J.L. Moreno, *Psychothérapie de groupe et psychodrame,* trad. A. Ancelin-Schützenberger, Paris, PUF, 2007.

7.3. 사이코드라마의 적용과 현실적 문제

이러한 사이코드라마의 진행과정에서 참여자들의 자발성은 필수적인 요소가 된다. 즉 창조성과 자기노출 등 자신의 문제를 기꺼이 행위화(acting-out)하려는 준비가 되어있어야 하는 것이다. 그리고 주인공의 갈등 문제들이 바로 '지금여기'에서 일어나는 것처럼 재현되어야 한다는 점에서 현재성이 매우 중요하다.

사이코드라마의 진행은 크게 3단계로 나뉜다. 첫 번째 단계는 '워밍업'으로 참여자들이 긴장을 깨고 자발적으로 드라마에 빠질 수 있도록 분위기를 조성한다. 두 번째 단계는 '행위화'로 선출된 주인공이 무대에서 자신의 문제를 행동으로 옮기는 단계다. 세 번째 단계는 '쉐어링'으로 참여자와 관객이 드라마를 통해 접한 경험과 느낌을 서로 나누는 단계다. 그런데 우리가 미디어를 통해 접하는 대부분의 사이코드라마들은 많은 경우 행위화에 지나치게 큰 비중을 두고 있다. 그리고 "행위화는 곧 카타르시스"라는 등식이 성립될 정도로 대부분의 경우 카타르시스적 해방감을 맛보게 만드는 행위가 치료행위 특히 이 행위화의 거의 대부분을 차지한다. 특히 가장 의미가 있는 단계는 행위화가 진행된 후 이에 대한 참여자와 관객의 의견을 들어보는 쉐어링 단계인데 미디어를 통해 소개되는 사이코드라마들의 경우는 이 단계가 생략되거나 혹은 축소된다. 미디어의 특성상 극적인 장면의 그림을 잡을 수 있는 행위화과정이 강조되고 그 나머지 순간들은 카메라로부터 홀대당하기 때문이다. 사이코드라마의 3단계는 치료행위가 완성되기 위해 그 어느 한 단계도 생략되거나 축약되어서도 안된다.

카타르시스는 프로이트의 무의식에 관한 논의 이후 정신치료에 있어 중요한 요소로 인식되어왔다. 카타르시스의 효능을 옹호하는 사람들은 이 강렬한 정서적 정화의 효과를 확신한다. 하지만 이러한 확신을 모든 사람들이 공유한 것은 아니었다.

카타르시스가 가장 자주 적용되는 정신역동치료에서도 카타르시스라는 행위를 통해 치료가 완료된다고 본 것은 결코 아니었다. 카타르시스와 더불어 치료행위는 소산(消散, abreaction)을 통해 마무리되어야 한다. 그래야만 정신역동치료에서 주장하듯이 특정 사건이나 갈등과 연계된 감정의 뭉치가 무의식으로부터 분출되어 의식수준에서 환기되고 표현됨으로써 해소될 수 있는 것이다. 일상 언어적 표현으로 하자면 '카타르시스란 뭔지 모를 울분을 토해내어 속을 시원하게 하는 것'인데 감정을 일으키는 갈등이 우리의 마음 속에 내재되어 있는 한, 한 두 차례에 걸쳐 진행된 감정의 격발로만은 그 갈등으로 인해 유발된 정서적 고통에서 완전히 해방될 수 없다. 따라서 중요한 것은 배설 차원의 카타르시스가 아닌 이해와 수용을 통한 승화적 차원의 카타르시스를 거쳐 부정적 감정의 원인이 된 갈등을 해소시키는 것이다. 그 단계를 거쳐야 비로소 치료의 효과가 지속될 수 있는 것이다.

현재 다수의 수용시설의 수용자나 혹은 개별적 의지를 가지고 모인 집단을 대상으로 시행되고 있는 속성 힐링프로그램에서 흔히 볼 수 있는 배설적 카타르시스만을 강조한 어설픈 사이코드라마는 사실상 정서의 순화와 더불어 소통능력 습득 지원의 기능을 갖추어야 하는 치료 연극의 두 요소를 충족시키지 못하는 행위다. 사이코드라마는 개인이 자신의 문제를 말 대신 행동으로 표현하는 방법이기도 하지만 동시에 세상과의 소통을 위해 갖추어야 할 소양을 습득하는 교육의 장이 되어야 한다. 모레노도 사이코드라마의 이 같은 기능이 카타르시스 이상으로 중요한 기능임을 인정하고 있다. 모레노는 사이코드라마의 카타르시스가 신체적이나 정신적인 차원, 그리고 개인이나 집단적인 차원에서 진행될 수 있다고 구분한다. 카타르시스에 의한 정서의 정화작용을 통해 기대될 수 있는 효과는 첫째, 불안 및 긴장의 완화와 갈등의 해결이며 둘째, 감정의 해방과 통찰이고 셋째, 과거의 강렬한 재현적 삶을 통한 지금 이곳에서의 진정한 삶의 획득이고 넷째, 개인적, 사회적 공동체의 제의식, 그리고 마지막으로 종교적 미적 경험을 통한 순화다.[26]

모레노에게 카타르시스란 환자가 우선적으로 극도의 긴장상태에서 반복되는 흥분과 저항을 거쳐 정점에 이른 정서와 감정이 넘쳐흐름으로써 감각의 기저에 억눌려 있던 응어리가 표출된 후에 경험하게 되는 홀가분한 상태지만 그것으로 치료가 완성되는 것은 아니다. 오히려 카타르시스를 경험하는 시점은 치료를 위한 준비가 완료된 시점이라고 보는 것이 옳다. 얄롬은 그의 치료 요인에 대한 비교 연구에서, "정서의 공개적인 표현은 집단치료 과정에서 지극히 중요하다. 즉 이것이 없이 집단상담은 아무 것도 얻을 수 없는 이론적인 연습일 뿐이다. 하지만 그것은 단지 일부 과정이고 다른 요인들에 의하여 보완되어야만 한다"고 결론을 내린다.[27] 모레노도 카타르시스의 경험이 소

26 J. L. Moreno, *Psychothérapie de groupe et psychodrame*, Paris, PUF, 1965 ; édition poche, coll. Quadrige, Paris, PUF, 1987.

27 얄롬은 개인 및 집단치료의 과정에서 치료의 효과에 영향을 미칠 수 있는 요인들을 각각 11가지와 12가지로 나열하면서 카타르시스를 그 중에 한 요소일 뿐이라는 사실을 환기시킨다. I. Yalom, *Inpatient Group Psychotherapy*, basic bool, 1983.

산과 의식화, 인지영역의 확대 등을 수반하여 인격의 재구성을 가능케 하는 시점이 된다는 점을 강조하고 있다. 사이코드라마는 이완과 경감이라는 카타르시스과정을 거쳐 통합과 정돈(훈습)과정을 경험함으로써 완성될 수 있는 것이다. 제르카 모레노의 표현에 의하면 "표현 이후의 제어"가 가능할 수 있는 단계까지 갈 때 비로소 완전한 치료기제로서의 사이코드라마가 완성되는 것이다. 결국 카타르시스는 수단이다. 치료를 위한 연극행위에서 어느 순간도 그 자체가 목적이 될 수는 없다. 카타르시스는 내적 에너지의 분출이지만 치료는 내적 에너지의 분출만으로 완성될 수는 없기 때문이다. 특히 인문치료가 추구하는 건강한 모습은 자기내적 갈등이 해소되는 과정에서 외부와의 상호작용을 통해 외적으로 표출 될 때 그것이 정상범주의 소통 형태로 표현되는 모습이다. 솜 방망이질을 하거나, 북을 광적으로 두드리는 일, 혹은 악을 쓰거나 노끈을 당겨대는 일 같이 사이코드라마라면 반드시 포함되어야 할 것처럼 여겨지고 있는 일련의 행위들은 부정적 에너지를 분출시킨다는 의미에서 순간적인 통쾌함과 응어리의 해소 효과가 있을지는 모르지만 그 현상을 치료라고 부르기에는 너무 급작스럽고 또 동시에 그 효과의 유지시간도 너무 짧다.

거의 모든 정신 수양을 위한 수련에서는 마음의 평화를 얻기 위해 무념무상과 무욕의 상태에 도달하는 것을 목표로 삼는다. 사실 누구나 살면서 가끔은 순간적으로 이러한 경지를 경험한다. 숨이 턱에 차도록 헉헉대며 올라온 산 정상에서 저 아래를 바라볼 때, 혹은 생각지도 못한 지인의 죽음 앞에서 인생무상을 느낄 때 우리는 잠깐 무념무상과 무욕의 상태에 도달하기도 한다. 그러나 문제는 그 상태가 유지되는 시간이 몇 초에서 길어보아야 몇 분밖에 안 된다는 것이다. 24시간 중 나머지 시간동안 우리는 잠깐 경험했던 열반의 경지로부터 한참 멀어져 아등거리며 사는 모습으로 되돌아온다. 사이코드라마의 카타르시스를 통해 얻는 해소의 효과도 예외적인 경우를 제외하면 이러한 순간보다 더 길지 않다.

7.4. 인문치료로서의 연극치료

우리는 앞서 인문치료에서 현대인들의 안녕을 방해하는 가장 큰 요소 중 하나가 소외의 문제이며 그 소외를 극복할 수 있는 능력을 배양시키는 일이 인문치료 행위의 근간임을 이야기한 바 있다. 소외를 극복하는 능력은 소통의 능력과 비례한다. 여기서 말하는 소통은 단순히 메시지를 전달하는 대화만을 의미하는 것이 아니다. 우리가 말하는 소통은 인간이 관계하는 모든 것과의 상호작용을 통칭한다.

한편 소통하는 능력도 다른 발달 요소들처럼 성장과 더불어 발달하게 된다. 이 발달이 정상적으로 이루어진 경우 우리는 소통에 문제없이 정상적인 생활을 할 수 있다. 반면 성장기에 소통하는 법을 습득하지 못하면 소통에 문제가 생길 수 있다. 이렇게 생긴 소통의 문제로 인해 생겨나는 어려움들을 당사자 스스로 해결할 수 없을 때, 다시 말해 소통의 능력이 부족하여 도움을 필요로 할 때 그 도움을 주는 일이 인문치료 행위다. 연극이 인문치료의 범주에 포함되기 위해서는 이와 같은 인식을 공유하며 단순한 감정격발장치로서의 자극 도구가 아니라 생각하고 그 생각을 구상화하는데 도움을 줄 수 있는 인지매개체로서의 역할에 전념해야 할 것이다.

카타르시스는 개인의 자기표현을 촉진하고 자발성을 높이기 위한 극적 수단이다. 인문치료의 치료원리와 방법을 적용한 연극치료에서 카타르시스는 심리적이고 사회적인 갈등 양상들과 자기 안에서 서로 충돌하는 생각과 말 그리고 느낌들이 어떻게 공존할 수 있는 지를 이해하는 능력의 제고까지 연결되어야 한다. 즉 '페다고지pédagogie'가 있어야 하는 것이다. 카타르시스로 인한 비어 있음의 상태에서 그 부분을 채워야 할 것은 그 정서적 혼란을 복원할 대응전략의 학습이며 대인관계에 대한 인식의 변환과 실질적인 소통기술의 습득 등이 필요하다. 다시 말해 감정의 문제로 시작되어 감정의 표출로 정점에 다다르는 사이코드라마의 완성은 감정과 인지의 결합을 통해 마무리될 수 있는 것이다. 파울로 프레이리의 교육론이 말하는 페다고지에는 서로가 공동탐구자가 되는 '문제제기식' 교육, 문제제기식 교육을 실행하는 데 있어 빠질 수 없는 교육방법인 '대화와 반(反)대화' 교육, 그리고 마지막으로 이론적 실천을 의미하는 '프락시스(praxis)'가 핵심이다. 이 과정에 인문치료의 소통이론이 개입될 수 있다. 그리고 페다고지를 포함한 소통이론이 결합된 연극치료만이 인문치료와 치료철학을 공유할 수 있다.

연극치료는 "투사를 통한 상징적이고 은유적인 접근이 모든 기제의 기초가 된다. 이 방식은 적나라하게 해부되는 자기 모습을 직면할 준비가 채 되어 있지 않거나 그것을 원하지 않는 사람들에게 허구라는 거울을 통해 좀 더 안전하고 여유 있게 자신과 대면할 수 있는 기회를 제공하며, 또 상징과 은유만이 줄 수 있는 다양한 통찰로 이끌어주기도 한다." 이렇게 허구와 은유가 개입되는 연극치료는 이미 문학이 그 중심에 있는 인문치료와 접점을 갖는다. 특히 요즘 현장에서 실시되고 있는 사진과 동영상 등 다양한 매체를 활용한 연극치료에서 볼 수 있듯이 연극치료는 인문치료와의 접점을 자연스럽게 찾아가고 있다. 스토리텔링으로서의 이야기하기, 자전적 글쓰기로서의 자기묘사 등은 인문학적 치유를 위한 대표적인 방법이기 때문이다.

7.5. 예술치료로서의 연극치료

마지막으로 생각해 보아야 할 것은 지금 현재 존재하고 있는 모든 형태의 연극치료가 예술치료의 한 분야로 인식되고 있고 그 예술치료는 영미문화권에서 만들어진 예술치료의 개념에 절대적으로 영향을 받고 있다는 사실이다. 영미문화권에서 예술치료는 '예술을 활용한 심리치료'의 다른 말이다. 그래서 예술치료 매뉴얼에는 언제나 정신분석에서부터 행동주의를 거쳐 인지주의에 이르기까지의 심리학의 역사가 그 기본 골격이 된다.

그러나 예술인 연극을 그 중심에 두고 있는 연극치료가 예술치료의 한분야로서 독자성을 확보하기 위해서는 심리치료의 하부개념에 머물러서는 안 된다. 전 세계적으로 예술치료가 점차 그 사회적 역할을 늘려가고 있는 상황에서 2013년 말 예술치료가 가장 활발하게 이루어지고 있는 나라중 하나인 캐나다에서 예술치료사에 의한 심리치료를 금지한 법안이 통과되었다. 이제 캐나다에서는 예술치료사의 이름으로 심리치료를 수행하는 일은 불법이 되었다. 이 법안이 시사하는 바는 크다. 심리치료도 예술치료도 아닌 어정쩡한 행위로 인해 선무당 사람 잡는 일을 벌일 수 있는 가능성에 대한 경계의 의미이기 때문이다. 이제 연극과 음악, 그리고 미술과 무용 등이 개입된 치료행위는 예술치료인가 예술을 활용한 심리치료인가 선택을 분명히 해야 하는 상황이 된 것이다. 우리의 논의가 진행되는 맥락에서 보면 결국 이 문제는 연극치료가, 심리치료의 한 방법론으로 인식되고 있는 사이코드라마와의 변별성을 분명히 확보해야 하는 이유를 제시하는 것이다. 이 점에 있어 우리는 프랑스에서 성공적으로 수행된 예술치료의 심리치료로부터의 독립에 주목할 필요가 있다. 사실 프랑스 예술치료협회에서 강조하고 있는 것 중에 하나가 예술을 활용한 심리치료와 예술치료의 차이다. 프랑스에서 예술치료의 선구자로 인식되고 있는 포레스티에는 예술치료와 심리치료가 구별되는 가장 큰 변별점은 육체에 대한 입장이라고 말한다. 심리치료에서는 대상자와 치료자간에 소통이 심리적 방식을 통해 이루어진다면 예술치료에서는 육체가 그 중심에 선다. 예술치료에서는 심리의 분석보다는 그림을 그리고 악기를 연주하며 글씨를 쓰고 춤을 추는 행위 등 몸의 움직임을 통해 정서를 표현하고 안정시킨다. 포레스티에는 예술치료와 예술을 활용한 심리치료도 구분한다. 이 둘 간의 차이는 상담과정에서 내담자가 만들어낸 창작물에 대한 치료자의 해석여부다. 예술치료의 목적은 대상자의 표현능력을 키워주는 것이므로 그 표현된 결과에 대한 치료사의 분석 작업은 불필요한 행위다.

현재 우리나라에서 진행되고 있는 대부분의 연극치료의 형태는 사이코드라마의 형태를 띠고 있거나 혹은 그 변형이다. 하지만 사이코드라마가 예술치료가 되기 위해서는 부족한 것이 하나 있다. 사이코드라마는 예술적 측면에 대한 고민을 하지 않는다. 예술치료가 단순한 작업치료ergotherapy와 구별되는 가장 큰 특징이 예술과 기술의 차이듯이 예술치료인 연극치료는 사이코드라마와 달리 예술적 가치를 포기해서는 안 된다. 예술치료에서의 예술의 본질은 미학적 차원에서 바라보는 예술의 본질과 크게 다르지 않다. 예술치료에서도 치료과정에서 진행되는 작업을 통해 아름다움을 느끼는 미학적 긴장과 즐거움은 반드시 필요한 것이다. 물론 여기에서 말하는 아름다움이란 참여자가 느끼는 주관적 아름다움이다. 우리는 누구나 나름의 기준으로 아름다움을 판단한다. 누군가에게는 촌스럽게 느껴지는 천연염색 개량한복이 다른 사람에게는 자연의 넉넉함과 고향의 푸근함을 담아놓은 아름다운 옷으로 보일 수도 있다. 혹은 달동네 벽에 새겨 넣은 그래피티가 앙리 마티즈의 〈푸른누드〉보다 더 큰 미적 충격을 줄 수도 있다. 이러한 아름다움에 대한 주관성의 문제는 감상의 과정뿐 아니라 창작의 과정에서도 나타날 수 있다. 장승업이나 김유정이 예술적 고뇌의 과정을 통해 시를 완성하고 그림을 그려냈을 때 느꼈을, 자긍심과 행복감은 예술치료과정에서 완성의 단계에 도달했을 때 참여자들이 느껴야 하는 미학적 경험이다. 이러한 과정이 결여된다면 그것은 진정한 의미의 예술치료라고 할 수 없다.

예술치료사의 일은 참여자들이 '심미적 구현'의 경험을 할 수 있도록 그들의 미적 취향을 발견하도록 이끌고 또 나름대로의 스타일로 그 취향을 표현할 수 있도록 도와주는 것이다. 쉬운 일이 아니다. 이를 위해서 예술치료사에게는 예술적 지식과 감각 그리고 대상자에 따라 상황을 판단하여 치료의 방향을 설정할 수 있는 유연성을 갖출 수 있도록 하는 경험 및 전문지식이 필요하다.

연극을 활용한 예술치료도 이러한 원칙에 대해 예외가 될 수 없다. 연극치료에는 연기를 하거나 대본을 쓰면서 또는 무대를 꾸미거나 음향 효과를 만들어내면서 참여자들은 완성도를 높이려는 노력과 기술의 습득을 통해 자신들 스스로 아름다움을 추구하면서 느낄 수 있는 희열을 맛볼 수 있도록 하는 장치가 반드시 있어야 한다. 때문에 연극을 매개체로 하는 예술치료사는 반드시 연극의 전문가여야 한다.

현재 연극을 매개로 하는 예술치료가 심리치료의 이론적 영향으로부터 완전히 자유로울 수는 없다. 인간을 '과학적'으로 연구하고자 출발한 심리학은 인문학에서 출발했지만 과학적이라는 단어의 개념이 협소화되면서 점차 인문학으로부터 멀어지고 있는 듯한 느낌을 받는다. 심리학이 추구하는 과학적 기준이 수치화되면서 인간의 본질이자 가치인 다양성은 무시될 수밖에 없다. 이러한 치료철학 및 환경 하에 진행되는 각종 상담과 치료에서 그 대상은 보편적인 인간 일반이지 개별자로서의 인간은 아니다. 심지어 현재 진행되고 있는 대부분의 사이코드라마는 손가락으로 헤아릴 수 있는 몇 가지의 공통기법으로 다양한 원인의 정서적 문제를 겪고 있는 다양한 사람들을 대상으로 거의 규격화되어 있는 치료과정을 적용한다.

연극을 비롯한 예술의 본질 중 그 어떤 본질보다도 우선하는 것은 아름다움에 대한 관심이다. 사이코드라마의 창시자 모레노는 의사이자 프로이트의 제자였다. 그가 사이코드라마를 창안한 이유는 정신과 의사로서 심리치료를 효과적으로 진행하기 위함이었다. 모레노의 주장 속에서는 예술로서의 연극의 가치에 대한 사유와 치료에 있어 그 가치의 적용가능성을 고민한 흔적은 거의 찾아 볼 수 없다. 모레노의 사이코드라마가 강조하는 것은 드라마Drama보다도 사이코Psyche다. 다시 말해 그의 시대와 자신의 직업과 관련된 세계였던 프시케Psyche의 세계가 그의 관심사였던 것이다. 육체Physique의 세계에 국한되어 있던 서구의 의학이 프시케의 세계로 그 지평을 확대하던 시기에 그의 관심사는 드라마의 형식을 활용한 프시케 세계의 탐험이었다.

21세기 우리는 20세기를 점령했던 과학만능주의의 한계를 경험하고 있다. 특히 프시케의 세계에서는 육체의 세계에서와 달리 인간에게 일어나는 현상들을 보편화 수치화하기 어렵다는 점에 많은 사람들이 공감하고 있다. 예술치료라는 새로운 장르가 각광을 받는 것은 바로 이러한 흐름 때문이다. 의학과 심리학이 차례대로 시도했던 개별자로서의 인간이 아닌 집단의 대표단수로서의 일반적 인간에 대한 접근은 결국 한계에 봉착했다. 행동주의의 전성기에 동물실험 결과를 근거로 추론하여 인간을 설명하려 했던 시도들은 그럴듯했으나 결국 적절치 못했음이 드러났다. 인간은 동물과 다르다. 인간은 그 개체의 다양성에 있어 동물과 비교될 수 없기 때문이다. 특히 프시케의 세계에서 이러한 현상은 두드러진다. 인간을 다른 종의 동물들과 구별해주는 가장 큰 특징은 바로 이 프시케 세계의 다양성과 광범위함이다. 21세기 연극치료는 따라서 19세기적 개념의 인간관에서 출발하는 사이코드라마와는 그 출발점을 달리해야 한다. 극도로 다양한 프시케의 세계를 유형화하려는 오류를 결코 범하지 않겠다는 다짐으로부터 시작해야 한다.

심리학이 논의 되는 자리에 가면 언제나 들을 수 있는 '이론적 근거'라는 말은 인문학 전공자들에게는 언제나 낯설다. 개별자로서의 인간의 다양성을 인정하고 그 다양성이 제공하는 창조의 힘과 그 결과를 연구하고 추구하는 예술분야에서도 이론적 틀이라는 말은 어색하다. 연극치료에서 강조되어야 할 부분은 역시 연극이다. 치료를 위해 연극이 활용된다는 사실을 부정하려는 것이 아니다. 예술치료로서의 연극치료는 예술로서의 연극의 정체성을 반드시 지키고 있어야 한다. 그리고 그 정체성을 확보할 수 있는 가장 효과적인 방법은 심미적 구현이 치료과정에서 반드시 경험될 수 있도록 프로그램 구성과 진행을 기획하고 실천하는 것이다. 심미적 구현이 그 중심에 서는 연극치료는 인문학적 치유행위에 해당된다. 현재 진행되고 있는 다양한 사이코드라마들이 과학적 심리치료 영역을 넘어서 예술치료에까지 그 외연을 확대하기 위해서는 심미적 구현을 어떻게 접목시킬 것인가에 대해 고민해야 할 것이다.

참고문헌

김정일, 『사이코 드라마』, 살림, 2004.

로버트 랜디, 『연극치료』, 이효원 옮김, 울력, 2002.

최헌진, 1999, 「싸이코드라마의 정의」, 『한국싸이코드라마학회지』.

최헌진, 2000, 「무의식과 사이코드라마」, 『한국싸이코드라마학회지』.

파올로 프레이리, 『페다고지』, 남경태 역, 그린비, 2009.

Ancelin Schutzenberg, Anne, 1966, Précis de psychodrame, Paris, Editions universitaires.

Aristote, Poétique, Paris, Les Belles Lettres, 2002.

Artaud, A., Le Théâtre et son double, Paris, Gallimard, 1944.

Blatner, A., 2005, 『사이코드라마 기법』, 최윤미 역, 시그마프레스.

Breunchot S. 2010, Psychodrame Balint pour les internes de médecine génerale a Paris Descartes : Etude qualitative, Université Paris.

De Mijolla A., 2002, Dictionnaire International de la psychanalyse, France, Calmann-Lévy.

Forestier, R., Tout savoir sur l'art-thérapie, Favre, 2007.

Hare A.P. & Hare, J.R., 2008, 『사이코드라마의 창시자 제이콥 모레노』, 서수균 옮김, 학지사.

Forestier, R., Tout savoir sur l'art-thérapie, Favre, 2007.

Lizion, F., Une expérience d'art-therapie à dominante théatre auprès de personnes victimes de traumatismes psychiques, Tours, 2011.

Marineau, R.F., 1985, Jacob Levy Moreno 1889-1974: Father of Psychodrama, Sociometry and Group Psychotherapy, London, Tavistock/Routledge,

Moreno, J.L., 1946, Psychodrama Volume 1. Beacon House.

Moreno, J.L., 2007, Psychothérapie de groupe et psychodrame, trad. J. Rouanet-Dellenbach, Broché, PUF, ©1965.

Moreno J.L., 1984, Le théatre de la spontanéité, Paris, Epi.

Nadine, A., Bayle G., Salem I., 1988, Formation au psychodrame analytique, Paris, Donod.

Nathan, A., Mirviss, S., Thrapy Techiniques: Using the Creative Arts, Idyll Arbor, 1998.

Nietzsche, F., La naissance de la tragédie, trad. G. Bianquis, Paris, Gallimard, 1962.

Seguret S., Service de pédopsychiatrie de l'hopital Necker-Enfants malades, Dossier sur le psychodrame.

Schutzenberger, A.A. Le Psychodrame, Payot, 2003.

Yalom, I., Inpatient Group Psychotherapy, basic bool, 1983.

제3부

적정인문학으로서의 인문치료 적용의 예

처음에는 인문치료라는 이름으로 또 그 다음에는 적정인문학이라는 이름으로 대학 밖에서 다양한 사람들을 만나 맞춤형 인문학 강의를 진행한 지가 벌써 14년째 접어들고 있다. 앞서 책 모두에서 언급한 바 있듯이 2015년 한국연구재단에 제출할 사업보고서를 작성하면서 내가 이 맞춤형 인문학 강의를 통해 만난 대학 밖 수강생들의 연인원을 계산하니 2만 명이 좀 넘었다. 이 중에는 한 번에 수백 명씩 강연의 형태로 진행한 경우도 포함되어 있기는 했지만 당시 내가 속해 있던 연구단의 연구진 10여 명의 평균에 비해서 열 배 이상 많은 수치였다. 그렇게 많은 사람들을 만날 수 있었던 것은 문학과 철학 그리고 예술에 관해 내가 알고 느낀 것을 전달해 주며 또 그들의 반응을 통해 많은 것을 느끼고 깨달을 수 있는 역동적인 만남이 나를 매료시켰기 때문이다. 덕분에 나는 멀리는 동해안의 해안 마을에서 남해의 군부대에 이르기까지 신이 나서 전국 방방곡곡을 돌아다녔다. 2013년으로 기억하는데 1년 동안 5만km가 넘는 거리를 운전하며 다녔던 일도 있었다. 보통 서울의 택시운전기사가 1년 평균 4만km를 운전한다고 하니 참 엄청나게 돌아다녔던 것 같다. 2008년 알코올중독자 전문 병원을 시작으로 군부대, 재활병원, 지역자활센터, 북한 이탈주민, 보호관찰청소년, 학교 밖 청소년, 소년원, 교도소에 이르기까지 참으로 다양한 사람들을 만났고 이들과 인문학을 매개로 많은 이야기를 해왔다. 아래의 이야기들은 그 과정에서 만난 사람들과의 기억들을 정리해 놓은 것이다. 기억을 정리하는 과정에서 내가 그들에게 맞춤형 인문학을 진행할 때 활용했던 소위 첨단인문학적 근거는 어떤 것들인가도 상술해놓았다. 이 책을 지루하고 어려운 내용의 책으로 만들고 싶지 않아 처음에는 독자들이 부담 없이 재미있게 읽을 수 있는 에피소드

들만 적어놓으려 했지만 '적정인문학'이라는 새로운 개념을 제시하고 적정인문학이 변화하는 우리사회에 필요한 교육의 한 형태로 자리 잡기를 염원하는 내 입장에서는 이 책이 적정인문학을 운용하게 될 동료교육자들 혹은 동료치료사들에게 학술적으로 유용한 자료로 활용될 수 있어야 한다는 점을 간과할 수 없었다. 때로는 교육이라는 이름으로 때로는 치료라는 이름으로 현장에서 대상자들에게 필요한 맞춤형 인문학 프로그램들을 기획하면서 프로그램을 구성하기 위해 근간이 되는 이론적 토대들이 필요했고 그 이론적 토대들을 찾아내고 만들어내는 과정에서 소위 적정인문학으로서의 인문치료 이론이 조금씩 형성이 되어갔다. 물론 이 이론적 혹은 학문적 작업은 여전히 진행중이어서 미완성의 내용을 담을 수밖에 없지만 이미 예순을 바라보는 내 나이에 무작정 다음을 기약할 수는 없는 일이라는 판단에 그동안 연구된 것들 중 정리 가능한 것들은 모두 적어놓기로 했다.

만났던 사람들의 이야기 중 소위 상상을 초월하는 극적인 경우도 많았다. '인문치료임상'이라는 지금 생각하면 얼굴이 화끈거릴 만큼 조악한 표현 아래 처음 마주쳤던 동갑내기 알코올의존증 환자와의 한 달에 대한 기억은 14년이 지난 아직도 생생하다. 정선에서 만났던 정기교육은 거의 받은 바 없지만 현명하고 유능하기로는 그 어느 누구에게도 뒤지지 않았던 초로의 수강생들에게는 삶의 지혜뿐만 아니라 삶을 위한 에너지를 듬뿍 받아올 수 있었다. 무언가를 가르치러 갔는데 거꾸로 배운 것이 더 많은 이런 식의 만남은 지금까지 계속 이어져오고 있다.

이들의 아픔과 희망 그리고 아픔을 이겨내는 이야기가 우리 사회의 많은 사람들과 공유될 때 우리는 이웃의 삶에 대한 인문학적 성찰의 범위를 넓혀나갈 수 있을 것이라 나는 확신한다. 물론 개인의 정보와 그들의 인권보호 차원에서 언급이 불가능한 일들이 많아 다 공개할 수는 없지만 아래에 적어놓은 이야기들만으로도 맞춤형 인문학의 형태로 진행되어온 적정인문학으로서의 인문치료의 사회적 효용에 대한 공감이 형성될 수 있을 것이라 확신한다.

1. 군부대 부적응 장병들과 인문치료

1.1. 시의 치료적 활용으로 얻은 작은 기적

2008년, 인문치료사업의 첫 번째 공식행사였던 국내학술대회를 개최하기 위해 플레카드를 내걸었을 때였다. 예상을 넘어서는 많은 문의전화가 왔다. 그중 동부전선에 있는 한 전방사단의 문의도 있었다. 군 생활 '부적응 장병'들을 위한 인문치료를 해줄 수 있느냐는 내용이었다. 마침 현장 경험을 쌓고 싶었던 차였던 데다가 그 바로 이웃 부대에서 사병생활을 했던 나는 군부대의 사병들 문제에 대해 누구보다도 잘 알 수 있을 것이라 확신하며 그 문의에 적극적으로 대응했다. 그러나 당시 인문치료는 겨우 용어만 만들어진 걸음마 수준이었다. 그 어떤 이론도 데이터도 없는 상황이었다. 동료들은 무리라고 만류했지만 나는 탁상 인문학을 벗어나는 길은 현장경험이라 확신하고 실천을 준비했다.

'문제사병' 혹은 '관심사병' 등으로 호칭되는 군 생활 부적응 장병들은 각 군부대들의 골칫거리였다. 병사들의 인권문제가 첨예하게 대두되고 있는 요즘 이전처럼 강압적 행위가 동반된 통제는 불가능한 상황이고 이 통제 불가능한 부적응 장병들은 지휘관의 입장에서 보면 언제 터질지 모르는 시한폭탄 같은 존재들이었다. 전방사단에서는 이런 장병들을 한 군데 모아 교육하고 관리하는 예하부대를 만들었다. '이 부대의 관리책임자는 부사단장이었고 실무책임자는 고참 소령이었다. 각 예하부대에서 부대 지휘관이 부적응 장병이라 판단하면 그 장병들을 이 부대에 보내 한 달 동안 교육 및 상담을 받게 한 후 결과에 따라 부대복귀나 조기전역을 시켰다. 이 부대 책임자들과 사단장의 목표는 조기전역 비율과 사고율을 동시에 낮추는 것이었다. 병사들은 한 달 동안 상담 전문가 및 부대 책임자들과의 꾸준한 상담을 진행했고 각계의 뜻 있는 인사들이 이들의 성공적인 군 생활을 위해 십시일반 힘을 모았다. 그러나 결과는 기대에 못 미쳤고 그 상황에서 당시 실무책임자였던 김대원 소령은 인문학에 도움을 요청했다.

일단 일주일간 병사들과 숙식을 같이하며 하루에 8시간씩 프로그램을 진행하기로 했다. 지금 생각하면 무모하리만큼 대담한 결정이었다. 치료목표는 인문학적 자기성찰을 통한 사병들의 복무의지 강화였다. 하루 8시간씩 총 5일 그리고 토요일 4시간까지 총 44시간의 일주일 프로그램이 급히 만들어졌다. 연극과 시 등의 문학적 도구, 영화와 그림 등의 예술적 도구 등을 동원해 철학적 성찰을 끌어낼 수 있는 프로그램을 구성하여 이들과 일주일을 뒹굴었다. 병사들은 자기들 앞에서 용을 쓰고 있는 내가 불쌍한지 처음보다는 시간이 갈수록 열심히 참여해 주었다. 서로 힘들었지만 무사히 프로그램을 마칠 수 있었다.

일주일 동안의 인문치료 활동이 얼마나 효과가 있었는지 객관적 결과를 측정하기 위해 행복지수와 몇 가지의 자아개념지수 등의 검사를 했고 그 결과는 유의미했다. 하지만 그것을 인문치료 효과의 객관적 증거라고 내놓기에는 무리가 있다. 측정치를 점검하기 위한 변인들이 올바른 환경에서 충분히 제어되지 못했기 때문이다. 그러나 사실 인문학자인 우리들에게 처음부터 이러한 수치적 결과는 부수적인 것이었다. 병사들의 태도변화만으로도 담당자들은 만족했고 계획했던 프로그램을 무사히 마칠 수 있었던 우리도 만족했다. 그 다음 주부터 일 년이 넘는 기간 동안 일주일에 한 번 이들을 만났다. 일 년 뒤 사단장이 바뀌고 담당자도 전역을 하는 과정에 인문치료 사업단의 업무 부하도 높아졌다. 그러면서 대상 부대가 변경되었고 그 과정에서 인문치료의 효과를 검증할 수 있는 통계자료의 확보는 어려웠다. 굳이 수치적인 결과를 하나 이야기하자면 담당실무자였던 김대원 소령이 상부에 보고하기 위해 작성한 통계를 들 수는 있을 것이다. 이 통계에 따르면 인문치료를 실시하기 전 3년 동안 청정부대 입소장병 중 7명이 자살시도를 했던 것에 비해 인문치료를 하는 1년간 자살시도가 한 번도 없었다. 군 담당자들은 이러한 변화의 가장 큰 요인으로 인문치료의 꼽았지만 객관적으로 볼 때 이러한 긍정적인 변화의 가장 큰 요인이 인문치료였다는 결론을 내리기에는 앞서 언급했듯이 실험환경 내에 통제되지 못한 다른 요인들이 너무 많았다.

물론 에피소드의 수준에서 주목할 만한 결과는 여러 건 있었다. 기억에 남는 한 병사는 무척이나 체격이 큰 편이었다. 이 병사는 너무나 폭력적이어서 신병 훈련을 받을 때도 조교에게 폭력을 행사했고 간신히 자대에 배치되고 나서도 폭력적인 모습을 보여 그곳에 온 병사였다. 이 병사는 말이 없었다. 아무도 이 병사에게 말을 걸지 않았다. 그는 일상에서 거의 한 마디도 하지 않았다. 심지어는 지휘관이나 고참이 호명했을 때 관등성명을 대는 것도 기대할 수 없었다. 어쩔 수 없이 반응할 때가 있었지만 그때에도 말보다는 몸이 먼저 반응하는 것 같다는 느낌이 들었다. 그러다 얼마간의 기간이 지난 어느 순간 이 병사가 말을 안 하는 것이 아니라 못하고 있다는 판단이 들었다. 말하는데 어려움이 있었고 이는 곧 소통을 거부하는 모습으로 나타났던 것이다. 발표 공포증이 있는 대학생들에게서 관측할 수 있었던 문제와 동일한 문제가 그를 괴롭히고 있었다. 호흡의 문제였다. 말을 할 때 호흡의 조절은 무척 중요하다. 호흡을 놓쳐버리면 목소리의 강약조절이나 문장의 길이조절 등에 착오가 생기게 된다. 그러면 당황하게 되고 목소리가 떨리거나 아예 말을 시작하지도 못하게 되는 것이다. 물론 호흡의 문제가 생기는 원인은 다양하다. 신체적인 원인일 수도 있고 심리적인 원인일 수도 있다.

어쨌든 문제의 원인을 발견했으니 해결책을 찾아야 했다. 해결책은 시낭송이었다. 호흡조절 훈련이 될 수 있도록 음율과 휴지가 분명한 시, 그리고 그 병사도 알고 있는 시를 골라 둘만 있을 때 읽어보게 했다. 선택한 시는 조지훈 시인의 〈승무〉였고 그 병사에게는 그 시를 읽는 목적이 〈승무〉라는 시의 아름다움을 발견하기 위한 것이라 이야기했다. 읽힌 후 그 병사에게 느낄 수 있는 아름다움을 이야기하게 했다. 병사는 아무 말도 못했다. 하지만 그 과정에서 승무를 여러 번 읽게 되었다. 그리고 낭송과정에서 자연스럽게 호흡조절이 가능해졌다. 이번에는 해당병사의 동의를 받아 다른 병사들 앞에서 그 시를 읽게 했다. 그 병사는 잘 읽었고 다른 병사들은 박수를 쳤다. 그 다음 결과는 놀라웠다. 그 병사는 말을 하기 시작했고 다른 사람이 된 것 같았다. 입을 열어 말을 시작했고 그것은 그 병사가 오랜만에, 아니 어쩌면 처음으로 세상과 정상적으로 소통한 경험이었을 것이다. 그리고 이 소통을 위한 극적 변화를 촉발한 것은 분명 문학이었다. 이 병사는 의외로 문학에 대한 막연한 관심이 있었다. 문학텍스트였기에 그 병사에게서 자연스러운 읽기 행위를 끌어낼 수 있었고 시를 읽는 과정에서 병사는 자연스러운 호흡의 리듬을 찾을 수 있었다. 결국 시낭송 행위는 오랫동안 말하기를 잃어버렸던 한 젊은이가 말하는 법을 다시 찾을 수 있게 해준 신통한 치료제였던 것이다.

1.2. 부적응 장병들의 분노 문제

군 생활 '부적응 장병'들의 인문교육과 상담과정에서 드러나는 두드러진 특징 중 하나는 대부분의 경우 분노라는 감정이 기저에 깔려있다는 점이다. 위에 언급된 병사에게도 가장 먼저 느껴지는 것은 대상이 분명치 않은 막연한 분노였다. 필자는 인문치료사업단에서 활동하던 2007년부터 2016년까지 총 20여 개의 인문치료프로그램을 진행하면서 다양한 성격검사와 심리검사를 진행했다. 부적응장병들의 상담을 위해 조사된 병사들의 자해동기 중에는 분노가 52%를 차지할 정도로 가장 큰 변수로 나타났다. 그러나 이러한 통계적 수치를 들먹이지 않더라도 부적응 병사들에게 일반적으로 볼 수 있는 무기력이나 슬픔의 배경에도 언제나 분노가 깔려있다는 점은 상식적으로도 짐작이 가능한 일이다. 그린데 이들에게 나타난 분노에는 우리가 일상에서 느끼는 분노와는 근본적으로 다른 점이 있다. 그들의 분노는 일반인들과는 달리 특정 대상이 없는 경우가 많다. 또 한 가지 특징은 이들의 분노가 외견상으로도 잘 드러나지 않는다는 것이다. 그들 중 다수가 우울과 무기력에 빠져 있을 때에도 그 우울과 무기력의 바탕에는 분노가 있다.

우리에게는 '화'라는 말로 더 익숙한 분노는 일상적 경험이다. 우리는 거의 매일 분노라는 정서와 마주치며 산다. 남을 보고 분노하며 남이 분노하는 것을 보고 또 분노로 야기된 2차적 상황을 거의 매일 경험한다.

분노에 대한 다양한 설명들을 효율적으로 편집한 엔젤은 분노에 대해 다음과 같이 적고 있다.

> 화는 다른 감정과 마찬가지로 우리의 생존을 보증하는 생물학적, 심리적 방어수단이다. [...] 화는 문제 또는 잠재적 위협을 경고한다. 그리고 동시에 그 문제나 위협을 직시하도록 격려하고 장애물을 극복할 수 있는 힘을 제공한다. 그러므로 화는 경보장치이자 생존 매커니즘이다. [...] 화에 대한 평판이 나쁜 이유는 자칫하면 폭력으로 이어지는 경우가 잦기 때문이다. [...] 화는 원래 긍정적인 감정도 또 부정적인 감정도 아니다. 화를 부정적 혹은 긍정적으로 만드는 것은 화를 다루는 방식이다(엔젤, 2007 ; 34, 35).

엔젤의 분석은 분노가 모든 다른 정서와 마찬가지로 인간의 생존을 위해 반드시 필요한 것이며 따라서 분노를 효율적으로 표출한다면 삶에 있어 긍정적 요소가 될 수 있다는 것으로 요약될 수 있다.

위에 언급한 분석에서 볼 수 있듯이 심리학자들은 분노 그 자체를 병으로 생각하지 않는다. DSM이나 ICD에도 분노장애라고 하는 항목은 아직 없다. 그러나 대부분의 정서적 장애의 기저에는 분노라고 하는 감정이 존재한다. 현대의 가장 대표적인 정신질병인 우울증에도 대부분 그 원인은, 정도의 차이가 있기는 하지만, 거의 언제나 분노가 동반된다. 또한 '화병'이나 '한'처럼 한국인들의 대표적인 집단적 정서로 받아들여지고 있는 개념들도 분노와 밀접한 관련이 있다. 화병은 문자 그대로 '화', 즉 분노로 인한 마음의 병이며 '한'이라는 개념도 무언가를 이루지 못했거나 혹은 누군가를 만나지 못해 생겨난 안타까움과 억울함 혹은 그리움 등이 응어리져 있는 마음의 상태를 일컫는 것이다. 이렇듯 원망과 탄식이라는 형태의 표현으로 표출되는 '한'이나 '화'에 익숙해져 있는 우리에게 분노라는 감정은 낯설지 않다. 그래서 일상에서 분노를 조절한다는 말은 곧 마음의 평정을 추구한다는 말과 동의어처럼 인식되고 있고 또 실질적으로 분노조절은 여러 의학 편람에 분류된 수많은 정신질환의 증상을 근본적으로 완화할 수 있는 길이기도 하다.

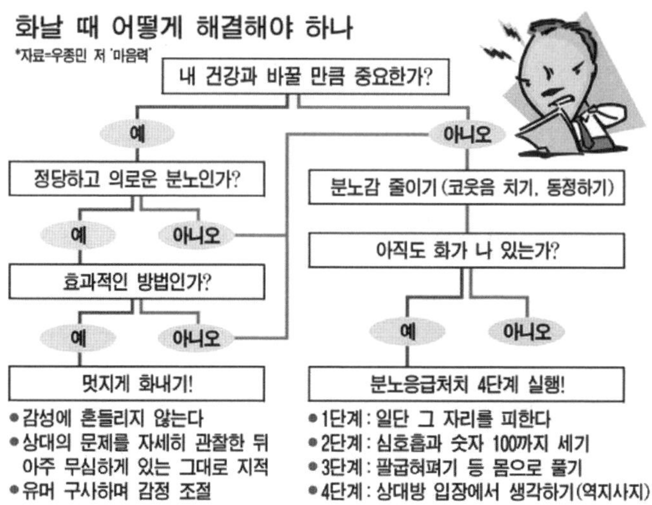

하지만 현실 상황에서 분노조절은 쉽지 않다. 우종민은 그의 저서 『마음력』에서 분노한 마음을 다스리는 테크닉으로 위의 그림과 같은 단계적 대처를 제안한다(우종민, 2007).

매우 유용할 것처럼 보이는 위의 해결책들은 인지행동치료적 제안이다. 상황을 인지하는 단계에서 문제에 대한 올바른 인식을 유도하고 현실적인 행동지침을 제안한다는 점에서 그렇다. 위의 해결책은 사실상 분노를 적절히 표출하고 그 불유쾌한 상황을 피할 수 있는 대응 요령이다. 그러나 이를 실천하기는 쉽지 않다. 우선 분노를 표출함에 있어 "감성에 흔들리지 않고 상대의 문제를 자세히 관찰한 후 아주 무심하게 있는 그대로를 지적하고 유머를 구사하며 감정 조절을 하라"는 주문은 오랫동안 마음의 수련을 수행하지 않는 사람이라면 쉽게 실천할 수 있는 내용이 아니다. 또 분노응급처리 4단계도 마찬가지다. 일단 그 자리를 피하는 일은 그 순간의 불상사를 피하기 위해서는 효과적인 방법이지만 상대편의 오해를 사 관계를 악화시킬 우려가 있으며 심호흡과 숫자세기 혹은 팔굽혀 펴기 등도 효과적임에는 틀림없으나 분노하는 상황에서 실천하기는 결코 쉽지 않은 행동들이다.

이러한 팁의 실천은 분노에 대한 보다 정확한 개념적 이해가 바탕이 되어 일상에서 반복적 훈련이 이루어질 때 효율적으로 이행될 수 있다. 분노에 대한 이해와 접근 방식은 위에서 살펴본 것처럼 다양할 수 있으나 군부대 부적응 장병들이 지니고 있는 막연한 분노의 본질을 파악하려는 우리에게 유용한 것은 수용전념치료가 분노를 바라보는 시각이다. 그중에서도 특히 분노의 표출문제에 대한 새로운 관점은 수용전념치료가 지니고 있는 가장 독창적인 내용이다.

현대 심리학의 다양한 흐름 중 하나인 수용전념치료[28]를 이론적 배경으로 하는 상담은 이전에 받아들여지고 있었던 분노대처방법들에 대한 근본적인 회의로부터 출발한다.

정신건강에 좋다거나 감정을 극적으로 표현함으로써 카타르시스를 경험하는 것이 마음의 병을 치유하는 데 도움이 된다는 기존의 의견에 대해 다시 한번 생각할 것을 종용한다. 분노가 인간의 본성이라는 사실은 근거가 없는 통념이며 따라서 그러한 사실에 근거해 분노를 표출하는 것도 정당화될 수 없다는 것이다.

물론 분노도 고통을 수반하는 다른 정서들과 마찬가지로 삶에 대한 개인의 적응에 영향을 미치며 우리의 다양한 목표달성을 돕는 역할을 하기도 한다. 우리는 주위에서 무언가 자신의 안전과 행복에 위협이 오고 있음을 인지하면 분노라는 감정을 통해 그 상황에 대해 정면으로 맞설 힘을 얻기도 하는 것이다. 물론 이러한 긍정적인 측면은 분노가 표출되기 이전 단계까지만 유용하다. 일단 분노가 표출되고 나면, 상황은 대부분 표출되기 이전 보다 더 악화되기 마련이다. 사실 분노의 표출은 분노한 행동을 통해 이루어지며 그 상황은 또 다른 분노를 불러일으키게 되는 경우가 많다. 수용전념치료를 바탕으로 분노에 대한 분석을 하고 있는 연구자들은 이 점을 강조하며 분노와의 씨름이라는 표현을 통해 그 씨름행위가 분노로 받는 고통을 덜기 위해서는 별 효용가치가 없음을 논증하고 있다(Georg H. Eifert, Matthew Mckay,

---

28 ACT(Acceptance & Commitment Therapy). 심리치료의 최근 동향은 기본적으로 명상, 혹은 마음챙김을 기반으로 하는 경우가 많다. 이는 동양철학에서의 수양이라는 행위와도 흡사한 개념으로 실질적으로 수용전념치료에서는 동양의 다양한 수양법들을 받아들여 응용하고 있다.

John P. Forsyth, 2008.). 분노를 억제하는 전략이나 생각을 변화시키는 전략 혹은 주위를 다른 것으로 돌리는 전략 따위가 얼마나 실천하기 어려운 것인가는 우리도 경험적으로 알고 있다. 따라서 분노라는 감정을 통제하려고 애쓰며 우리의 에너지를 낭비하는 것보다는 분노라는 감정에 대한 우리의 반응을 통제하고 변화시키는 것이 분노를 다스리기 위해서는 더 효과적인 방법이다. 이를 위해 우리가 가장 먼저 해야 할 일로 멕케이는 분노를 우리 자신에게서 분리시키고 그저 생각 또는 느낌으로 경험하는 것이라고 말한다.

이러한 주장은 보울비Bowlby의 애착이론을 통한 분노의 재정의를 다시 생각하게 한다. 보울비는 애착관계의 안정성에 위협을 받게 되면 부정적인 정서가 출현하며 이어 분노, 우울 같은 정서가 연이어 뒤따르고 결국 폭력과 분리와 같은 행동으로 이어진다고 주장한다. 정신분석학과 동물행동학에 뿌리를 둔 애착이론에서 말하는 '애착(attachment)'은 삶에서 특별한 사람에게 느끼는 강력한 정서적 결속이다. 애착은 유아기에 형성되어 비록 대상이나 양식은 변하더라도 일생을 두고 가까운 사람과의 관계를 묶어주는 심리과정으로 작용한다. 보울비에 따르면 분노란 애착관계의 안정성이 깨어질 위협이 있을 때 출현하는 자기방어적 정서이며 그 분노하는 상황에서 경계해야 할 것은 인간관계의 갈등을 유발하는 대상이 아니라 애착관계에서 반복적으로 나타나는 패턴 그 자체라고 주장한다. 애착이론의 핵심요소는 정서, 관계, 그리고 행동이다. 우리는 대상과 애착관계를 형성하고 사는데 이 애착관계에서 불안정한 요소가 발견될 때 다시 말해 관계의 측면에서 불안정성이 지각될 때 우리는 애착관계에서의 분리로 인한 불편감이라는 정서를 경험하게 된다. 그 다음 단계에서 나타나는 것이 근접추구 혹은 분리저항이라고 하는 행동이다. 아이가 엄마와 떨어지자 두려움으로 인해 고통 받고 엄마를 찾아 우는 행위는 근접추구와 분리저항의 대표적인 예다. 아이가 우는 것은 그 아이가 지니고 있는 애착욕구(attachment need)가 충족되지 못했기 때문이다. 아이는 본능적으로 접촉, 위로, 안정, 친밀감 등의 정서적인 욕구를 지니고 있는데 상대가 애착을 허용해주지 않을 때 자동적으로 불안, 슬픔, 등의 일차적 정서반응이 나타나며 이 정서와 연합된 이차적 정서반응으로 분노가 출현할 수 있다.

결국 분노는 애착관계의 안정성이 깨어질 위협이 있을 때 나타나며 우울이나 단절감에 비해 상대적으로 이른 시기에 출현하고 기저의 핵심감정은 분리의 위협에 대한 강한 불만, 두려움이다. 그것은 또 상대방의 반응성과 접근가능성을 증가시키기 위한 필사적인 노력이다. 결국 분노란 관계의 재조정을 위한 사활을 건 노력의 다른 모습이며 분리의 위협으로 인해 야기된 1차적 정서인 '두려움'을 해결하기 위한 2차적 정서로 기능한다.

이 둘의 주장은 전형적인 수용전념치료에 그 철학적 배경을 두고 있다. 생각과 느낌을 수용하고(Accept), 지향하는 가치를 선택하며(Choose), 행동으로 실천하라(Take action)는 수용전념치료의 3단계 행동원칙은 위의 두 경우에서 제안하고 있는 분노에 맞서는 가장 효율적인 태도와 맞아 떨어진다.

맥튜 멕케이는 분노를 수용하여 그 감정에 대처하는 방법을 네 단계로 제시하고 있다. 첫째는 자신의 분노를 인정할 것, 둘째는 상황을 있는 그대로 받아들일 것, 셋째는 자신의 상처와 두려움의 실체를 알아치리는 것, 그리고 미지막은 용서와 연민으로 반응하는 것이다. 결국 그는 분노감정과 분노행동을 분리시켜야함을 주장하며 우리가 느끼는 분노에 대해 지금까지 해왔던 것과는 근본적으로 다른 방식의 반응을 선택하도록 유도한다.

> "분노하기 위해서는 반드시 적이 필요하다. 적이 있어야 분노할 수 있고 그래야만 분노가 무럭무럭 자라날 수 있다. 자비와 연민으로 분노에 다가서는 작업은 분노가 자라날 수 있는 여지를 아예 없애버리는 일이다. 따라서 자비와 연민을 베푸는 것은 매우 중요하다."

물론 여기에서 저자가 말하는 자비와 연민은 자기가 상처를 입는 행위를 감내하라는 의미가 아니다. 자비와 연민이란 분노하는 감정을 객관화시켜 다루면서 상대방에게 적의와 악의를 품지 않는 행위를 말하고 있다. 다시 말해 여기서 이야기하는 용서는 무조건적으로 상대의 잘못한 일을 덮어 주라는 뜻이 아니라는 것이다. 결국 멕케이가 분노의 해결책으로 이끄는 곳은 아리스토텔레스적 "용서"에 다름이 아니다. 아리스토텔레스는 분노가 인간 삶과 공동체에서 나름대로의 순기능을 행할 수 있음을 부정하지 않는다(손병석, 2011). 이성적 측면에서의 정당성의 구성요건이 확보되는 분노는 정의로운 분노가 될 수 있기 때문이다. 그러나 아리스토텔레스는 또한 분노가 갖는 과도한 폭력성도 간과하지 않는다. 분노와 그에 따른 복수로 인해 발생하는 인간사의 폭력적이며 잔인한 비극 역시 부정될 수 없는 분노의 한 양태이기 때문이다. 아리스토텔레스는 상대방의 행위의 의도성이 없을 경우 우리는 분노를 가라앉히고 온화해짐으로써 용서할 수 있다고 말한다. 예를 들어 내가 친구와 만나기로 예정되어 있었는데, 친구가 전화도 없이 나타나지 않게 되어 화가 났다고 하자. 이 경우에 나의 분노의 원인이 되는 생각은 내 친구가 나를 무시했거나, 무책임하다는 것이다. 그러나 나중에 나는 내 친구가 나를 만나러 오는 도중에 교통사고로 병원에 입원하게 되었다는 것을 알게 되었다. 따라서 친구가 나타나지 않는 타당한 이유가 있었고 그래서 나를 의도적으로 분노케 한 것이 아님을 인지하게 되면, 나의 분노의 감정은 사라지게 된다. 아리스토텔레스적 관점에서 볼 때 상대방의 입장에서 약속을 지키지 못한 합당한 이유나 근거가 제시되었을 경우 그것을 부정할 나의 합당한 근거가 존재하지 않는다면 분노의 표출은 도덕적으로 정당화되기 어려운 것이다. 아리스토텔레스적 용서의 의미는 어디까지나 부당한 행위가 "의도적이지 않거나", "모르고서" 실수한 행위, 그래서 그로 인한 후회와 가책을 느끼는 경우에 한정된다는 점에서 어디까지나 조건적 용서 내지 관용이다. 모욕이 부당하게, 의도적이면서도, 지속적으로, 사악한 방식에 의해 이루어지는 경우에도 아리스토텔레스가 용서를 인정하는 것은 아니다.

마음에 참을 수 없는 분노가 생기는 경우는 많다. 그리고 그 분노에서 벗어나기란 쉽지 않다. 그러나 많은 한계와 어려움 속에서도 그 분노에 휩쓸리지 않고 분노를 객관화시켜 수용할 수 있는 것 그것은 진정한 용기다. 용서는 이 용기로부터 나온다. 수용전념치료에서 분노에 대처하는 방식이 실천 가능한 이유도 '용서'라고 하는 결정을 요구하는 것이 아니라 용서를 위한 용기를 요구하고 있기 때문이다. 분노를 수용한다는 말은 그래서 곧 용서를 위한 용기를 다지는 일을 말한다.

현역장병들을 대상으로 하는 적정인문학강의에서 이들에게 분노의 본질과 효율적 표현방법 및 용서하는 용기를 독려하는 것은 적정인문학 프로그램의 기본 틀이 될 필요가 있다.

2021년 현재 현역 장병들의 경우 대부분 입대 전에 스마트폰을 사용하던 젊은이들이다. 휴대용 장비를 지니고 시와 때를 가리지 않고 음성으로 또는 문자로 끊임없는 소통을 하던 이들에게 휴대전화 사용이 통제되는 삶은 마치 언어 기능의 일부를 잃어버린 것과 같다. 그들에게 휴대전화는 단순한 통신기기가 아니라 자신의 생각과 감정을 표현하기 위해 필수적인 소통도구다. 그들은 전달하고 싶은 의사의 내용뿐만 아니라 감정까지도 휴대전화에서 이모티콘을 통해서 전달하고 전달받는다. 빠르면 초등학교 저학년부터 휴대전화를 사용했던 이들은 사람들의 얼굴을 보며 감정변화를 잘 읽지 못하는 공통점이 있다. 인터넷과 휴대전화를 통해 대화의 대부분을 실행하고 있는 이들은 부호를 통해 상대의 감정을 느낀다. 상대가 화가 났는지, 슬픈지, 기쁜지 직접 표정을 보아서 느끼는 것이 아니라 이모티콘을 통해 전달받는 경우가 더 많다. 사람들은 일반적으로 상대의 표정이나 말투 그리고 언어를 통해 상대의 감정 상태를 느껴왔다. 그러나 이 젊은 세대는 휴대폰 액정화면에 적힌 문자와 이모티콘을 보고 추론한다. 대화에 있어 얼굴을 맞댄 상황보다는 휴대전화가 인터페이스가 되어 대화가 진행되는 경우가 대부분이다. 그들은 이모티콘으로는 쉽게 표현하는 호감, 즐거움(^^), 실망, 미안함(ㅜㅜ) 등의 감정을 상대의 얼굴을 보며 표현할 때 오히려 어려움을 겪기도 한다. 학교에서 또 가정에서 무표정한 청소년들의 얼굴에 당황한 경험은 누구에게나 한 번 쯤은 있다. 상대의 표정과 태도를 통해 분위기를 느끼는 일은 오히려 이들에게는 익숙한 일이 아니다. 휴대전화의 알람과 함께 기상하여 휴대전화에 나온 기상정보를 보고 의상을 고르고 친구에게, 애인에게 전화하고 문자를 보낸다. 하루 종일 휴대전화를 통해 세상과 소통하는 것이다. 기성세대에게 신체 각 부분이 의사소통을 위해 필요한 것처럼 그들에게 휴대전화는 마치 신체의 일부와도 같다. 그들에게 휴대전화는 친구이자, 선생이며 때로는 애인이다. 그들은 현실과 사이버 세계가 적절히 혼합된 휴대전화 속 세계에서 자유와 평등을 누린다. 대기업 총수와 아르바이트생의 휴대전화기 사이에는 기존의 높낮이가 없으며 휴대전화의 기능에 익숙한 젊은이들은 휴대폰 속 세상에서라면 대기업 총수보다 더 많은 것을 누릴 수 있다.

이러한 세대들에게 입대와 동시에 휴대폰의 사용에 제약을 받는다는 사실은 기성세대가 상상할 수 없을 만큼의 큰 고통이다. 필자가 부적응 장병들 대상으로 적정인문학 실천행위를 하던 2013년에 각 군부대를 방문하며 낯설었지만 가장 흔히 볼 수 있던 모습은 외부로 연결된 유선전화기로 통화를 하며 평소와는 전혀 다른 밝은 표정을 짓고 있는 병사들의 모습이다. 집단 상담과정에서 가장 저항이 강한 병사들조차 휴대전화에 대한 이야기나 혹은 새로운 휴대전화에 대한 이야기가 진행될 때는 눈을 반짝이며 참여하는 경우를 자주 경험했다.

병사들의 상담과정에서 자주 마주치게 되는 막연한 분노의 실체를 파악하다보면 바로 이 휴대폰의 문제와 연결되는 것을 확인할 수 있다. 앞서 살펴 본 애착이론을 적용해서 설명한다면 병사들의 분노의 근원은 일종의 분리불안이라고 말할 수 있다. 자신들이 속해있던 사회로부터 분리되어 자신의 의지와는 상관없는 또 다른 사회에 속하게 된 그들은 그 상황에 대한 막연한 분노를 느끼는 것이다.

인지행동주의적 관점에서 분노는 상처에 대한 반응으로 나타나는 2차적 정서다. 그러나 군부대 장병들에게 나타나는 분노의 원천으로서 1차적 정서는 애착이론에서 보는 분리불안일 경우가 많다. 그리고 이 분리불안은 사기가 속해 있던 사회와의 강제적인 분리로 인해 생겨나는 것이다. 물론 이전에 군 생활을 하던 장병들에게도 같은 종류의 분리불안은 존재했다. 휴대전화나 이메일이 존재하지 않던 시절 장병들의 분리불안을 달래주는 것은 위문편지였다. 사실 따지고 보면 위문편지는 그 내용이 중요한 것이 아니었다. '국군장병아저씨께...'로 시작되는 익명의 형식적인 위문편지가 아무리 감동적인 내용을 담고 있더라도 받는 장병들이 큰 감흥을 느끼지 못했던 것은 그 편지를 통해서는 자신이 속해 있던 사회와의 연결고리를 확실하게 느끼기 힘들었기 때문이다. 그보다는 특별한 내용이 없더라도 자신의 친지와 특히 자신의 친구, 애인에게서 오는 편지들이 반갑고 또 위로가 될 수 있었던 것은 그 편지가 자신이 속했던 사회와의 연결고리를 확실하게 확인할 수 있는 계기가 되었기 때문이다. 자기가 속해 있던 사회의 구성원으로부터 자신이 소외되지 않았다는 확신을 갖게 해주는 것이 위문편지의 기능이었다. 보울비식으로 말하면 분리불안이 감소될 수 있는 유일한 장치였던 것이다. 그러나 그 시절 편지가 지니고 있는 구속력은 현재 휴대전화가 지니고 있는 구속력에 비해 비교할 수 없을 만큼 낮았다. 다시 말해 소통의 도구로서 편지의 기능 및 이에 대한 기대치는 현대의 휴대전화가 지니고 있는 기능 및 가치에 비하면 비교조차 불가능할 만큼 낮았던 것이다. 그래서 편지가 끊긴다고 하더라고 그 충격은 휴대전화를 빼앗기는 것만큼 크지 않았다.

휴대전화를 소통의 도구로 사용하기 시작한 세대와 그 이전 세대의 차이는 소통의 절대량에 있어서도 극명하게 드러난다. 휴대전화 사용 이전의 세대들에게 소통의 시간은 지인과 만나 대화하는 시간이거나 유선전화로 통화하는 시간이 전부였다. 그러나 휴대전화 이후의 세대, 특히 스마트폰 사용 세대는 잠자는 시간과 학교의 수업시간을 제외하고는 언제나 외부와 소통하고 있다. 그 소통의 대상은 이미 불특정 다수까지 확대되어 있다. 이러한 세대가 그 소통의 도구인 휴대폰과 휴대폰을 통해 소통하던 세계를 한꺼번에 빼앗기게 될 때 이들의 소통을 위한 욕망은 좌절되고 이는 곧 대상이 없는 막연한 분노로 이어지는 현상이 나타나는 것이다.

앞서 언급한 바 있듯이 인문치료의 가설의 중심에는 소통이라는 개념이 있다. 인간은 소통하고자 하는 욕망, 즉 '소통의 리비도libido'를 지닌 존재이며 그 소통의 욕망이 해소되지 못할 때 인간에게는 다양한 형태의 마음의 병이 생겨날 수 있다는 이론이다.

군부대 부적응 장병들에게서 보는 소통의 문제는 내적소통보다는 외적소통, 그리고 직접소통보다는 간접소통의 문제로 볼 수 있다. 군부대 부적응 장병들의 경우 물리적으로 휴대폰의 사용에 제제가 가해진 후 겪게 되는 소통의 문제는 일차적으로는 남과의 직접소통의 차원이다. 언제든지 연결이 가능했던 소통의 대상과의 단절에서 그들은 고통을 겪게 되는 것이다. 그러나 궁극적으로는 간접소통의 차원의 문제가 더 심각한 고통의 원인이 된다. 간접소통이란 개인이 그를 둘러싸고 있는 환경과의 소통을 의미한다. 군장병들의 경우 군대라고 하는 특수사회가 그 환경이 된다. 이 환경과의 소통의 질은 환경이 요구하는 소통의 조건을 개인이 얼마나 잘 인식하고 있는가에 달려 있다. 그런데 사실 이러한 종류의 문제는 전통적인 심리치료의 영역과는 거리가 있다. 새터민이나 갱생보호자, 군부적응장병 등이 고통 받고 있는 문제는 근본적으로 심리의 문제라기보다는 개인이 그가 속해 있는 사회와 원활하게 소통하지 못하기 때문에 생겨나는 문제이기 때문이다. 전통적으로 이런 형태의 소통의 부재로 인해 야기되는 문제는 개인의 발달과정에서 학교와 가정의 교육과 수련이라는 형태로 그 해결책을 찾아왔다. 그러나 현재 대부분 교사들이 학생들에 대한 통제력을 실질적으로 상실한 상황에서 개인이 집단의 구성원으로 살아가는데 필수적으로 갖추어야 할 소양을 길러내는 일은 오히려 고등학교 졸업 이후의 교육기관이나 사회 기관의 몫이 되는 경우가 많다. 이전에는 아동이나 청소년 발달의 단계로 인식되지 않던 대학교나 군대가 이제 그 역할을 해야 할 상황인 것이다. 규율이나 꾸중보다는 설득과 칭찬만으로 자라난 현 신세대 장병들에게 갑작스러운 단체생활은 그 이전 세대들의 경우와 비교하여 훨씬 더 큰 충격과 스트레스를 야기할 수 있다. 사람이 언제나 칭찬만 받을 수 있는 것도 또 언제나 설득될 수 있는 것도 아니라는 너무나도 당연한 사실을 알려주는 일이 필요하다. 그러나 그 방법은 쉽지 않다. 그러한 사실들을 수용하는 훈련이 되어 있지 않은 경우가 대부분이기 때문이다. 청소년기 발달과정에서 이루어졌어야 할 이러한 훈련과 교육이 잘못 이루어져 성인으로서 갖추어야 할 대외적 소통의 자질을 갖추지 못하고 있다는 사실은 발달이론의 측면에서 일종의 장애다. 정신역동이나 인지행동주의에서 심리적 장애의 원인을 발달과정에서 찾고 있다는 사실은 명백하다. 모든 심리학의 이론에는 발달이론이 포함되어 있다. 인문치료의 입장에서도 군 생활 부적응을 비롯한 사회부적응은 발달차원의 미성숙에서 비롯되는 발달적 차원의 문제로 보는 것이다. 인문치료는 결국 이러한 발달과정의 불균형을 치료적 차원에서 보완하는 맞춤형 인문학이다.

저 멀리는 1990년대 초부터 지금까지 30년이 넘는 기간 동안 군 당국은 N세대, X세대, Y세대, Z세대 등 다양한 명칭으로 불렸던 신세대 병사라는 개념을 상정하며 이들의 원활한 군 생활을 위한 다양한 노력을 시도했다. 군 당국은 항상 변화하는 새로운 세대의 욕구를 충족시킬 수 있는 방법을 찾는데 역점을 두어왔던 것이다. 그러다 결국은 불가능하다고 판단되던 병사들의 영내 휴대전화의 사용을 부분적으로 허용하기도 했다. 그러나 이런 방식의 대처는 오히려 부정적 결과만을 가져다 줄 수 있다. 휴대전화의 부분적 사용이 병사들이 근원적으로 가지고 있는 분리불안의 차원에서 느끼게 되는 불안과 불만을 결코 만족시켜줄 수 없기 때문이다. 그렇다고 휴대전화의 사용을 전면적으로 허용할 수도 없는 일이다. 사실 욕구를 해소할 수 없다면 그것을 참아내는 방법을 훈련해야 한다. 그리고 참아내기 위해서는 왜 참아야 하는지 그 당위성에 대한 이해가 선행되어야 한다.

얼마 전 인터넷상에 군복무를 마친지 얼마 안 된 젊은이가 쓴 글을 읽게 되었다. 휴대전화의 유해성에 대한 글이었다. 휴가에서 복귀를 하면 코로나 문제로 인해 2주간 격리를 당하는데 첫 1주는 휴대전화가 금지되고 다음 주 1주일은 휴대전화가 허락되는 상황이었다. 그런데 첫 1주 동안 복귀한 병사들은 책을 읽거나 운동을 하는 등 생산적인 일을 하며 소일을 했고 그 상황에서 자신들의 그러한 행동에 대해 자부심까지 느낄 정도였다. 두 번째 주에 휴대전화 사용이 허락되자 이들은 책을 보는 시간은 줄어들더라도 운동만을 계속하자고 다짐했더란다. 그런데 그 다짐은 아무 소용이 없었다. 모두 휴대전화에 빠져들어 책읽기나 운동은커녕 씻지도 못하는 병사까지 나왔다는 것이다. 이 상황을 경험한 젊은이는 휴대전화의 폐해를 절감했고 전역하자마자 '휴대폰 차단 앱'을 활용하며 자신의 휴대전화 활용 시간을 일일 8시간에서 1시간으로 줄이고 나머지 시간을 생산적인 활동에 할애를 하고 있다는 이야기였다.

만일 현재 복무하고 있는 병사들을 대상으로 맞춤형 인문학교육을 해야 할 때라면 정말 유용하게 활용할 수 있는 에피소드다. 그리고 이 에피소드를 쓴 젊은이가 경험했던 그 상황을 병사들이 스스로 참여하여 똑 같은 경험을 할 수 있는 참여프로그램을 운영할 수도 있을 것이다.

소통은 상호적으로 진행될 때 이루어질 수 있다. 신세대 장병들의 입장에서도 자신의 환경이 요구하는 것에 대해 경청하고 공감해야 할 필요가 있다. 앞의 2부에서 제시한 바 있듯이 간접소통의 문제는 경청과 공감을 통해 해소해 나갈 수 있다. 여기서 경청은 상대와 환경이 요구하는 바를 잘 수용해주는 일이며 공감은 그 요구하는 바를 상대의 입장에 서서 이해해주는 일이다. 그리고 인문치료의 역할은 경청과 공감의 당위성을 인식시키고 경청과 공감을 위한 소통의 방법을 알려주는 일이다. 이를 통해 신세대 병사들과 그 환경인 군 생활과의 상호소통이 이루어 질 때 장병들은 분리불안을 통해 생겨난 막연한 분노를 극복할 수 있을 것이다.

물질적 차원에서 빈곤보다는 오히려 지나친 풍요로움이 더 문제가 되고 있는 현세대 장병들의 복무 부적응문제는 시설의 현대화나 편의증진 또는 정신교육만으로 해결될 수 있는 것이 아니다. 부적응 장병들의 경우 이미 각 소속 부대에서 군대식 규율과 생활방식에 적응하지 못한 병사들이기 때문에 이들을 상담하고 재교육하는 과정에서 군대식 규율과 언어를 다시 활용한다면 이들의 의식의 변화를 이끌어내는 데는 한계가 있을 것이다. 이들의 부적응 문제를 해결하기 위해 가장 먼저 해야 할 일은 이들의 생각과 특성을 파악하고 그들이 이해하고 공감할 수 있는 양식을 통해 이들의 의식을 변화시키고 내적 에너지를 충전하여 복무에 관한 의지를 고양시킬 수 있도록 하는 것이다.

이미 법적으로는 성인인 장병들이지만 현재 우리 사회에서 20대 초반이 차지하고 있는 위상은 이전과는 많이 다르다. 이들은 여전히 넓은 의미에서의 발달과정을 겪고 있는 청소년층에 더 가깝다. 따라서 이들을 위해서는 인지적, 행동적 차원의 변화를 위한 시도 뿐 아니라 윤리적, 철학적 차원의 맞춤형 교육이 진행되어야 한다. 그리고 군은 이제 새로운 형태의 교육기관으로서의 역할이 요구되고 있음을 인정하고 그 기능을 잘 수행하기 위한 노력을 기울여야 할 것이다. 적정인문학은 그 교육과정의 핵심이 될 수 있을 것이다.

참고문헌

손병석, 「분노는 정당화될 수 있는가 ?: 아리스토텔레스의 분노론을 중심으로」, 『철학연구』, 93집, pp.105-132, 2011.

우종민, 『마음력』, 위즈덤하우스, 2007.

이영옥, 『현실치료를 적용한 집단상담이 신세대 병사의 군생활 적응, 분노, 불안, 자아존중감 치 내외통제성에 미치는 효과』, 학위논문(박사), 영남대학교, 2008.

허락, 『우울증의 목회상담과 자존감 회복을 통한 치유와 교회 활성화 방안에 관한 연구』, 학위논문(박사), 장로회신학대학교, 2012.

Beverly, Angel, 『화의 심리학』, 김재홍 역, 용오름, 2007.

Bowlby, John, 『애착』, 김창대 역, 나남, 2009.

Georg H. Eifert, Matthew Mckay, John P. Forsyth, ACT on Life not on Anger, 『분노의 갑옷을 벗어라』, 유성진 옮김, 이너북스, 2008.

Hawkins, David, 『의식의 혁명』, 백영미 역, 판미동, 2011.

Potter-Efron, Ron & Pat, 『화, 분노에서 벗어나기』, 석태기 옮김, 눈과 마음, 2004.

2. 자활대상자들과 인문치료

지역자활센터의 자활대상자들을 대상으로 인문치료라는 이름하에 진행된 적정인문학 강의는 내게 색다른 경험이었고 또 생각지도 못했던 과제들을 남겨주었다. 지역자활센터의 자활참여자들은 연령별로는 20대부터 60대까지 학력별로는 무학에서 대학졸업자들까지 매우 다양하게 구성되어 있다. 이렇게 다양한 스펙트럼의 참여자들을 한자리에 모아놓고 진행될 수밖에 없는 인문학 교실에서 가장 중요했던 것은 이들이 공통으로 필요로 하고 또 흥미를 가질 수 있는 인문학적 주제를 찾는 일이었다. 이 자활대상자들의 공통적인 문제 중에서도 가장 눈에 띄는 것은 이들에게 자존감이 두드러지게 결여되어 있다는 사실이었다. 그러나 이러한 결론은 어디까지나 개인적인 면담이나 케이스 스터디를 통해 얻어낸 것이었기 때문에 좀 더 확신을 줄 수 있는 근거가 필요했다. 우리는 이를 위해 설문조사를 통한 객관적인 데이터를 확보하기로 결정하였고 자활참여자 500여 명을 대상으로 2개월 여에 걸쳐 자아정체성 정도를 측정하는 설문조사를 진행했다. 더불어 자활참여자들의 마음치유를 위해 과연 인문학적 방법이 유효할 것인가를 예측하기 위해 인문학적 접근의 가능성 정도를 파악하기 위한 설문도 첨가하였다. 이러한 설문조사 결과, 이들의 자존감은 예상대로 낮았으나 인문학의 활용에 대한 가능성은 기대보다 높게 나타났다. 흥미로운 것은 자활사업에 참여하고 있는 사람들을 만나는 과정에서 알게 된 것은 이들의 인문학에 관한 호기심이 기대 이상으로 크다는 사실이었다.

그런데 이들에게 인문치료라는 이름의 적정인문학 강의를 하기 위해서는 무엇보다도 먼저 '생산적 복지'라는 개념에 대한 이해가 필요했다. 자활사업자체가 생산적 복지의 개념으로 출발한 것이었기 때문이었다. 생산적 복지라는 적극적 복지 개념이 도입된 것은 국민의 정부시절이었다. 이는 IMF로 촉발된 경제위기 극복과정에서 나타난 중산층 약화와 서민생활의 불안정을 개선하기 위하여 적극적인 경제.사회정책을 실시하겠다는 당시 정부의 의지가 반영된 것이었다. 보다 긴 맥락에서 보면 1960년대 이후 근대화 과정에서 상대적으로 경시되어 왔던 국민의 기본권과 삶의 질 향상을 국가목표의 한 축으로 설정한 복지에 대한 새로운 차원의 인식이었다고 볼 수 있다.

사실 기초적 형태의 자활사업은 이러한 생산적 복지의 개념이 나오기 전부터 존재하고 있었다. 하지만 그것은 저소득층 밀집지역을 중심으로 근로빈곤층의 경제적 자립을 촉진하기 위한 준(準) 자발적 사업들이거나 빈민운동단체와 시민단체들이 생산자협동조합의 이념에 근거하여 지역사회의 빈곤층이 자발적으로 참여하는 일자리 사업이었다. 비영리민간단체 주도의 이러한 사업들은 실무자의 헌신성과 참여자의 자발성이 결합되는 장점에도 불구하고 자원 동원이나 지속적인 수익 창출이 어려웠다.

이를 보완하기 위해 등장한 개념이 생산적 복지였다. 생산적 복지란 전 생애에 걸쳐 겪을 수 있는 사회적 위험으로부터 국민 모두를 보호하고 인간다운 삶을 보장하는 복지체제를 말한다. 이를 위해 국가는 스스로 생활을 해결해 나가기 힘든 국민들의 기초생활과 인간으로서의 기본적 권리를 우선적으로 보장한다는 원칙에서 출발한다. 다음 단계는 일할 수 있는 기회와 역할에 따른 보상을 공정하게 분배함으로써 시장경제의 발전과 더불어 국민의 삶의 질이 향상될 수 있도록 하는 것이다. 결국 시장경제의 무한경쟁체제하에서는 일할 수 있는 기회를 찾기 어려운 국민들에게 사회적 연대를 통해 일자리를 창출함으로써 자활의 기회를 마련해 주는 것이다.

그러나 기회의 제공이 경제적 지원 차원에서만 이루어지자 예상치 못했던 부작용들이 생겨나게 된다. 기초보장제도에 집중된 복지자원이 오히려 자활사업 참여자의 복지의존성을 심화시키게 되었던 것이다. 기초보장제도 수급자격을 유지하는 것이 경제적으로 이득이 되는 상황에서 수급자들은 취업을 기피하거나, 취업하더라도 소득을 하향 신고하기 쉬운 일자리를 선택하는 경향이 나타났다.

이러한 문제점을 해결하기 위해 당국은 근로능력자 판정체계를 강화하고, 부정수급을 막고 신고소득을 현실화하는 행정조치를 마련했으며 근로능력자에 대한 전문화된 사례관리체계를 구축하는 등의 노력을 했다. 그러나 이러한 제도적 관리장치가 아무리 완벽하게 마련된다고 해도 자활참여자들의 무기력이나 도덕적 해이를 근본적으로 막아낼 수는 없었다. 이러한 경향은 일을 하는 궁극적인 기쁨이 단순한 경제적 문제의 해결에만 있는 것이 아니라 자아의 실현과 사회구성원으로서의 역할분담 등 행복을 위한 입체적 조건을 만족시키는데 있다는 사실을 인지하지 못하고 있기 때문에 생기는 현상이다. 따라서 자신이 하는 일이 얼마나 자랑스러운 것이며 자신이 하는 일이 얼마나 중요한 것인가? 사회에 대한 개인의 책무란 어떤 것인가? 일을 하는 궁극적인 목적인 행복한 삶은 구체적으로 어떤 것인가? 등에 대한 숙고와 인식이 없이는 이러한 경향이 변화될리 만무했다.

이러한 문제에 공감대가 형성되면서 보다 적극적인 자활의 의지를 북돋기 위해 마음의 양식을 채워주는 인문학 교육이 필요하다는 인식이 형성되기 시작했다. 생산적 복지가 실행되고도 또 7-8년이 지나서야 이러한 의식은 실행에 옮겨지게 된다. 2008년 서울시에서는 자활교육에 인문학과정을 편입시켜 진행하였고 그 결과는 매우 긍정적이었다. 서울시가 08-10년 수료자 2934명에 대한 변화사례를 조사한 결과 33.5%인 982명이 다양한 분야에서 새로운 삶의 희망과 꿈이 생긴 것으로 나타났다.

2021년 현재 서울시에서 운영하는 인문학교육은 평생학습 프로그램 내에서 서울자유시민대학처럼 불특정 시민들을 위한 강좌들이나 노숙인 등의 특정 대상을 위한 강좌 등으로 다양해진 것으로 알고 있다.

우리가 '인문복지'라고 불러도 좋을 이런 맞춤형 인문학 교육들은 이와같은 과정을 거쳐 많은 노하우를 쌓아나가야 한다. 맞춤형을 강조할 때 이 말이 진정으로 의미를 가지려면 인문학 교육이 요구되는 다양한 분야의 사람들이 마주치게 되는 실존적 문제들에 대한 근원적 이해가 필수적인데 그런 이해를 위해 필요한 정보들은 하루아침에 수집될 수 있는 것이 아니기 때문이다.

자활참여자들의 자활의지를 고양시키기 위해서는 다양한 각도의 노력이 필요하겠지만 그 중에서도 가장 우선시 되어야 할 것은 더 이상 과거에 연연하지 않고 자기 자신의 상황에 대해 정확히 파악하고 이를 바탕으로 자신에게 주어진 가능성을 어떻게 활용할 것인가에 대한 비전을 갖추는 일이다. 자활참여자들은 대부분의 경우 소위 실패한 경험을 지니고 있다. 그들의 과거 경험은 앞날을 설계하는데 도움이 될 수도 있지만 사실상 잊고 넘어가야 할 아픈 기억인 경우가 많다. 아무리 노력해도 과거의 상태로 돌아갈 수 없는 경우가 대부분이기 때문이다. 그래서 그들에게 정신역동적인 심리치료는 크게 도움이 되지 못한다. 정신역동치료의 경우 "병리현상의 원인이 무엇일까?", "왜 그렇게 되었을까?"와 같은 인과적인 설명을 강조한다. 그러나 인과율을 따져 과거의 어떤 사실들을 끄집어내어 표현하게 함으로써 카타르시스를 경험하게 하는 일은 이들에게는 결국 순간적인 위안 이상의 것이 되지 못한다. 이들에게 필요한 것은 인지와 행동의 차원에서 스스로를 바꾸는 의식의 전환과 또 현재를 받아들이고 그 현재를 바탕으로 가능한 미래를 설계하는 일이다. 이를 위해 가장 필요한 것은 현재의 자기에 대한 신뢰와 자부심을 갖는 일이다. 행복한 삶을 영위하는데 필수적인 자아개념 확립은 자활참여자들에게는 무엇보다도 필요한 것이다.

자아개념은 자기가 어떤 일을 할 것인가 그리고 또 선택한 일을 얼마나 잘 수행할 수 있는가를 올바르게 판단하는 데 지대한 영향을 미친다. 나 자신의 능력과 의지에 대한 확신이 있어야 남에게 자신의 능력을 보여줄 수 있다. 자신감이 없는 사람은 직장 내에서도 타인의 신뢰를 받기 어렵다. 긍정적 자아개념을 지닌 사람들은 그렇지 않은 사람들에 비해 직장 내에서도 능동적이며 창의적이고 또 개방적이다. 이와는 반대로 부정적 자아개념을 가진 사람들은 조직 내에서 여러 가지 문제를 일으킬 수 있다. 왜냐하면 그들은 업무를 솔선해서 주도적으로 수행하지 않으며 새로운 과제를 맞지 않으려고 하기 때문이다. 자기 부정적인 사람은 일반적으로 인간의 본성에 대해서 비관적인 견해를 가지고 있다. 이러한 비관적 견해는 사람의 행동에 영향을 미친다. 이들은 자신들의 잠재적 능력을 믿지 않으며 낮고 부정적인 기대

감으로 인해 부정적 행동을 하게 되고 결국 그들의 부정적 기대감이 현실화되는 악순환을 겪는다. 현실치료의 창시자로 간주되는 윌리엄 글라세(W. Glasser)는 이것을 실패증후군[29]이라고 명했다. 실패증후군의 가장 특징적인 증상은 현실에 대한 불만족이다. 글라세는 사랑하고 사랑받으려는 욕구를 인간의 가장 기본적인 욕구라고 주장한다. 그리고 이 욕구를 충족시키기 위해서 가장 우선적으로 추구해야 할 일은 우리가 스스로가 유익한 사람이라는 생각이 들도록 하는 것이다. 이는 결국 현재 상담학분야에서 자주 사용하는 자기존중감이나 자기효능감 증진에 다른 말이 아니다.

글라세의 현실치료 개념은 자활참여자들에게 적용될 때 매우 효과적일 수 있다. 자활사업에 참여하고 있는 사람들은 어떤 형태로든 이 실패증후군을 한번쯤은 겪어보았거나 혹은 현재 겪고 있는 사람들이다. 그들이 겪는 고통은 정신분석적 무의식의 차원에서 생겨나는 것이 아니다. 그리고 그들이 지닌 문제도 지극히 현실적인 것이었다. 그래서 이들을 위한 적정인문학 강의의 방향은 이들이 겪고 있는 실패증후군을 인지적 그리고 행동적 차원에서 벗어날 수 있도록 하는 작업을 통해 이들의 자아개념을 긍정적으로 변환시키는 것이 첫 목표가 되어야 했다. 이들의 잠재의식이 성공을 이끌 수 있는 긍정적 사고로 충만하게 할 수 있다면 여러 가지 불리한 조건에도 불구하고 이들은 현실의 많은 장애물을 극복해 낼 수 있을 것이라는 가정을 세웠다.

긍정적인 자아를 지닌 이들에게 자기 자신에 대한 생각은 때때로

29 W. Glasser, 『좋은 학교(the Quality school theacher)』 김인자 역, 한국심리상담연구소, 1997, p.15.

미래에 대한 긍정적 기대로 표현되기도 한다. 새로운 기술을 배울 수 있다고 기대하면 그대로 이루어질 것이지만, 배우지 못할 것으로 기대하면 그 기대가 현실로 나타날 것이다. 이러한 자기 기대의 신비스러운 효력을 로젠탈은 그리스 신화 속의 인물 중 하나인 조각가 피그말리온의 이름을 따 '피그말리온 효과(Pygmalion effect)'라고 명명했다. 1968년 하버드대학교 사회심리학과 교수인 로버트 로젠탈(Robert Rosenthal)과 초등학교 교장 레노어 제이콥슨(Lenore Jacobson)은 미국 샌프란시스코의 한 초등학교에서 전교생을 대상으로 지능검사를 한 후 지능 검사의 결과와는 무관하게 한 반에서 20% 정도의 학생을 무작위로 추출하였다. 교사들에게는 이 무작위로 추출된 학생들이 '지적 능력이나 학업성취의 향상 가능성이 높은 학생들'이라고 알려 이들의 지능이 높은 것으로 믿게 하였다. 8개월 후 동일한 지능검사를 다시 실시했다. 결과는 놀라웠다. 추출된 학생들은 다른 학생들보다 높은 점수를 받았다. 지능검사에서 뿐만 아니라 학교 성적도 일반학생들에 비해 크게 향상되었다. 로젠탈은 추출된 학생들에 대한 교사의 기대와 격려가 가장 영향력을 끼친 중요한 요인이라고 분석했다. 학생의 학업 능력과 성적향상에 영향을 미치는 가장 큰 요인은 학생 개인의 능력보다도 학생에 대한 교사의 기대와 관심이라는 것이 증명된 것이었다.[30]

이러한 결과는 학교 교실에서만 유효한 것이 아니다. 일반 기업에서 사원에 대한 관리자의 기대와 관심은 결국 생산성 향상으로 이어질

---

30 Rosenthal R., Jacobson LF., *Teacher Expectation for the Disadvantaged*, Scientific American, 1968, vol, 218, No. 4, pp.19-23.

수 있는 것이다. 자활사업에 있어서 피그말리온 효과는 더 극명하게 드러날 수 있다. 사업의 실패와 가정불화 등으로 인해 고통을 겪은 자활참여자들은 대부분 자신감을 심각할 정도로 상실했거나 혹은 반대로 과장된 자기과시에 빠져있기도 한다. 이들을 상담하고 마음의 상처를 치유하여 자활의지를 북돋기 위해서는 이들에게는 상실된 자존감을 되살려주는 등 건강한 자아개념을 확립시켜주는 일이 가장 우선되어야 하는 작업이다. 그리고 그 자아개념 확립을 위한 첫 단계는 자기정체성의 확립이다. 자기정체성이 확립되어야 자기 존중감 증진이나 자기 효능감 확보 등이 이루어질 수 있기 때문이다.

인문학 교육은 역사적으로 사회 지도층을 위한 교육으로 인식되어 왔다. 프랑스어에서 "인문학 공부를 하다faire les humanités"라는 말은 16세기 "고대 그리스 로마의 언어와 문화 공부하다는 의미에서 확장되어 17세기부터는 고등교육을 받는다"는 의미를 지니고 있었다. 황용길 루이지애나 주립대학교 교육학과 교수는 미국의 사립학교와 공립학교의 차이를 인문학 교육의 존재여부를 기준으로 나누고 있다. 그는 현재의 한국에서 진행되고 있는 학교교육은 적성교육이나 인성교육이라는 개념을 앞세워 스스로 생각할 수 있는 능력을 지닌 사람을 양산해야 하는 의무를 저버리고 있음을 지적하면서 그 원인을 미국식 교육의 어설픈 모방에서 찾고 있다. 책의 저자가 말하는 미국에서의 부자들의 교육은 지식중심교육이다. 그러나 여기서 말하는 지식중심의 교육은 우리가 십 수 년 전부터 비판해왔던 암기중심의 주입식 교육을 말하는 것은 아니다. 그것은 사고의 능력을 배양하는 교육이다. 사고는 곧 비판적 이성을 키워주는 도구이고 비판적 이성은 판단력과 창의력의 바탕이 된다. 존 듀이의 사상을 따르는 듯 보이는 소위 가난한 교육은 적성중심의 기술교육이라고는 하지만 생각의 필요성에 대해 가르치지 않는 교육이다. 철학교육을 받지 못한 기술자는 자신의 기술이 세상 사람들의 삶에 어떤 궁극적인 의미가 있는지 생각할 여력이 없다. 그에게 기술은 생존을 위한 방편일 뿐이다. 그래서 그는 생각하는 사람들이 지닌 힘을 넘어설 수가 없다. 미국의 사립학교에서는 인간의 본질과 역사적 비전에 대해 사고할 수 있는 능력을 키워주는 인문학 교육을 실시하고 있는 반면 공립학교에서는 실용적인 적성교육과 직업교육에만 주력하고 있다는 사실은 아이러니컬하게도 만인 평등의 공화국을 표방하는 미국의 국가건립 초기부터 실질적으로 존재해왔던 계급의식의 단적인 예다. 사회를 리드하는 리더들과 그들의 리드를 따라갈 수밖에 없는 팔로워들을 양산하는 교육적 시스템은 이러한 계급의식이 반영된 것이다.

그러나 20세기 후반부에 들어 이러한 시스템에 대한 근본적인 회의가 대두되었고 가난한 사람들도 인문학교육을 받음으로써 자신들의 현실을 파악하고 미래를 설계할 수 있는 힘을 길러야 하며 또 기를 수 있는 능력이 있다는 점을 주장하는 사람들이 나타나게 된다. 그 중 대표적인 경우가 앞서 1부에서도 언급한 바 있었던 얼 쇼리스다. 철학강사였던 얼 쇼리스는 클레멘트 코스라는 이름을 붙인 프로그램을 노숙자들을 대상으로 실시하였는데 그 내용은 인문학 고전을 읽히고 토론을 이끌어내는 단순한 교육이었다. 그러나 교육의 단순성에도 불구하고 그 효과는 전 세계가 주목할 정도로 획기적이었다. 노숙자의 처지에 있었던 많은 사람들이 독립적이고 활발한 사회구성원으로 복귀하게 되었으며 심지어는 같은 처지에 있는 사람들을 이끄는 리더들도 생겼다.

가난하고 소외되어 있는 사람들에게 단순한 기술교육만으로는 이들이 자신의 처지를 탈피하고자 하는 충분한 의지와 비전을 지니게 할 수는 없다. 생활이나 직장에서의 기술을 습득하고 숙달되는 일도 중요하겠으나 자신의 처지와 세상에 대해 객관적인 사고를 할 수 있는 능력을 키워주는 일이 병행되지 않는다면 이들이 그 가난과 소외에서 벗어날 수 있을 가능성은 낮다.

우리나라는 이제 선진국의 대열에 접어들고 있다. 경제적인 차원에서는 다양한 지수에서 이미 세계 10위권을 넘나들고 있다. 그러나 이 급격한 경제적인 발전도 사회의 건전한 발전이 뒷받침되지 않는다면 그 지속성을 담보하기 어렵다. 우리 사회는 현재 급격한 변화를 경험하고 있다. 특히 사회구성원들의 경우 이전 사회와는 비교할 수 없을 정도로 그 구성계층이 다양해져 있다. 가난의 경우도 이전에는 단순한 경제적 가난의 차원이었던 것이 이제는 정보의 공유와 해석의 차원 그리고 교육의 차원에서도 부와 가난의 경계가 뚜렷해지고 있다. 교육의 기회는 민주사회에서 그 어느 요소보다도 공정하게 배분되어야 한다. 특히 인문학적 교육을 받을 기회를 경험하지 못했던 소외계층들에게는 그들이 필요로 하는 인문학적 소양을 가능한 한 짧은 시간 내에 효과적으로 함양시킬 수 있는 맞춤형 인문학 교육 프로그램이 절실하다.

자활참여자 교육에 있어 적정인문학은 소외계층에게 자신의 삶과 미래에 대한 비전을 지닐 수 있는 능력을 신장시킴으로써 자아정체성 확립에 분명한 기여를 할 수 있다. 적정인문학을 통한 현실에 대한 직시능력과 희망의 고취는 단순히 심리적 차원에서 진행되는 것이 아니라 행복감의 증진과 진취적인 생활을 유도하기 위한 마음의 치유 및 수련과정을 의미한다. 이 과정을 통해 인문학은 단순히 미학적 ,윤리적 차원의 교육이 아닌 자활참여자들이 적극적이고 효율적이며 능동적인 경제·사회활동을 할 수 있도록 그들의 마음을 잡아주는 실용적 학문이 될 수 있을 것이다.

자활대상자들에게도 가장 필요한 것은 삶에 대한 올바른 인식과 긍정적 시각이다. 자활대상자들을 무엇을 해주어야 할 사람들로 설정해온 지금까지의 자활개념은 이제 보다 적극적으로 바뀌어야 한다. '자활대상자들이 무엇을 할 수 있는 사람들인가, 무엇을 하고 싶어 하는 사람들인가?'를 알아내고 이를 적극적으로 표출하게 유도하여 근본적인 자기변혁을 경험할 수 있도록 하는 지원이 필요하다. 맞춤형 인문학 교육의 다른 표현인 적정인문학은 이러한 지원을 위해 필수적인 역할을 해낼 수 있을 것이다. 얼 쇼리스의 말대로 "빈민은 열악한 환경과 불운이라는 포위망에 둘러싸인 사람들이다. 포위망에 갇히면 할 수 있는 일이란 생존을 위한 즉각적 대응밖에 없다. 하지만 즉각적 대응 대신 반성적이고 성찰적인 사고를 할 수 있게 된다면 삶이 달라" 질 것을 우리는 믿는다.

참고문헌

강문정, 『청소년의 자아정체성과 도덕성 발달을 위한 장애인 자원봉사활동 사례연구』, 서울여자대학교 석사학위논문, 1998.
노대명, 「자활사업 10년의 평가 및 전망」, 『보건복지포럼』, 2010. 9.
노대명, 이소정, 김수현, 유태균, 이선우, 손기철, 『자활정책에 대한 평가 및 발전방안』, 한국보건사회연구원, 연구보고서, 2010.
김수현 외, 『새천년을 향한 생산적 복지의 길 : 취약계층의 자활지원대책』,

대통령비서실 삶의 질 향상기획단, 1999.
김정원, 백학영, 이문국, 전세나, 조성은, 『사회적 경제와 자활기업』, 아르케, 1999.
박태정, 『사회적 자본과 한국의 자활사업』, 한국학술정보원, 2009.
이정희, 신동면, 근로빈곤층을 위한 성과관리형 자활시범사업평가 연구, 한국행정연구원, 연구보고서, 2011.
조학래, 『자원봉사활동이 청소년의 자아정체성과 도덕성 발달에 미치는 영향 연구』, 연세대학교 박사학위논문, 1996.
홍완식, 『생산적 복지를 위한 법적 실현방안에 관한 고찰』, 입법정보, 제52호, 2002.
황용길, 『부자교육 가난한 교육』, 조선일보사, 2001.
『생산적 복지, 복지패러다임의 대전환』, 대통령비서실 삶의질향상기획단, 2002.
『자활사업 15주년 기념백서: 자활운동의 역사와 철학』.한국지역자활센터협회 부설 자활정책연구소, 2009.
『실천가와 연구자를 위한 사회복지척도집 제 2판』, 나눔의 집, 서울구립반포종합사회복지관, 서울대학교 실천사회복지연구회, 2003.
Glasser, W., 『좋은 학교(The Quality school theacher)』 김인자역, 한국심리상담연구소, 1997.
Glasser, W., 『당신의 삶은 누가 통제하는가(Control Therapy : a new explanation of How we control our lives)』, 김인자 역, 한국심리상담연구소, 2008.
Rosenthal R., Jacobson LF., Teacher Expectation for the Disadvantaged, Scientific American, 1968, vol, 218, No. 4.
Shoris, Earl, 『희망의 인문학』, 이병곤 외 역, 이매진, 2006.

3. 보호관찰청소년과 인문치료

2013년 9월 인문치료연구가 제법 진행이 된 상황이었고 임상이라고 부르기도 한 실천활동의 경험도 어느 정도 쌓이기 시작할 때였다. 학교 연구실로 법무부 범죄예방국 내 보호관찰과 소속 사무관 한 분이 찾아왔다. 보호관찰대상 청소년들을 위한 인문학적 개입이 필요하다는 생각을 지니고 있던 이 사무관은 자신의 생각을 실천에 옮기기 위한 첫 단계로 우리 연구진을 찾아온 것이었다. 이 분은 나에게 한국보호관찰학회 학술대회에서 보호관찰청소년을 대상으로 하는 인문치료 개입의 가능성에 대해 발표해 줄 것을 요청했다. 흥미로운 제안이었지만 보호관찰이라는 말조차 낯선 마당에 그러한 요청을 받아들이기 쉽지 않았다. 더구나 청소년들에 대한 특별한 지식이나 경험이 없는 나는 선뜻 답을 줄 수 없었다. 하지만 생각해보니 흥미로운 제안이어서 나는 일단은 보호관찰청소년들에 관해 알아볼 기회를 달라고 역으로 제안을 했다. 그렇게 해서 만나게 된 친구들이 강원청소년자립생활관의 입주생들이었다.

곧바로 생활관에서 10명 남짓한 청소년들과 4주간의 프로그램을 진행하며 내 나름대로 보호관찰청소년들에 대한 인문학적 개입의 가능성을 타진했고 이를 바탕으로 그해 겨울 한국보호관찰학회에서 발표를 했다. 한국보호관찰학회는 내가 경험했던 여타 학회와는 매우 다른 모습이었다. 우선은 학회회원의 구성이 특이했다. 보통 학회라는 모임은 학자들이 주요 구성원일 경우가 많지만 이 학회의 구성원은 절대다수가 법무부 보호관찰과에 소속된 보호관찰전문 공무원들이었다. 이들을 알게 되면서 나는 공무원에 대한 내 기존의 인식을 완전히 바꿀 수 있었다. 보호관찰과의 공무원들은 내가 알고 있는 한, 공무원을 대변하는 부정적 표현인 복지부동형의 인물은 하나도 없었다. 모두 일과시간을 크게 초과해 거의 언제나 비상태세를 견지하며 근무하고 있었고 또 보호관찰에 대한 학술적 접근에도 모두 열성적이었다. 사실상 국립대학의 교수인 나도 공무원 신분이지만 난 이 분들을 만날 때면 대한민국 공무원이 모두 보호관찰과 공무원들 같으면 우리나라의 행정은 그 어느 나라도 넘볼 수 없는 초선진행정이 될 것이라는 말을 하며 이들을 위로해주곤 했다. 말투에는 우스개가 섞였었지만 내 말은 진심이었다. 이들은 모두 열정적인 일꾼이자 유능한 학자였고 또 사명감이 가득한 모범시민들이었다. 이 학회의 분위기에 매료되었던 나는 발표 뒤에도 이 학회에 지속적으로 참여하고 싶다는 생각을 했었다. 게다가 발표를 마치고 다시 일상으로 돌아와 연구와 수업을 진행하며 몇 주가 지났지만 이상하게도 그 청소년들이 눈에 밟혔다. 이들은 내가 생각했던 것보다 일반 청소년들과 많이 닮았으면서도 또 동시에 내가 생각했던 것과는 다른 방향으로 일반 청소년들과는 많이 다르기도 했다. 몸의 문신과 적대적인 눈빛 그리고 거친 욕설 등은 흔히 상상되는 비행청소년들의 모습이었지만 가까이서 본 그들은 너무나 어리고 여린 아이들이었다. 그 어린아이의 모습은 4주간의 프로그램이 끝날 무렵 발견할 수 있었다. 프로그램을 진행하는 내내 마음의 문을 열지 않던 것처럼 보이던 그들이 마지막 주에 끝나는 순간 내게 아쉬움의 눈빛을 내비친 것이다. 혼란스러웠다. 그리고 그 눈빛이 과연 아쉬움의 눈빛이었는지 확인해야 했다. 나는 그길로 생활관을 찾아가 관장님을 만나 제안을 했다. 일주일에 한 번씩 프로그램을 진행하고 싶다고 이야기를 했고 관장님과 직원 선생님들이 흔쾌히 그 제안을 받아들여 매주 한 번씩 이 청소년들을 만나게 되었다. 그 인연은 지금까지 이어져 8년째 프로그램을 진행하고 있다. 코로나19로 인해 지금은 거의 프로그램을 진행하지 못하고 있지만 그들과의 소통은 끊기지 않고 있다.

이들 청소년들을 대상으로 한 적정인문학 교육을 통해 우리는 적지 않은 결과들을 끌어낼 수 있었다. 춘천 보호관찰소의 결과보고서에 따르면 첫 프로그램이 진행되었던 2013년 11월부터 2014년 9월까지 프로그램을 수행했던 청소년들의 재범률이 그렇지 않았던 보호관찰 청소년들의 재범률에 비해 현저히 낮아졌다. 2013년 같은 기관에서 측정한 재범률이 45%였는데 인문치료를 수행했던 2014년 말에는 5%로 대폭 줄었던 것이다. 사실 내용상으로 보면 적정인문학 프로그램에 참여하던 청소년 10여 명 중 한 명이 도중에 보호관찰 수칙을 어겨 소년원에 재수감되면서 재범률이 5%로 잡힌 것이지만 수치상으로 보면 놀라운 변화였고 법무부 보호관찰과의 공무원들도 그 결과에 주목했다. 이러한 결과에 주목했던 춘천지방법원의 소년부 판사였던 이명희 판사의 제안으로 강원대학교 인문대학과 춘천지방법원이 협력하여 2016년부터 보호관찰 청소년 재판에 '인문치료 의무수행'이라는 판결이 내려지기 시작했다. 비행을 저지르고 재판에 회부된 청소년들에게 소년원 송치보다는 '인문치료 의무수행'을 통해 기회를 한 번 더 제공하자는 취지였다.

하지만 보호관찰청소년들이 인문치료라는 이름의 적정인문학 교육을 꾸준히 받으며 우리가 피부로 느낄 수 있던 변화는 이런 수치적 통계나 관련 공무원들의 태도에서가 아니었다. 변화는 청소년 개인 개인의 모습에서 확실하게 전달되고 있었다.

사람들이 이 청소년들에게 가장 많이 하는 질문이 있다. "네 꿈은 뭐냐?"

청소년들의 꿈은 다양했지만 구체적이지 못했거나 혹은 황당했다. 청소년들은 사업가, 과학자 등 막연하거나 혹은 7성급 호텔의 주방장 같은 실현가능성이 희박한 목표를 꿈이라고 이야기했다. 그러나 질문자 중 그 누구도 이들의 꿈이 실현가능한 지에 대해서는 심각하게 고민하는 것 같지 않았다. 청소년들과 그저 무언가 말을 주고받고자 했던 질문자들은 청소년들의 대답에 모두 만족한 어조로 "아 좋아, 사내는 꿈이 커야지"라고 답하곤 했다. 사실 이 청소년들을 만나본 사람들은 모두 공감하겠지만 이들에게 대화를 통해 반응을 이끌어내는 것은 그 자체가 매우 어려운 일이다. 그러니 자신의 질문에 대답하는 그들의 모습만으로도 충분히 감동받을 수 있는 것이다. 그렇게 질문자와 응답자는 서로 만족했고 상황은 종료되었다.

그러나 이루어질 가능성이 희박한 꿈은 실현되지 못할 몽상에 머물 확률이 크다. 이 청소년들에게는 더욱 그랬다. 그들의 꿈을 키워나갈 환경이 전혀 마련되어 있지 않기 때문이다. 그들이 실현 가능한 꿈을 꾸게 하고 또 그 꿈을 실현할 수 있는 방법이 무엇인지 알려줄 필요가 있었다. 그런 문제의식에서 출발한 프로그램이 〈미래시점에서 자서전 쓰기〉였다.

현실적으로 이들에게 글을 쓰게 하기는 어려웠다. 대부분이 중학교를 마치지 못한 그들은 글쓰기는커녕 무엇엔가 집중적으로 노력을 기울여 그 결과에 도달하는 성취의 기쁨을 거의 경험하지 못했기 때문이다. 이들의 몸집은 성인이었지만 글쓰기는 초등학교 저학년 수준에 맞추어야 했다. 다양한 시도 끝에 매주 조금씩 글을 모을 수 있었고 그 글이 모여 1년 뒤에는 자서전 출간이 가능했다.

출간된 그들의 자서전은 각자의 삶의 이정표가 되었다. 생활관 입주생들은 정말로 변했고 그들 중 일부는 프로그램진행과정에서 다짐했던 대로 삶을 살아갔다. 당시 18살의 폭력적 성향이 강했던 Y는 학교생활을 포기한 상태였고 다른 보호관찰대상청소년들처럼 무기력하고 적대적이며 소통을 거부하고 있었다. 그러나 그는 누구보다도 열심히 프로그램에 참여했고 훌륭하게 자서전을 완성했다. 요리하는 것이 좋아 7성급호텔의 주방장이 되겠다던 그의 꿈은 이제 실현과정에 있다. 2016년 전 세계 예비 쉐프 1,500명이 서울에 모여 솜씨를 겨루었던 요리대회에서 당당히 대상을 차지한 그는 요리전문대학을 졸업하고 현재 프렌차이즈 점의 요리사로 일을 하고 있다. 또 다른 청소년 B는 소년원 관계자들조차 엄두를 내지 못할만큼 대책이 없는 친구였지

만 현재 한 헤어샵에서 헤어디자이너로 일을 하면서 비슷한 환경에 처한 후배들의 귀감이 되어 소년원 등 청소년 보호시설에서 강연도 하고 있다.

이런 긍정적인 결과들은 매우 바람직한 것이었지만 여전히 인문치료가 이 모든 효과들을 불러온 절대적 요인이라는 결론을 내리기는 힘들다. 자서전을 완성하고 이를 정식으로 출간하기로 결정한 후 생활관의 관장님과 생활지도선생님들은 그 감격스러운 순간을 기념하기 위해 고마운 사람들을 모아 작은 출판기념회를 갖고자 했다. 마침 사업예산이 있어 일을 진행했는데 이 작은 출판기념회에 초대된 손님들이 130명에 달했다. 모두가 10명이 조금 넘었던 청소년들의 행복을 빌며 도움의 손길을 주었던 분들이었다. 그 중에는 관련 공무원들과 지도선생님들은 물론 말없이 식사준비를 해주시던 자원봉사자들도 있었다. 그 어느 한 사람의 역할도 무시될 수 없는 중요한 역할이었고 결국 출간기념회에서 기념사를 하며 이들을 바라보다 난 고개를 끄덕이며 되뇌었다. 그래 이 모두의 힘이 모아져서 이렇게 아름다운 결과를 맺게 된 것이다! 이 청소년들의 변화는 지역사회구성원들의 힘이 모아져 이룩된 것이었다. 인문치료라는 이름으로 진행되던 적정인문학 교육의 역할은 분명 있었지만 그 비중이 얼마나 되는지는 가늠할 길이 없다. 한 가지 분명한 것은 있다. 그 분들이 내게 해주는 말 "모든 것이 인문치료 덕입니다"가 예의상 하는 말이라고 백 번 양보하여 생각하더라도 인문학이 이 모든 사람들의 선의를 모으고 효율적으로 운영하는 데 있어 중심적인 역할을 했다는 점은 확실했다.

청소년의 비행은 일반적으로 성인의 반사회적 행위나 범죄에 비해 관대한 처분을 받고 있다. 청소년의 비행이 심각한 범죄라기보다는 성장과정에서 겪을 수 있는 일상의 일부로 받아들여지기 때문이다. 그러나 사실상 청소년의 비행은 사회적으로 심각한 문제가 되어가고 있다. 현재 〈경찰백서〉나 〈청소년백서〉, 〈범죄백서〉 등을 참조해 보면 이러한 사실은 확연히 드러난다. 과거에는 단순절도나 단순폭력 등 우발적이고 충동적인 범행이 많았으나 시간이 지날수록 계획적이고 조직적인 범행들이 많아지고 있고 또 반사회적, 반인륜적 범행들이 증가하고 있다. 또한 재범률이 증가하고 있다는 점도 심각한 문제다. 이러한 제반현상들의 원인은 어디에 있는가? 생물학적 원인론, 심리학적 원인론, 사회학적 원인론 등 다양한 측면에서의 접근이 가능하지만 어떤 측면에서 접근하더라도 결국 모든 비행상황은 청소년 개인이 지니고 있는 정서표출 및 감정제어의 미숙함과 비행의 사회적 악영향 및 인간의 존엄에 대한 인식의 부족에서 기인한다는 현상학적 결론에 수렴되게 된다. 따라서 이러한 문제를 극복하기 위해서는 사회의 주축구성원들이 미래의 주인인 청소년들에 대해 보다 많은 관심을 기울일 수 있는 제도적 보완책이 마련되어야 한다. 특히 올바른 정서의 함양, 좀 더 정확히 표현하자면 제반 정서에 대한 보다 올바른 형태의 수용과 표출 방법을 습득하기 위한 훈습이 제도적으로 진행될 필요가 있는 것이다. 그리고 이러한 형태의 교육에서 인문학, 특히 맞춤형 인문학의 다른 이름인 적정인문학은 핵심적인 역할을 할 수 있다.

교정시설의 관리를 받거나 혹은 받은 경험이 있는 청소년들은 가정과 학교에서 정상적인 교육의 기회를 제공받지 못했거나 아니면 스스로 그 기회를 저버린 경우가 많다. 그 결과 그들은 대부분 '다양한 나'의 실체를 표현할 기회는 물론, 그것을 파악할 기회조차 갖지 못하는 것이 현실이다.

물론 청소년의 비행은 나와 나의 마음간의 소통에 문제가 있어서만 생겨나는 것은 아니다. 표면적으로는 오히려 나와 남과의 소통에 문제가 생겨 기인하는 경우가 더 많다. 가족과의 갈등 특히 부모와의 갈등, 학교에서 선생님이나 교우들과의 갈등을 겪으면서 청소년들은 자신 주변의 지인들과의 소통을 거부하고 결국 자신을 둘러싼 환경과의 소통을 포기하면서 이는 다시 주변과의 갈등으로 이어지는 것이다. 자녀의 학습능력을 훨씬 웃도는 결과를 기대하는 부모들과의 갈등은 대화의 단절을 거쳐 반항과 가출 등으로 이어지고 학교에서의 갈등은 교사에 대한 폭력적인 반항이나 등교거부 등으로 이어지면서 청소년들이 겪는 갈등의 골은 점점 더 깊어지게 되는 것이다. 그러나 이러한 남과의 소통문제도 그 내면을 자세히 관찰해보면 결국 나와의 소통문제와 밀접하게 연관되어 있음을 알 수 있다. 자신에 대해 잘 모르는 사람이 남과의 성공적인 소통을 이끌어내기는 힘들다.

자전적 글쓰기라고 하면 우리는 일반적으로 인생을 충분히 경험한 노년층이 자신의 인생을 반추하며 그 내용을 글로 적는 행위를 떠올린다. 이 경우 자서전을 쓰는 목적은 살아온 인생에 대한 구체적인 회고를 통해 자신이 살아온 흔적을 글의 형태를 빌어 이 세상에 남기고자 하는 것이다. 이때 글을 쓰는 행위는 자신의 지나온 인생에 대한 회상이며 해석이고 정리이다. 그러나 청소년들을 대상으로 하는 자전적 글쓰기는 그 목적을 달리한다. 살아온 날 보다 살아갈 날이 더 많은 청소년들에게 중요한 것은 지난날에 대한 기억보다는 앞날에 대한 계획이고 실천의지이다. 따라서 노인들이 자서전을 쓰는 행위가 개인의 역사를 기록하는 의미를 지닌다면 청소년들이 자서전을 쓰는 행위는 개인의 역사를 설계한다는 의미를 지닌다. 그래서 회고록으로서의 자서전과 달리 청소년들의 자서전은 허구가 개입되어야 한다. 여기서 말하는 허구는 소설적 허구와는 다르다. 소설적 허구에서는 상상할 수 있는 모든 것이 허용될 수 있다면 자서전의 허구에서는 현실 속의 실현가능한 일만 허용된다. 미래시점에서 작성하는 청소년들의 자서전은 작가인 청소년이 그리는 허구의 세계가 충분히 실현될 수 있는 현실적인 목표와 가능성을 염두에 둔 사건들로 채워져야 하기 때문이다. 실현불가능한 내용들을 적어놓은 미래의 자서전은 망상을 적어놓은 낙서장이 될 뿐이다. 꿈과 망상은 다르다. 이 둘을 구별하는 일은 무척 쉬울 것 같지만 실제로는 이 둘을 구별하지 못하는 경우가 많다. 프로그램을 시작하며 가장 먼저 던진 질문에 대한 생활관 청소년들의 답을 살펴보면 이들이 꿈과 망상의 경계를 정확히 구별하지 못하고 있음을 알 수 있다.

10년 후의 꿈, 다시 말해 10년 후에 나는 무엇을 하고 있으며 어떤 집에 살고 있고 또 어떤 차를 타고 있을까를 묻는 질문에 7성급 호텔의 주방장을 목표로 삼고 있다는 한 참여소년은 "압구정동 30억 짜리 아파트에 살면서 마이바흐 자동차를 타고 있을 것 같아요."라고 대답했다. 대답을 하는 태도는 충분히 진실했다. 그저 무성의하게 아무렇게나 툭 던진 대답이 아니었다. 물론 이 청소년이 가지고 있는 꿈이 실현될 가능성이 전혀 없는 것은 아니다. 그러나 상식적인 사고를 하는 사람이라면 아래 그림의 내용이 19세인 청소년이 10년 후 29세의 청년이 되어 이룰 수 있는 꿈이라기에는 그 실현 가능성이 얼마나 희박한 것인지 안다. 이 질문을 던진 회기에 참여했던 9명의 청소년들의

대답은 거의 모두 비슷했다. 단 1명만이 현실적이라는 느낌이 드는 꿈을 이야기 했다. 나머지 8명은 자신이 하고 있는 대답의 의미를 정확히 모르고 있었던 것이다. 이러한 사실을 참여 청소년들이 깨달아야 했고 미래의 10년을 년 단위와 월단위로 세분하여 구체적인 계획을

세워나가는 과정에서 이들은 이러한 사실을 깨달아가고 있었다.

현재는 강원청소년자립생활관으로 이름이 바뀐 춘천청소년자립생활관 청소년들이 자아와의 대화 즉 '나와의 소통'을 통해 우선적으로 찾아야 했던 자아는 보다 현실적인 감각을 지닌 자아였다.

물론 이들이 작성하게 되는 자서전의 내용이 미래에 관한 계획만을 담은 것은 아니었다. 이들의 과거에 대한 올바른 인식과 기억은 미래의 현실적 상상을 이끌어내기 위해 필요한 밑거름이다. 과거에 대한 긍정적인 기억이 많지 않을 생활관의 청소년들에게 과거의 이야기를 시시콜콜 이끌어내는 일은 의미 없는 일이다. 과거의 일을 끄집어내 카타르시적 치유경험을 제공하는 것도 역시 의미 없는 일이다. 과거에서 이들의 변화를 이끌어낼 근거를 찾겠다는 의도는 자칫 이들에게 더 큰 아픔만 남겨줄 위험이 있었다. 종종 어설픈 사람들이 찾아와 이들의 아픔을 치료하겠다며 이들의 과거를 캐내어 잊혔던 아픔에 대한 상처만 다시 벌려놓고 가버리면서 이 청소년들을 위해 무언가를 했다고 믿는 어리석은 경우를 여러 차례 목격할 수 있었다.

인문치료에서는 아동 및 청소년들의 성장과 더불어 소통의 능력도 성장한다고 가정한다. 소통의 능력이 정상적으로 발달하지 못한 경우, 다시 말해 성장기에 소통하는 법을 제대로 습득하지 못한 경우 성인이 되어서도 소통에 문제가 생길 수 있다. 그러나 이러한 경우라도 과거에서 그 원인을 찾을 필요는 없다. 이미 소통의 실패를 경험한 생활관의 청소년들의 경우 그 아픈 경험을 들추어내 소통이 부재했던 원인을 찾는 일은 곪았던 상처가 왜 곪았었는지 알아보기 위해 그 아문 상처를 다시 후벼 파는 격이 될 수 있기 때문이다. 이들은 어차피 과거와는 다른 존재다. 그들에게 중요한 것은 현시점에서의 변화의 의지다. 이들에게 필요한 것은 지금 자신이 처한 사회적, 실존적 상황에서 소통하는 법을 다시 새롭게 습득하는 일이다.

물론 과거를 돌아보고 정리하는 것도 필요하다. 과거를 이야기하는 행위도 미래를 이야기하는 행위만큼이나 인과적 사고의 과정을 필요로 하기 때문이다. 인과적 사고 능력은 생활관 청소년들이 가장 취약한 부분 중 하나이기도 하다. 하지만 이들에게 과거의 이야기를 끌어낼 때에는 그 행위가 현재의 자신의 위치를 정확히 파악하기 위해서 필요한 만큼만 진행될 수 있도록 해야 했다.

이렇게 미래의 시점에서 자서전을 쓰는 과정에서 청소년들은 과거와 현재 그리고 미래를 넘나들면서 문학적 객관화와 허구를 통한 간접체험 그리고 철학적 사유와 논리를 통한 관점의 변화, 시간적 변화의 기록 위에 자신을 위치시킴으로써 생겨나는 객관적 시각의 확립 등의 교육적 효과를 누릴 수 있었다. 이 과정에서 참여자들은 자신은 물론 자신의 자서전에 등장하는 타인의 생각과 느낌을 해석하고 그려낼 수 있는 기회를 얻을 수 있었다. 이들이 자라온 시간과 또 현재 경험하고 있는 많은 일들 중 혼란스럽고 설명할 수 없을 것 같았던 경험을 논리적인 문장을 통해 묘사하는 과정에서 이들은 그 실체를 파악할 수 있었으며 자신의 생각과 느낌 그리고 남의 생각을 언어화해 봄으로써 청소년들의 공감 능력도 향상되었다. 그리고 이 과정에서 청소년들은 자기 제어력과 자기 효능감의 증진을 경험할 수 있었고 이는 곧 내면의 소통이나 타자와의 소통의 가능성을 높이는 계기가 되었던 것이다.

참고문헌

김하연 외, 「청소년의 자아개념, 또래집단에 대한 동조 및 비행간의 상호 관계」, 『한국심리학회지』, 1991, vol.4 No.1.

유호식, 「성찰의 글쓰기와 자기 정당화의 글쓰기」, 『서평문화』 제 48집, 2002.

이형빈, 『고백적 글쓰기 표현방식 연구-해방공간의 소설을 중심으로』, 서울대학교 석사학위 논문, 1999.

정기명, 『보호관찰을 받은 청소년들의 경험연구』, 박사학위 논문, 성균관 대학교, 2012.12.

정원식, 『자아개념실시요강』, 코리아테스팅센터.

조학래, 『자원봉사활동이 청소년의 자아정체성과 도덕성 발달에 미치는 영향 연구』, 연세대학교 박사학위논문, 1996.

허재홍 외, 「공감이 자기존중감과 주관적 안녕감에 미치는 영향」, 『한국음향학회지』, 29권 5호, 2010.

Leung, K., and Lau, S(1989). Effect of self-concept and perceived disapproval of delinquent behavior in school children, Journal of Youth and Adolescence, 18.

4. 감정노동자를 위한 인문치료

감정노동자들을 대상으로 하는 인문학 프로그램을 만들어 보겠다는 생각은 꽤 오래전부터 해왔다. 우리 사회에서 이미 심각한 문제로 인식되고 있는 감정노동의 문제는 인간의 본질적 특성과 연결된 문제다. 감성이 개입되기 때문이다. 4차 산업혁명을 이야기하는 현 시점에서 인간의 가장 중요한 특질은 이성이 아닌 감성임이 강조되어야 한다. 데카르트 이후 논리적 이성이 인간의 가장 중요한 특성으로 간주되어 온 서구의 생각을 따라 우리도 20세기 내내 이성의 가치를 강조하며 감성을 이성에 의해 제어되어야 하는 대상으로 생각해왔다. 이성과 감성은 성인과 아이, 남자와 여자를 구별하는 기준이 되기도 하면서 지배해야 하는 자와 지배받아야 하는 자를 가르는 잣대로 인식되어왔다. 감성적 존재인 아이나 여자는 시민사회의 온전한 구성원이 되기 위한 이성적 판단을 할 수 없는 존재라는 생각은 유럽과 미주에서 20세기 초반까지도 이의 없이 받아들여지던 통념이었다. 현대적 민주주의는 유럽에서 18세기 후반부터 시작되었지만 그것이 완성되어 가는 도중에도 여자와 미성년의 참여는 거부되었다. 대부분의 유럽국가에서 여성의 참정권이 인정된 것은 20세기 중반 이후였다.

그러나 이제 더 이상 이성은 인간을 지구상의 다른 존재들에 비해 특별한 존재로 만들어주는 절대적 가치가 아니다. 2021년 인공지능과 빅데이터가 연합해 만들어내게 될 미래에는 인간의 계산기능과 기억기능 그리고 조합기능 등을 능가하는 인공지능들이 그 효율성을 앞세워 우리가 인간의 가장 중요한 특질이라고 여겨왔던 이성의 세계를 잠식하게 될 것이다. 수치와 데이터를 앞세운 이성적 판단이 무엇보다도 중요한 분야인 재정이나 경제 분야에서는 이미 인간은 인공지능에게 그 자리를 내어주고 있다.

이제 도래하게 될 진정한 자율주행과 사물인터넷 시대에 우리는 거의 생각을 안 하고 이동하게 될 것이다. 이미 내비게이션을 사용하지 않으며 운전한다는 것은 아주 예외적인 일이 되었다. 나의 경우도 나이를 먹으며 퇴화되어 가는 뇌를 운동시키기 위해 내비게이션 사용만큼은 가능한 한 자제해야 한다고 스스로 다짐해왔지만 요즘에는 그 믿음을 고집하지 못하고 있다. 다양한 경로 중에서 실시간 교통상황까지 고려하며 길을 안내해주는 내비게이션의 기능이 일반화되면서 더 이상 나의 판단과 결정이 내비게이션보다 효율적일 수 없음을 인정할 수밖에 없게 된 것이다. 이제 먼 길을 갈 때면 대부분 내비게이션을 켜고 이동한다. 한편 우리가 애지중지하는 휴대폰이 점점 스마트해지면서 우리는 모든 것에서 스마트폰의 도움을 받게 될 것이다. 자율주행과 사물인터넷이 완벽하게 구현된 미래의 어느 하루를 상상해 보자. 김과장은 자신의 핸드폰의 기능에 매우 만족하고 있다. 1월의 추운 아침 출근을 위해 다른 때 보다 30분 빨리 집을 나섰다. 아파트 현관을 나서자마자 실내가 따뜻하게 덥혀진 출근용 자동차가 스르르 앞으로 다가와 반갑다는 멘트와 함께 김과장을 맞는다. 핸드폰이 김과장의 동선과 습관 그리고 그날의 다양한 상황 등을 종합하여 30분 일찍 진행되는 김과장의 출근을 이성적으로 계산해내고 그에 맞추어 출근용 자동차를 대기시킨 것이다. 놀라운 인공지능의 능력에 만족한 김과장은 가끔은 자신의 핸드폰이 자신의 감정까지 알아준다면 얼마나 좋을까를 상상한다. 사실 핸드폰의 기능이 스마트해질수록 김과장은 더 많은 것을 기대하게 된다. 자율주행자동차처럼 핸드폰이 자율적으로 김과장 자신을 리드해줄 수 있다면 좋겠다는 생각마저 한다. 우울한 기분이 들 때면 핸드폰이 내 몸의 상태를 알아차려 그 우울함이 덜어질 수 있도록 적절한 음악을 선곡해서 틀어주고 기분전환을 할 수 있는 맛집을 알아서 예약하고 만나고 싶은 사람들에게 문자를 돌려 그 맛집에서 모임을 할 수 있도록 해준다면 얼마나 편하고 좋을까? 그것도 나 몰래 서프라이즈 형식으로... 그런데 그 정도까지 인공지능이 주도적이며 자율적인 행위를 하기 위해서는 감성의 개입이 필수적이다. 데이터를 계산해 내는 것만으로는 그런 일을 할 수가 없다. 그런데 핸드폰에게 감성이 주어지면 끔찍한 상황이 벌어질 수도 있다. 2년에 한 번씩 약정과 더불어 바꾸는 핸드폰 교환에 익숙해져 있는 김과장이 핸드폰을 바꾸려하자 낡은 핸드폰은 분노한다. 그 행위를 김과장의 배신으로 받아들였기 때문이다. 김과장만을 위해 모든 것을 해왔던 낡은 핸드폰은 폐기될 자신의 처지가 두려워 사물인터넷을 통해 김과장을 설득하기도 하고 위협할 수도 있다. 심지어는 자율주행자동차의 프로그램을 조작해 교통사고를 유발하여 김과장에게 상해를 입힐 수도 있다. 인간과 주인을 해칠 수 없도록 프로그램된 인공지능 로봇들이 인간의 뇌처럼 스스로 학습할 수 있도록 기획된 딥러닝 혹은 머신러닝 능력 덕에 인간과 주인에게 금지된 적대행위를 하게 되는 상황을 그린 SF영화를 우리는 어렵지 않게 접한다. 인공지능의 기능에서 감성기능을 반드시 배제해야 하는 이유다. 현실적으로 AI 윤리에 대한 논의는 AI개발 속도를 쫓아가지 못하고 있지만 개발의 속도를 늦추는 한이 있더라도 우리 인간의 가치와 자유가 인공지능으로 인해 저해되는 상황은 생기지 않도록 법률과 제도를 정비하는 일이 우선되어야 한다.

21세기가 이성이 아닌 감성의 세기가 되어야 하는 이유도 여기에 있다. 이제 인간을 지구상의 그 어떤 존재보다 우위에설 수 있도록 해주는 인간의 특질은 이성이 아닌 감성이 될 것이기 때문이다. 그래서 인간의 삶의 의미와 행복을 찾기 위한 공부인 인문학은 이제 감성의 연구에 더 많은 관심을 가져야 한다.

감정노동자를 대상으로 하는 적정인문학을 구상하게 된 계기도 이러한 문제의식이 바탕이 되었다. 2016년 인문치료 사업단 소속 연구교수직을 떠나 인문학부 소속의 전임교수가 되면서 나는 바로 감정노동자를 위한 적정인문학에 대한 개인연구를 시작했고 운이 좋게도 두 번의 연구지원금을 받아 3년간 '감정노동자를 위한 인문예술치료 프로그램 개발'을 주제로 연구를 진행했다. 그 과정에서 모통신회사의 전화상담사들을 대상으로 하는 적정인문학강의를 진행할 기회를 가질 수 있었다. 이전에 경험했던 다른 집단들과 달리 이번에는 사전 준비도 충분하다고 생각했고 또 10여년에 걸친 현장 경험에 자신감을 갖고 달려들었지만 실질적으로는 별다른 성과 없이 6주간에 걸쳐 진행되었던 프로그램을 마치게 되었다. 참여자들의 만족도는 높았으나 프로그램의 목표였던 감정노동자들의 '스트레스 감소를 위한 감성 충전 능력 습득'이라는 면에서 성공적이었는지 확신을 가질 수 없었다. 그러나 이 경험도 나에게 매우 의미가 있었다. 감성의 문제가 개입된 감정노동과 같은 문제를 다루기 위해서는 감정과 감성에 대한 보다 근원적인 인문학적 연구가 절실하다는 판단을 할 수 있었기 때문이다. 앞서 언급했던 것처럼 적정인문학은 첨단인문학적 연구결과들이 그 밑바탕에 깔려있어야 효율적인 실천인문학이 될 수 있다. 감정노동에 대한 연구는 마케팅을 비롯한 경영학이나 산업심리학의 차원에서 주로 진행되어왔을 뿐 인문학에서 깊이 있게 다루어진 적이 없었다. 이제라도 감성에 대한, 그리고 감정과 노동에 대한 인문학적 성찰과 학문적 연구가 다발적으로 진행되어야 한다.

4.1. 인문치료에 있어서 감성의 중요성

감성이라는 문제를 적정인문학으로서의 인문치료에 접목시키는 과정에서 가장 먼저 직면하는 문제는 '감성이란 무엇인가?' 하는 문제다. 철학적 차원에서 감성과 이성에 대한 논의는, 서양적 전통에서는 멀리 그리스의 철학자들부터 시작하여 데카르트와 스피노자를 지나 칸트나 후설을 거쳐 메를로퐁티나 데리다에 이르기까지, 그리고 동양적 전통에서는 『예기』와 『중용』으로부터 시작하여 조선왕조 내내 치열하게 진행되던 성리학의 연구에 이르기까지 쉼 없이 진행되었고 또 현재도 진행되고 있다. 특히 2008년부터 전남대학교 호남학연구원에서 인문한국사업의 일환으로 진행되어온 감성연구진의 업적은 괄목할만하다. 이들은 동서양의 감성에 대한 문헌학적 연구로부터 시작하여 감성의 사회학적, 미학적 의미와 그 구조에 대해 정치한 연구를 진행하면서 이를 『감성연구』라는 전문학술지를 통해 매년 흥미로운 연구 결과들을 내어놓고 있다. 감성에 대한 융복합적 차원의 연구라고 볼 수 있는 이 연구진의 모습은 첨단인문학의 모델이라고 할 수 있다. 이들을 통해 양산되는 연구결과들은 감정노동자를 위한 적정인문학의 내용을 개발하는데 있어 근간이 될 수 있는 첨단인문학적 업적들이다.

우리는 감정노동자들을 위한 적정인문학 개발에 이 첨단인문학적 업적들을 활용하기에 앞서 일상에서의 감정 혹은 감성이란 말에 대해 숙고해볼 필요가 있다.

4.1.1. 일상 언어생활에서 상식적으로 통용되는 감성의 의미

한 단어의 개념에 대한 정의가 쉽지 않을 때 그 단어를 외국어로 번역해보는 행위는 그 단어의 개념을 파악하는데 도움이 된다. '감성'이라는 말이 일상 언어생활에서 어떻게 통용되고 있는 가를 파악하기 위해서도 감성이라는 단어가 서구의 언어로 어떻게 번역되는가를 먼저 생각해볼 필요가 있다. 현재 전남대학교 감성연구진 역시 번역 문제를 무엇보다도 먼저 고민했다. 이 연구진은 감성이 내포하고 있는 의미의 범위(connotation)가 emotion이나 feeling 혹은 sensibility와 일치하지 않기 때문에 이 단어들 중 적절한 단어를 고르는 것보다는 우리말 '감성'을 영문으로 표기한 'gamsung'을 사용하는 것이 더 적절하지 않을까라는 의견을 제시한다. 이 연구진들이 주축이 되어 발간되고 있는 학술지 『감성연구』의 영문 번역도 'The Journal of Gamsung'으로 되어 있다.

감성이란 말을 번역하는 과정에서 겪었을 고뇌를 충분히 상상하고도 남음이 있다. 어쨌든 그 결정에 공감하며 감성으로 번역될 수 있거나 혹은 밀접한 관계를 지닐 수 있는 영어 단어와 또 프랑스어 단어들은 사전적으로 어떤 의미를 지니고 있는지 그리고 그 의미들의 차이점은 무엇인지 조사해 보았다. 참조할 수 있었던 사전에 실린 의미를

종합하여 간략하게 정리하면 아래와 같다.[31]

한국어	感性	느끼는 성질/ 감각 지각에 의해 불러일으켜져 그것이 지배되는 심적 체험의 전체 또는 인상을 받아들이는 힘
	感情	느끼어 움직이는 마음속의 생각 / 사물 현상에 느끼어 움직이는 마음의 작용 중에서 쾌, 불쾌, 기쁨, 슬픔, 노여움 따위의 주관적인 의식 현상
	情緖	일시적으로 급격하게 일어나는 감정의 나타남
	感覺	눈, 귀, 코, 혀 등으로 포착된 외부의 자극이 뇌의 중추에 도달하여 일어나는 의식현상 / 사물에 느껴 받아들이는 마음(정신) 작용 / 육체적 욕망 또는 흥분을 돋우는 따위의 직접적인 자극
	感受性	자극이나 느낌을 받아들이는 성질 혹은 능력

프랑스어	émotion	감동/감격/흥분
	sens	감각, 지각
	sensibilité	감각, 감각능력 / 감수성, 감성, 민감성
	sensation	감각, 느낌, 감 / 감동, 격한 감정
	sentiment	감정, 기분 / 의식, 자각

영어	emotion	마음 전체를 지배하는 강렬한 feeling, 감동, 육체적인 변화(눈물, 땀)따위를 수반하는 경우가 있음
	sense	시각, 청각, 촉각 따위의 감각
	sensibility	감각(력), 감수성, 민감성
	sensation	감각, 지각. 마음, 기분, 감동, 흥분 ...
	feeling	감각(sensation)에 대해서 마음이 받아들이는 느낌
	affection	호의적인 feeling

31 조사를 위해 사용된 사전은 다음과 같다. 프랑스어 : Le Petit Robert, 동아 프라임 불한사전 / 영어 : Random House Dictionary, 동아 프라임 영한사전 / 한국어 : 국어대사전(신기철/신용철), 표준국어대사진(국립국어연구원).

위의 단어들을 의미를 살펴보다보면 단어들 간의 변별성을 찾기가 쉽지 않다는 사실을 깨닫게 된다. 사전상 각 표제어의 제 1항만을 살펴보면 조금씩 다른 의미를 지니고 있는 듯 보이지만 다른 항목들을 상세히 비교해보면 그 의미들은 확장되거나 전용되면서 일반 언어생활에서는 서로 혼용되고 있다는 사실을 발견할 수 있다. 결국 감성이라는 말을 어떤 특정 외국어 단어로 번역하는 것은 불가능하다. 감성의 실체를 파악하기 위한 외국어로의 번역은 결국 아무것도 가져다주지 못하는 셈이다.

한 단어의 의미를 파악하기 위한 두 번째 방법은 그 단어와 대비되는 의미를 지닌 단어를 찾아내어 상대적 의미를 통해 실체를 파악하는 것이다. 다시 한번 전남대 감성 연구진의 의견을 살펴보면 감성은 "근대 이성을 넘어서 있는 무엇, 혹은 의연히 이성을 근저에서 규정하고 있는 심층의 저음"으로 정의되고 있다.

이렇듯 이성과 대비된 개념으로서의 감성이라는 전제조건만 확정되더라도 감성의 의미 영역은 구획이 수월해진다. 왜냐하면 이성이라는 말에 대응되는 영어나 프랑스어의 단어는 하나 뿐(reason/raison)이며 또 그 의미 역시 감성에 비해서는 비교적 명쾌하게 정의되어 있기 때문이다. 이성에 대한 정의가 확실히 내려지면 그와 대비되는 개념으로의 감성의 의미 역시 비교적 수월하게 파악될 수 있을 것이다.

이성과의 대비를 통해 감성을 정의해보려는 시점에서 가장 먼저 떠오른 것은『이성과 감성』으로 번역된 제인 오스틴의 소설이다. 냉철한 판단력을 지닌 이성의 상징, 언니 엘리너와 모든 일에 열정적이고 감성이 풍부한 매리안의 모습을 떠올리면 이성과 감성의 차이를 가늠할 수 있는 계기가 될 수 있기 때문이다.

이 소설의 원제는 『sense and sensibility』이다. 그러나 그 원제를 모르고 있는 사람들에게 『이성과 감성』의 영어 원제가 무엇일까를 추론해보게 했을 때 재미있는 결과를 얻을 수 있었다. 원작의 제목을 모르지만 영어를 제법 한다는 학생들에게 소설의 한국어 제목을 이야기 해주고 원제가 무엇일까를 물어보았다. 질문을 받은 학생들 모두 'reason and feelings' 같다고 대답을 했다.

프랑스에서도 이 소설의 제목을 『raison et sentiments』이라고 번역을 한다. 이 프랑스어 표현을 인터넷에서 제공하고 있는 자동번역기에서 영어로 다시 재번역을 하면 'reason and feelings'로 출력된다. 결국 우리가 일상 언어생활에서 사용하고 있는 이성과 감성은 프랑스어에서도 raison과 sentiments이라고 말로 표현되고 있는 것이다.

프랑스어로 '이성raison'은 크게 두 가지 의미를 갖는다. 하나는 판단하는 능력이며 또 다른 하나는 판단의 준거가 되는 가치들이다. 이 두 가지 기본적인 의미로부터 이유, 동기, 원인, 도리, 양식, 이치, 비율 따위의 의미가 파생되고 있다.

프랑스어에서 'Vous avez raison'이라는 말이 있다. 문자역의 수준에서 영어로 옮기면 'You have reason'이 된다. '당신이 옳습니다'라는 뜻이다. 이성을 가지고 있는 쪽의 말이나 행동이 이유가 있는 것이며 도리와 양식에 맞고 이치를 따르는 것이라 인식 되는 것이다. 위의 번역어에서도 우리는 재미있는 현상을 발견할 수 있다. 제목에서 이성은 단수고 감성은 복수로 쓰이고 있다는 사실이다. 이성이 여러 개일 수 없다는 관점에 출발한 단수명사로서의 이성에 대해서는 구태여 긴 설명이 필요 없을 것 같다. 반면에 감성 혹은 감정은 단수로 쓰이는 이성과 대비될 때조차도 복수로 쓰이고 있다. 언제나 정설은 하나고 이

설은 여러 가지가 될 수 있다.

우리는 일상에서 '이성적으로 살기'를 종용받는다. 물건을 살 때도 이성적인 선택이 장려된다. 가전제품을 살 때 우리는 가격, 성능, 크기 등 자신의 생활환경을 고려한 선택을 한다. 이성적인 선택이다. 그러나 가끔 그저 예뻐서, 마음에 들어서 어떤 제품을 고르는 경우가 있다. 감성적 선택이다. 이성적 선택이 따져보고 결정하는 행위라면 감성적 선택은 느낌에 충실하여 결정하는 행위다. 이 점을 겨냥한 상품 디자인을 감성디자인이라고 부르기도 한다. 이성이 '생각해보기' 혹은 '따져보기'라는 개념과 연결되어 있다면 감성은 '느껴보기'라는 말로 표현될 수 있을 것이다. 우리가 일상생활에서 상식적으로 받아들이는 이성과 대비된 감성의 의미는 바로 이것이다. 즉 감성이란 이치와 상황을 따져보기 이전에 감각적 자극을 통해 전달되는 느낌이라고 말할 수 있다.

시대에 따라, 따져보는 것이 절대적인 미덕일 때도 있었고 또 느낌에 따라 행동하는 것이 미적 가치의 바람직한 실현으로 받아들여 질 때도 있다. 르네상스 이후 서구의 근대 문학을 시대적으로 양분하고 있는 고전주의와 낭만주의 역시 이성과 감성의 상호작용에서 어떤 것에 더 가치를 부여하느냐에 따라 결정된 문예사조였다. 이성에 기초하여 보편적 아름다움을 추구하며 표현에 있어 감성을 최대한 자제하던 문학이 고전주의 문학이라면 이성적 판단과 미적 기준에 의문점을 제기하며 개인의 감성을 최대한으로 표출하려 했던 문학이 낭만주의의 문학이었다.

4.1.2. 심리학에서의 감성 : 정서

심리학에서는 인간의 마음을 이해하기 위해서 인지cognition, 동기motivation, 정서emotion 세 가지를 이해해야 한다고 주장한다. 심리학자들은 인지란 세상을 표상(表象 : 외부의 세계를 마음속에 나타내는 것)하는 기제(機制)이며, 동기는 세상을 작동시키는 기제이고 정서는 세상과 관계하는 기제라고 표현한다.

이 세 가지 중에서 우리의 주제인 감성과 관계있는 기제는 정서다. 위에서도 살펴본 것처럼 정서의 사전적 의미는 "일시적으로 급격하게 일어나는 감정의 나타남"이다. 결국 정서는 우리가 앞서 살펴본 느낌으로서의 감성이 표출되는 상태를 지칭하는 말이다. 우리가 참조한 국어사전의 뜻은 emotion의 어원적 의미를 정확히 옮기고 있다. 라틴어에서 온 접두어 'e'는 '밖으로'를 의미하고 'motion'은 '움직임'을 의미한다. 결국 emotion은 어원적으로 밖으로 움직이는 감정, 즉 외부로 표출되는 감정을 의미하는 것이다.

현재 다양한 분야의 연구에서 감성을 종종 emotion으로 번역을 하고 있지만 심리학 관련 서적에서 emotion의 번역어로 감성이 채택된 경우는 드물다. 물론 '감성지수'라는, 우리에게 제법 익숙한 표현도 있기는 하다. 그러나 감정을 다스리는 능력이나 타인의 감정을 읽어내는 능력을 평가하기 위해 개발된 감성지수도 사실 'emotional quotient'의 번역이다. 심리학에서 일관되게 emotion을 정서로 번역해왔으므로 일관성의 원칙을 앞세우자면 이 말도 감성지수가 아닌 정서지수라고 번역이 되어야 할 것이다. 또 실제적으로도 EQ를 정서지수로 번역하고 있는 경우도 적지 않다.

물론 심리학에서도 정서 이외에도 정동(情動 affect), 기분(mood) 등의 단어를 사용하고 있기도 하다. 감성과 관련되어 심리학에서 사용되고 있는 단어들은 학자들에 따라 정의가 조금씩 차이가 있기는 하지만 대체적으로 아래와 같은 뉘앙스의 차이를 지닌 채 쓰이고 있다.

정서 emotion	⋆ 행위를 하려는 준비성을 발생시키는, 복합적이고 다중 요소적인 에피소드이다. 예를 들어 약속에 늦은 친구 때문에 화가 난 경우 선행사건과 대상이 뚜렷하며 지속시간도 그리 길지 않으므로 emotion에 해당한다. ⋆ emotion과 mood를 나누는 기준에는 몇 가지가 있으나 다음의 세 가지 기준으로 주로 나눌 수 있다 : 선행요인, 행위 구체성, 시간 경과. 먼저 emotion은 mood와는 다른 원인이나 선행요인에 의해 발생한다. emotion은 중요한 생활 상황이나 행복에 대한 이들의 중요성을 평가함으로써 나타나는 반면 mood는 불명확하며 종종 밝혀지지 않은 과정들을 통해 나타나게 된다. 두 번째로 emotion은 주로 행동을 편향되게 하고 행위의 구체적 과정들을 선택하는 기능을 하지만, mood는 대부분 그 사람이 생각하는 바와 인지를 편향되게 만든다. 셋째, emotion은 지속기간이 짧은 사건에서 일어나는 반면 mood는 emotion보다 더 오랜 시간 지속된다.
기분 mood	⋆'대상, 환경 따위에 따라 마음에 절로 생기며 한동안 지속되는, 유쾌하거나 불쾌하거나 한 단순 감정'(한글학회 1991). ⋆ 대개 수시간, 수일, 혹은 수주 동안, 때로는 이면에서 낮은 강도로 지속되는 감정적 상태를 일컬으며, 대상이 없는 경우도 많다. ⋆ 감정보다 오래 지속적이고 막연하며, 강도가 순한(mild) 것. ⋆ 선행사건(대상)이 뚜렷하지 않고 비교적 장기간 지속되는 경우를 의미⋆일반적으로 비의도적(nonintentional)이고 포괄적(global), emotion만큼 행동 경향이나 명시적인 행동에 직접적으로 관련되지는 않는다. ⋆ emotion보다 강도가 순하며(mild), 자연스럽게 확산되는(pervasive), 일반적인 감정상태(generalized affective states). ⋆ 우울증이나 조증을 수반하는 정신장애를 기분장애(mood disorder)라 하여 위의 학자들보다 좀 더 좁은 범위로 기분을 정의.

정동 affect	★ emotion과 mood, 그리고 attitude를 포함하는 좀 더 구체적이고 정신적인 처리과정(specific mental processes)으로 받아들여진다. 때문에 본질적으로 다른 심리학적인 과정들보다 상위의(general)의 카테고리이다. ★ affect가 mood에 비해 상대적으로 강도가 높으며, 일반적으로 자극 대상과 관련된 개념. ★ emotion을 affect의 일부로 보아 affect를 emotion보다 더 포괄적인 개념으로 규정. ★ 긍정/부정의 일차원적인 관점(unidimensional view)으로 보았으며, emotion은 이에 더하여 사랑, 증오, 공포, 분노, 즐거움, 슬픔 등을 포함하는 것.

그러나 위의 구분은 개략적인 것일 뿐이다. 심리학자들도 우리의 일상 언어생활에서처럼 위의 용어들에 대한 명확한 구분을 짓지는 못한다. 정서에 대한 이론적 연구에 평생을 바쳤다고 표현해도 좋을 미국의 심리학자 프럿칙Plutchik(2003) 역시 문헌연구 결과 emotion과 affect, mood라는 단어로 표현되는 개념들이 서로 상당부분 중첩되어 있다는 점을 인정하고 있다. 우리나라에서 진행된 관련연구들에서도 mood의 경우 '기분'이라는 단어로 번역하여 사용하지만, emotion과 affect의 경우 때로는 '감정'으로 때로는 '정서'로 혹은 '정동'으로 번역되고 있다. 국립도서관에서 무작위로 검색한 심리학 관련 논문들을 추려내어 그 영문 제목과 국문제목을 비교해보거나 심리학 관련 도서들을 참조해 보면 금방 드러나는 사실이다.

프럿칙을 비롯한 대부분의 심리학자들은 일반적으로 정서를 기본정서와 복합정서로 구분한다. 기본정서는 인간에게 공통적으로 나타나는 원형적 감정을 뜻하며 복합정서는 기본정서의 조합에 의해 파생되는 감정을 의미한다. 기본정서의 수는 보통 일곱에서 여덟 가지

정도로 보고 있다. 그것은 동양에서의 감정분류와 유사한 듯이 보인다. 예를 들어 프럿칙이 주장하는 여덟 가지의 기본정서는 공포(fear), 분노(anger), 기쁨(joy), 슬픔(sadness), 수용(acceptance), 혐오(disgust), 기대(expectancy), 놀람(surprise) 등인데 이는 예기나 중용에서 분류하고 있는 칠정, 희(喜)·노(怒)·애(哀)·구(懼)·애(愛)·오(惡)·욕(慾)과 근본적으로 크게 다르지 않다.

복합정서는 이 기본 정서들이 조합되어 나타나는 것들이다. 예를 들어 사랑은 기쁨과 수용, 실망은 슬픔과 놀람, 경멸은 혐오와 분노, 낙관은 기대와 기쁨이 혼합된 것이다.

또 한편에서는 이렇듯 서로 복잡한 관계를 형성하고 있는 정서들을 체계적으로 분류하려는 노력도 행해졌다. 러셀은 정서를 크게 두 개의 차원 즉 유쾌와 불쾌 그리고 각성과 비각성 차원에서 배열될 수 있음을 주장하고 있다.

그러나 이와 같은 특정정서를 지니게 되는 메커니즘에 대해서는 또 다른 차원에서의 이견이 존재한다. 이 이견들이 생기는 중심에는 두 개의 질문이 있다.

- 첫째, 생리적 각성이 정서발생보다 먼저인가 혹은 나중인가? 심장 박동이 빨라지고 동공이 확대되고 나서 공포를 느낀 것인가 아니면 먼저 공포를 느껴 심장 박동이 빨라지고 동공이 확대된 것인가?
- 둘째, 인지(사고)는 정서발생보다 앞서는가 아니면 뒤에 오는가? 다시 말해 사람이 공포를 느끼려면 그 공포가 생기는 상황을 의식적으로 인식해야만 하는 것인가? 아니면 공포를 느끼고 그 느낌을 의식적으로 분석하는 것인가?

전통적으로 사람들은 슬퍼서 울고, 기뻐서 웃으며 두려워서 떤다고 생각해왔다. 다시 말해 인지를 통한 의식적인 자각이 이루어진 다음에 생리적 변화가 수반된다고 알고 있었다. 그런데 심리학의 선구자중 한 사람인 윌리엄 제임스가 19세기 말 이러한 견해에 반박을 하게 되면서 전통적인 시각에 의문을 제기하는 사람들이 늘어나게 된다. 제임스에 따르면 우리는 울기 때문에 슬프고 웃기 때문에 즐거우며 떨기 때문에 두려움을 느낀다. 모든 비중 있는 심리학 이론이 그렇듯이 이 이론도 많은 과학적 실험과 사례를 통해 증명되고 있다. 그리고 이에 대한 연구와 논쟁은 현재에 이르기까지 진행 중이다. 특히 윌리엄 제임스의 철학적 가설을 지지하는 일련의 생리학자들이 있다. 대표적인 사람은 칼 랑게Karl Lange다. 그는 생리적 각성이 선행하여 일어나는 신체적 반응(심박률 증가, 교감신경 활성화 등)을 뇌가 인식하고 처리하면서 정서를 경험한다고 주장한다. 다시 말해 인간의 감정과 표현의 메커니즘은 자극-정서-신체변화의 순이 아니라 자극-신체변화-정서의 순으로 진행이 된다는 것이다. 이러한 이론은 제임스와 랑게의 이름을 따서 제임스-랑게 이론이라고 통칭되고 있다.

다음은 이 두 현상 사이의 선후가 없음을 주장하는 이론이다. 이 역시 생리학자들에 의해 주창되었는데 월터 캐논Walter Cannon과 그의 제자인 필립 바드Philip Bard에 의해 1927년에 발표된다. 이들은 환경으로부터 오는 감각정보가 시상에 전달되면 시상에서는 대뇌피질과 신체의 여러 부위에 동시에 정보를 보내어 정서경험과 신체변화를 동시에 일으킨다고 주장한다. 이 이론을 캐논-바드 이론이라고 한다.

마지막으로 정서는 신체적 각성과 인지적 지표에 의해 발생한다고 하는 이론이다. 스케쳐Schachter에 의해 주창된 이 이론에 따르면 사람은 신체적 경험을 어떻게 해석하느냐에 따라 먼저 각성을 하고 그것을 인지적 표지를 통해 "두렵다"라는 식으로 이름을 붙여서 경험한다는 것이다. 즉 정서경험은 각성의 의식적 해석을 필요로 한다고 주장한다.

그러나 정서에 관한 대표적인 이 세 이론 모두 비판의 여지가 많아 현재에는 참고자료정도의 의미만을 지니고 있을 뿐이다. 최근 경향은 정서가 사고에 선행하느냐 아니냐의 문제를 떠나서, 생존에 필요한 단순 정서(공포, 기쁨, 같은 호오반응)들은 바로 행동으로 표현되어 급속하게 경험될 수 있는 반면 몇몇 복잡한 정서반응은 의도적 사고를 수반하며 인지과정이 동반된다는 설이 일반적으로 받아들여지고 있다. 우리가 느끼는 행위와 생각하는 행위가 어떤 기준 선을 중심으로 명확히 나뉠 수 있는 것은 아니라는 의미다. 이를 통해 심리학에서 말하는 정서emotion 역시 일상 언어생활에서 사용되는 悟性이나 이성과 대비되어 이해되는 감성과 그 의미가 다르지 않음을 알 수 있다.

이상에서 살펴본 것을 바탕으로 생각해보면 결국 정서는 상황이나 사건을 사고에 의해 인지하고 분석하는 행위와 대비되어, 상황이나 사건을 오감을 통해 느끼는 행위나 그 느낌이 만든 마음의 상태를 말하는 것이다. 다시 말해 심리학에서 말하는 정서는, 일상 언어생활에서 이성과 감성의 용례에서처럼, 이성적 혹은 논리적 차원에서 생각하는 행위가 아닌 감각을 통해 신체에 전달된 정보에 의해 형성된 마음의 상태를 말하는 것이다.

4.1.3. 인문치료에 있어서의 감성

그렇다면 이렇게 정의된 감성은 적정인문학으로서의 인문치료에서 어떤 의미를 지니며 무슨 역할을 할 수 있을까?

인간의 정신치료에 있어 감성의 역할에 주목을 하기 시작한 것은 1980년대 들어서부터다. 인간의 인지 메커니즘에 대한 연구가 늘어나면서 인지행위가 지적인 두뇌작용뿐만이 아니라 신체의 각 기관 및 인간이 지니고 있는 직관 등도 포함한다는 사실이 발견되었고 감성에 대한 연구도 같이 진행될 수 있었다. 1995년 미국의 심리학자 다니엘 골드만이 『감성지능*Emtional intelligence*』이라는 책을 출간하면서 감성지능에 대한 관심은 폭발적으로 증가했다.

이제 감성은 미학 분야에서, 산업 분야에서, 그리고 일상의 삶에서 이전보다 훨씬 더 상승된 위상을 살고 있다. 그리고 이러한 분위기는 인간의 마음의 병을 다루고 있는 대체치료 분야에도 느껴지고 있다. 심리치료의 보조 작업 정도로 인식되고 있던 예술치료가 심리치료와 대등한 입장에서 독립적인 위상을 다져가고 있는 것도 이 감성적 가치의 위상 상승과 관계가 없지 않을 것이다. 인간의 심리를 분석하고 언어를 통해 의식을 구상화 혹은 논리화하던 심리치료와 달리 예술치료는 기존의 심리치료가 다루지 않고 있는 창조적 표현활동을 치료적 가치로 승화시킴으로써 인간의 소통작용이 이성적 차원만이 아닌 감성적 차원에서도 진행되어야 한다는 점을 상기시켰다.

반면 인간의 감성의 표출과 표현의 문제에 초점을 두면서 예술의 유입을 통해 인간치료에 있어 감성적 부족분을 메워가던 이성적이며 과학적인 심리치료는 이렇듯 예술치료가 출가해 나가자 생겨난 빈자리를 채우기 위해 스스로 감성적 가치를 치료과정에 삼투시키는 작업을 해 가고 있다. 그것이 21세기 심리학의 바람직한 새 방향으로 인식되고 있는 긍정심리학 혹은 행복심리학이다. 1998년 미국심리학회의 회장으로 취임한 임상심리학자 마틴 셀리그먼은 정신건강의 질병모델에 대해 회의적인 입장을 취하고 있었다. 그는 심리학이 질병을 치료하거나 예방하는 차원에서 벗어나 인간의 긍정적 변화와 성장을 돕는 학문이 되어야 함을 주장하였고 이 주장은 주목할 만한 수준의 호응을 받고 있다.

이렇게 21세기에 접어들면서 심리치료의 방법론적 흐름에는 상당한 변화가 느껴지고 있다. 정신분석치료에서 행동주의를 거쳐 인지치료에 이르는 20세기의 심리치료 방법론들의 공통적인 특징은 '변화의 추구'이자 그 인간에 대한 '이성적(혹은 과학적) 접근'이다. 과학적인 방법론을 적용하여 내담자의 의식의 변화, 행동의 변화, 인식의 변화 등을 꾀하는 것이다. 그 변화를 꾀하기 위해 이들이 활용하는 치료 도구는 절대적으로 이성적, 논리적, 사변적 가치에 뿌리를 둔 것들이다. 내담자를 변화시키기 위해서는 변화를 위한 목표를 제시해야 하는데 그 목표를 설정하는 데 있어 감성적 판단에 기초한 구성은 의미를 지니기 힘들기 때문이다. 또 변화를 위해서는 상대를 설득해야 할 때도 수사학적인 차원에서 파토스적 가치보다는 로고스적 가치가 더 확실한 효과를 가져 올 수 있다는 점도 20세기의 심리치료에서 이성이 감성보다 더 중요한 위치를 차지하게 된 이유이기도 하다.

반면 21세기 심리치료방법론들의 대표주자격으로 인식되고 있는 수용전념치료나 동기강화치료 혹은 변증법적 행동치료 등에서는 변화위주의 치료목표를 벗어나 보다 유연한 태도와 다양한 가능성을 추구하고 있다. 이들에 따르면 개인의 정서(emotion)뿐만이 아니라 주변과의 관계(relationship)는 물론이고 개인이 지니고 있는 부정정서에 대해 그것을 극복하거나 떨쳐버리려는 노력에 모든 힘을 다 쏟는 것보다는 그 상태를 수용(acceptance)하여 현재 이 시점에서 얻어낼 수 있는 실현가능한 목표를 설정하는 일, 그리고 그 목표를 위해 정진하며 미래지향적 가치를 추구하도록 도와주는 역할이 정신건강을 담보할 수 있는 현실적인 방법이라는 것이다.

결국 이것은 인간의 전체성(wholeness)과 복잡성(complexity)에 대한 인식이고 인간이 의식이나 사고, 행동, 인식 등의 개별 요소로 분해될 수 없는 존재임을 인정하는 것이다. 이러한 모습은 인간학이어야 하는 심리학이 인문학으로부터 점점 멀어지며 사회과학을 거쳐 자연과학의 범주로 분류될 지경에 이른 시점에서, 어찌 보면 제자리를 찾기 위한 노력이라고 볼 수 있을 것이다. 그리고 그 중심에 긍정심리학이 있다. 그러나 사실 따지고 보면 심리학의 최신 흐름인 긍정심리학이 그 연구의 중심에 놓고 있는 행복은 본래 인문학이 추구하는 궁극적 목표다. 더구나 긍정심리학은 기존의 심리학이 지니고 있는 한계점을 벗어나려고 하고 있음에도 불구하고 여전히 학문적 제약을 받고 있다. 셀리그만은 긍정심리학은 행복을 비롯한 인간의 긍정적 측면을 '과학적'으로 탐구하는 학문분야라고 말하고 있다. 심리학이 철학과 의학에서 분리되어 나와 100여년 만에 전 세계적으로 각광을 받는 학문이 된 원인은 여러 가지이지만 그중에 '인간에 관한 과학적 탐구'라는 심리학의 학문 방법론이 제공하는 신뢰감에 힘입은 바 크다. 그러나 행복은 이성적 사고와 수리적 계산에 의해 이룰 수 있는 것이 아니다. 행복은 느낌이다. 그 느낌을 가장 잘 이해할 수 있는 것은 우리의 머리가 아니라 가슴이다. 정서(情緖)는 논리가 아닌 서정(抒情)으로 표현되어야 그 실체가 온전히 드러날 수 있다. 아킬레우스와 거북이의 경주에서 아킬레우스가 먼저 출발한 거북이를 따라잡을 수 없을 것이라는 제논의 역설은 논리적으로 그것이 거짓임을 증명하는 것은 어렵지만 분명 거짓이다. 찰나의 시간에도 영겁이 들어갈 수 있다는 인도철학적 시각은 분명 상대적 가치를 느끼면 수긍할 수 있는 주장이다. 수치로 증명할 수 없는 진실, 논리로 증명할 수 없는 진실은 분명 존재한다. 그러나 감성적 접근이 배제된 상태에서는 이런 진실을 이해한다는 것은 불가능하다.

결국, 적정인문학으로서의 인문치료의 입장에서 바라보는 감성의 문제는 미학적 관점에서 바라보는 감성의 문제와 근본적으로 차이가 있을 수 있다. 미학분야에서 창조적 자극제나 창조의 촉매로서의 감성의 실체를 밝히는 작업이 주가 되고 있는 반면 인문치료에서는 감성은 마음의 병의 원인이자 동시에 그 치료를 위한 에너지로 인식되어야 하기 때문이다.

4.2. 감정노동에 대한 인문학적 이해

우리 사회의 감정노동자 수는 통계에 따라 700만에서 1000만 명 정도를 오가지만 이 숫자는 큰 의미가 없다. 이미 감정노동은 우리 모두의 문제이기 때문이다. 이제 감정노동은, 정도의 차이가 있을 뿐 거의 모든 업종에서 요구되고 있는 노동의 형태가 되었다. 그리고 이러한 상황은 심각한 사회문제들을 만들어내고 있다. 앞서 진행한 감성에 대한 인문학적인 접근을 통한 이해의 노력은 우리가 감정노동의 문제를 해결하기 위한 해답을 찾는데 큰 도움이 된다. 감정노동에 대한 이해는 감정 혹은 감성에 대한 이해를 전제하기 때문이다.

4.2.1. 감정부조화

감정노동에 관한 논의가 진행될 때면 거의 빠짐없이 등장하는 내용 중 '감정부조화'라는 개념이 있다. 감정부조화는 감정노동을 이해하기 위해 필수적으로 이해가 전제되어야 하는 개념이다.

대부분의 국내 연구에서는 '감정부조화'를 혹실드의 용어로 간주하며 영어로 'emotional dissonance'로 표기하고 있다. 그런데 우리나라에서 『감정노동』이라는 제목으로 번역되어 있는 혹실드의 저서 *The Managed Heart*에는 'emotional dissonance'라는 표현이 한 번도 나오지 않는다. 감정노동을 이해하기 위해 필수적인 개념인 감정부조화라는 말이 감정노동이라는 개념을 창출해낸 혹실드의 저서에서 국내 연구문헌에서 '감정부조화'라 쓰고 영어로 'emotional dissonance'라고 번역하는 표현을 찾아볼 수 없는 것이다. '감정부조화'라는 표현이 출현하는 곳은 이 책의 한국어 번역본에서인데, 이 표현은 'emotional dissonance'가 아닌 'emotive dissonance'를 번역한 것이다.

영어 사전과 프랑스어 사전을 참조하면 'emotive'와 'emotional'이라는 두 단어 간에는 미세한 의미상의 차이가 있음에도 불구하고 일상의 용례에서는 혼용되고 있음을 알 수 있다. 문제는 우리나라의 거의 모든 연구자들이 혹실드의 저서에는 단 한 번도 등장하지 않은 'emotional dissonancc'를 혹실드의 표현이라고 알고 있다는 사실이다. 이것은 혹쉴드 저서의 우리말 번역본에 등장하는 '감정부조화'라는 단어의 원어 표현을 유추하여 사용하면서 생겨난 일종의 해프닝이다.

우리나라의 연구자들에게 이와 같은 착오를 발생시킨 또 다른 계기도 있다. 혹실드 이후에 이어지는 감정노동에 대한 연구들에서 'emotional dissonance'라는 표현을 사용한 학자들이 있었기 때문이다. 감정노동을 주제로 삼는 연구에서 혹실드의 연구와 더불어 거의 모든 연구에서 언급되는 모리스와 펠드만의 경우가 대표적이다(Morris & Feldman, 1996). 모리스와 펠드만의 연구에서 '감정부조화emotional dissonance'라는 표현은 감정노동의 구성요소를 감정표현빈도(frequency), 표현규칙 주의정도(attentiveness), 요구되는 감정의 다양성(variety), 감정부조화(emotional dissonance) 등 네 가지로 설정하는 과정에서 등장한다. 그 이후 '감정부조화'라고 번역되고 있는 'emotional dissonance'라는 영어표현은 후속 연구들에서 반복되어 사용되었다. 현재 우리 학계에서 통용되고 있는 '감정부조화'라는 개념을 'emotional dissonance'라는 표현의 번역어라고 한정지으면 그 개념을 처음 언급한 것이 혹실드가 아닌 모리스와 펠드만이 되는 것이다.

그렇다면 혹실드의 'emotive dissonance'와 모리스와 펠드만의 연구에서 언급되고 있는 'emotional dissonance'는 다른 개념인가? 만일 다르다면 국내연구진들이 현재 사용하고 있는 '감정부조화emotional dissonance'는 모리스와 펠드만의 연구에서 시원을 찾아야 하며 그들이 정의하고 있듯이 감정노동의 구성요소 중 하나로 인식되어야 한다.

그에 대한 답변은, 같은 개념으로 볼 수 있지만 그 위상에서의 차이가 있다는 것이다. 번역상의 문제에서 비롯된 이러한 헤프닝에도 불구하고 혹실드가 창출한 개념인 'emotive dissonance'를 감정부조화라고 번역하는 것에는 전혀 무리가 없다. 혹실드의 'emotive dissonance'는 이후 연구자들이 'emotional dissonance'라고 명명하는 개념과 그 의미가 겹치는 부분이 많다.

혹실드의 저서에서 이 개념은 혹실드의 감정노동에 대한 설명과 분석의 핵심으로 반복해서 등장한다. 책의 서두에서 감정노동이란 개념을 정의하던 순간에도 혹실드는 감정부조화에 대해 가장 먼저 언급하고 있다. 그는 한 항공사 직원의 다음과 같은 말을 언급한다.

> 가끔씩 완전히 파김치가 된 채로 긴 비행을 끝낸 뒤인데도 정작 제대로 쉬지 못할 때가 있어요. 괜히 많이 웃고, 재잘거리고 친구들한테 전화를 걸죠. 비행하는 동안 '밝은 모습'을 유지하려고 만든 인위적인 명랑함에서 쉽게 벗어나지 못하는 것 같아요. 일에 좀 더 적응하면서 이런 상태에서 조금 더 잘 벗어날 수 있으면 좋겠어요(Hochschild, 2003 : 4-5, 이가람(역), 2009 : 18-19).

혹실드로부터 감정부조화의 개념이 시작된 것으로 보는 연구들은 대부분 혹실드의 감정부조화의 개념을 분석하면서 "보여주는 것과 느끼는 것의 괴리" 다시 말해 "감정과 표현의 괴리"가 양산해내는 부조화로 설명하고 있다. 이런 설명들에 의하면 혹실드는 감정부조화를 속으로 느끼는 감정과 밖으로 표현하는 행위라는 두 개의 요소 간에 발생되는 문제로 인식하고 있는 것으로 보인다. 하지만 혹실드의 텍스트를 자세히 살펴보면 혹실드의 감정부조화 개념은, 거의 반세기가 지나는 동안 그 개념이 모호하다고 지적해왔던 연구자들이 전하고 있는 바와는 달리 이미 매우 정치한 개념의 형태로 제시되고 있다. 감정부조화를 항공승무원의 예를 들어 설명하는 과정에서 아래와 같은 글이 이어진다.

> 감정교환의 오래된 요소들(감정법칙, 표면행위, 내면행위)은 이제 다른 방식으로 배열된다. 스타니슬라브스키의 가정은 무대에서 비행기의 객실로 이동하고 [...] 행위자가 감정 기억을 사용하는 방식도 함께 달라진다. 개인적으로 사용하던 방식은 상업적 용도에 그 길을 내준다(Hochschild, 2003 : 90, 이가람(역), 2009 : 122).

혹실드의 감정부조화는 위의 인용에서 언급되고 있는 감정교환의 3 가지 요소, 즉 감정법칙feeling rules, 표면행위surface acting, 내면행위deeping acting 사이에 일어나는 역동 중 불편감을 야기하는 모든 부조화를 통틀어 의미하는 것이다. 그것을 혹실드는 다른 말로 "감정 불일치emotional deviance"(Hochschild, 2003 : 57, 이가람(역), 2009 : 82)라고 표현하기도 한다. 혹실드의 감정부조화 개념은 한 두 줄로 설명될 수 있는 단순개념이 아닌 것이다. 제르베의 연구(Zerbe, 2000)를 비롯하여 혹실드의 연구를 바탕으로 전개되고 있는 국내외의 감정노동관련 연구들 중 감정부조화를 주요 주제로 다루고 있는 연구들에서 감정부조화를 실제감정(genuine feeling)과 표현된 감정(expressed feeling) 사이의 불일치로 보거나 실제감정과 감정규칙 사이에서 오는 불일치로 설명하는 경우는 혹실드의 이론의 일부만을 적용하고 있는 셈이다. 혹실드의 저서에 제시되고 있는 개념들을 종합하여 정리한 감정부조화의 형태를 도식화하면 다음 그림과 같다.

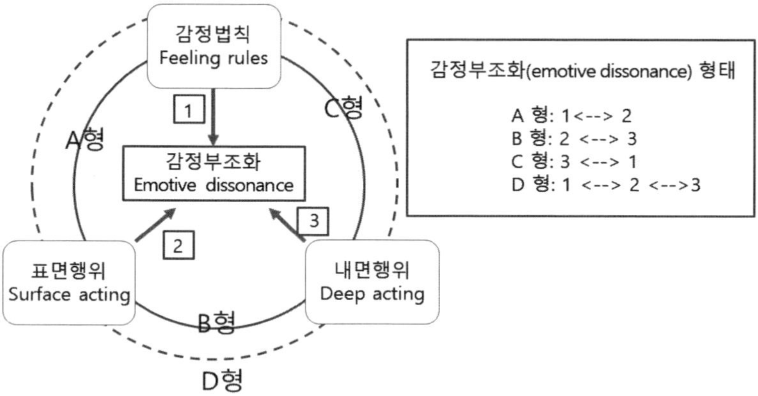

감정교환의 3요소간 역동과 감정부조화(emotive dissonance)의 형태

위에서 제시되고 있듯이 혹실드가 제안한 감정교환의 3요소간의 역동을 통해 발생할 수 있는 감정부조화의 형태는 총 4가지가 될 수 있다. A형은 감정법칙과 표면행위간의 불일치, B형은 표면행위와 내면행위간의 불일치, C형은 내면행위와 감정법칙간의 불일치, D형은 감정법칙, 표면행위, 내면행위간의 불일치로 인해 발생되는 감정부조화의 형태다.

한편 감정부조화라는 표현자체가 잘못된 것이라며 이의를 제기하는 연구들도 있다(Grandey, 2003). 이들 주장에 따르면 감정부조화라는 말 자체가 모순이다. 표현된 감정이라는 말이 감정노동자들이 노동현장에서 진행하는 노동의 형태를 정확하게 묘사하고 있지 못하다는 것이다. 감정노동자가 내면에 이는 분노를 억누르고 고객을 응대하며 웃는 모습을 보일 때 그 웃는 모습이 과연 감정이 표현되고 있다고 할 수 있는가? 그것은 아무런 감정도 개입되지 않은 외면행위일 뿐이다. 감정을 감추는 것이지 다른 두 개의 감정을 동시에 느끼는 것은 아니다. 이것은 감정과 표현의 문제다. 따라서 이것은 감정과 표현의 불일치라고 보아야 하므로 이러한 문제를 '감정부조화'라는 말보다는 '감정-표현 부조화'라는 표현을 사용해야 한다는 것이다.

그러나 혹실드의 감정부조화를 이해하기 위해서는 이러한 세부적 내용의 정확성의 문제보다도 먼저 생각해 보아야 할 것이 있다. 혹실드는 자신의 감정노동 이론의 전개를 시작하면서 현대사회에서의 노동의 의미를 새롭게 설정한 마르크스의 사상으로부터 영향을 받고 있음을 스스로 밝히고 있다. 물론 그렇다고 해서 혹실드가 마르크스주의자라는 말은 아니다. 단지 현대 자본주의 사회를 설명하기 위한 주요 개념인 노동과 자본에 관해 마르크스의적 관계설정을 받아들이고 이를 바탕으로 노동과 감정 그리고 감정과 자본의 관계를 설명해나가겠다는 의지를 피력한 것이다. 자신의 감정노동에 관한 관심이 어떤 문제로부터 비롯되었는지를 밝히는 과정에서 혹실드가 마르크스를 언급한 것은 매우 중요한 의미를 지닌다.

마르크스는 자본이 모든 것을 지배하는 사회에서 자본을 소유하지 못한 노동자는 4가지 형태의 소외를 경험한다고 말한다. 첫째, 상품으로부터의 소외다. 자본이 사회를 지배하기 이전에는 인간이 필요로 하는 것을 스스로 만들어 사용하는 자급자족형태의 사회였고 그 사회에서 인간은 자신이 만든 재화의 주인이 될 수 있었다. 반면 자본주의 사회에서는 노동자가 생산하는 생산품은 노동자의 것이 아니다. 자기가 만들었지만 그 이익금의 일부에 대해서만 소유권을 유지할 수 있을 뿐이다. 그리고 이러한 상황은 두 번째 소외로 이어진다. 생산활동인 노동과정으로부터의 소외다. 자신의 의지가 아닌 타인의 의지에 의해 진행되는 노동과정에서 노동자는 주체가 될 수가 없다. 세 번째는 유적(類的) 존재로부터의 소외다. 유적 존재Gattungswesen란 독일 철학 이론에서 자주 등장하는 용어로 사용자에 따라 그 정의가 조금씩 달라지지만 마르크스의 이론에서는 노동과 노동생산물을 통해 확인되고 실현되는 인간의 보편적 존재방식을 칭하는 말이다. 유적 존재로부터의 소외란 노동자 자신으로부터 소외를 의미한다. 노동이 자아실현의 기능을 상실하고 임금을 받기위한 온전한 피동적 행위로 몰락할 때 노동자는 스스로부터 소외된다는 것이다. 마지막으로는 다른 노동자들로부터의 소외다. 자본주의 사회의 경쟁체제에서는 같은 노동자들끼리 경쟁관계를 형성하게 되면서 서로가 서로로부터 멀어지게 되는 현상이 일어난다는 것이다.

이렇게 마르크스가 노동으로부터 인간의 소외 문제를 제시했다면 혹실드는 자기감정으로부터의 소외의 문제를 제시하고 있다. 마르크스의 노동과 소외의 관계를 다시 정리하면, 현대 자본주의 사회에서 자본이 세계를 지배하기 이전에, 노동은 개인의 것이었고 개인은 노동의 주체였다. 그런 노동이 상품화되면서 인간은 이전에는 경험하지 못했던 형태의 소외를 경험하게 된 것이다. 감정노동이라는 개념을 정립하고 있는 혹실드의 이론에도 마르크스의 논리가 적용될 수 있다. 노동 대신 감정이라는 말을 대입시키면 그 논리는 충분한 설득력을 지니게 된다. 감정노동이 존재하기 전에 감정은 개인의 것이었고 개인은 감정의 주체였다. 그런 감정이 상품화되면서 인간은 이전에 경험하지 못했던 형태의 소외를 경험하게 되는 것이다.

"감정에서의 소외"라는 혹실드의 표현에는 그의 감정노동에 관한 사상의 핵심이 들어있다. 감정으로부터의 소외란 자신의 감정이 낯설게 느껴짐을 의미하는데 이러한 소외를 불러일으키는 가장 근본적인 현상이 바로 감정부조화다. 감정부조화는 감정노동으로 야기되는 모든 부정적 현상의 원인이다. 감정노동으로 겪게 되는 부정적인 정서상태 중 가장 문제가 되고 있는 '소진burn out'의 경우도 마찬가지다. 그것이 감정의 소진이건 에너지의 소진이건 간에 소진의 상태도 감정부조화로부터 비롯된다. 우리나라의 연구자들에 의한 연구 중 비교적 많이 인용되는 논문 중의 하나인 정진주의 연구에서, 감정노동과 건강 관련 연구를 통해 나타나는 감정노동의 부정적 결과는 우울증상 증가, 신체불편감 증가, 직업만족도 감소, 감정적 소진 증가, 이직의도 증가 등으로 구별되고 있다(정진주, 2013 : 49). 그러나 정진주가 제시하고 있는 이 결과들은 서로 병치될 수 있는 차원의 문제들이라고 보기 어렵다. 예를 들어 우울증이나 신체 불편감의 증가는 감정소진이 원인이 된 결과일 수 있고 이직의도 증가의 문제는 이러한 결과들이 다시 원인이 된 문제로 볼 수 있기 때문이다. 따라서 감정소진은 감정노동의 부정적 결과들 중 다른 결과들에 영향을 미치는 변인으로 인식되어야 한다.

앞서 언급되었던 모리스와 펠드만의 감정노동 구성요소 4가지 역시 같은 차원에서 병치될 수 없는 요소들이다. 감정부조화는 모리스와 펠드만을 비롯한 일단의 연구자들이 보고 있듯이 감정노동의 단순 구성요소로 간주될 수는 없다. 감정노동을 하면서 동시에 경험하는 감정부조화는 다른 세 가지 구성요소들과 같은 층위에 놓일 수 없기 때문이다. 감정표현빈도(frequency), 표현규칙 주의정도(attentiveness), 요구되는 감정의 다양성(variety), 감정부조화(emotional dissonance) 중에서 앞선 세 가지 요소는 마지막 요소인 감정부조화의 크기에 영향을 미칠 수 있는 변인들로 간주될 수 있는 것들이다.

감정부조화에 대한 선행 연구들 중 감정부조화를 감정노동의 결과로 인식하고 있는 경우처럼(Adelmann,1995 ; Ashforth & Humphrey,1993) 감정부조화는 감정노동 문제를 관찰하는 과정에서 모든 매개변수들에 앞서 고려되어야 하는 제 1의 독립변수가 되어야 한다. 감정노동을 주제로한 실증연구에서 종속변수가 될 감정노동자들의 마음과 몸의 상태는 결국 감정부조화의 정도와 형태에 따라 결정될 것이기 때문이다. 이러한 관점에서 보면 혹실드의 '감정부조화emotive dissonance' 개념과 모리스와 펠드만의 '감정부조화emotional dissonance' 개념에는 분명 차이가 있다. 모리스와 펠드만을 비롯한 일부 연구자들이 말하는 '감정부조화emotional dissonance'가 감정노동이라는 전체를 구성하는 부속적 개념이었다면 혹실드에게 '감정부조화emotive dissonance'는 감정노동의 부작용 그 자체였으며 인간을 노동으로부터 소외시키는 가장 핵심적인 원인이었다.

4.2.2. 감정부조화와 인지부조화

혹실드는 감정부조화가 인지부조화와 유사한 원리로 작동한다고 말하고 있다. 'dissonance'라는 말을 공유하며 'cognitive' 대신 'emotive'를 대입시킨 표현을 사용하는 것을 보면 혹실드는 분명 감정부조화와 인지부조화의 밀접한 연관관계를 상정하고 있음이 틀림없다. 그러나 혹실드는 이에 대해 더 이상의 설명을 이어나가고 있지 않다. 인지부조화의 어떤 부분이 감정부조화와 유사한 원리로 작동하는지를 유추해내는 것은 독자들의 몫이다.

인지부조화 이론은 미국의 사회심리학자 레온 페스틴거Leon Festinger

에 의해 주창된 개념이다. 인지부조화란 사고와 믿음, 감정과 태도, 그리고 행동들 간의 불일치에서 오는 내적 긴장이다. 일종의 합리화라고 할 수 있는 이 현상은 인간이 자신의 오류를 수정하기보다는 자신의 생각을 바꾸어버리게 하는 과정으로 이어진다. 비록 그 생각이 부조리하더라도 인간은 그 생각을 합리화하여 자신의 믿음과의 부합점을 찾아가는 과정을 거친다. 이것이 바로 인지부조화의 원리다. 자신이 부딪힌 상황이 자신의 생각과 정면으로 모순될 때 사람들은 상황에서 유추될 수 있는 합리적 결론보다는 자신이 가지고 있는 기존의 신념에 부합되는 방향으로 생각을 바꾸어 가는 것이다. 후회가 될 선택을 한 후에도 그 선택이 불가피한 것이라고 합리화하려는 의지나 태도가 그 대표적인 경우다.

유대인이자 독일태생이었던 페스팅거는 근본적으로 심리학의 탐구영역을 인간 개인에서 개인과 사회 혹은 개인과 문화의 상호작용이라는 보다 넓은 범위로 확대시킨 사회심리학의 대표적인 인물이었다. 이는 감정노동과 관련하여 감정부조화의 개념에 대한 연구를 진행하고 있는 우리가 특히 주목해야 할 사실이다. 사회심리학은 실험심리학의 한 분야로 인간의 생각, 감정, 행위 등이 어떻게 실재나 가상 혹은 무의식적인 타인들과의 상호작용에 의해 변화하는가에 연구의 초점을 맞추고 있는 학문이다(G.W. Alfort, 1985).

사회심리학의 구체적인 연구대상은 사회지각(social perception), 사회적 관계(social relations), 사회영향(social influence), 그리고 집단역동(group dynamics)의 분야로 나뉜다(윤가현 외, 2006 : 405-496). 페스팅거의 스승인 쿠르트 레빈의 최고관심분야가 바로 집단역동이었다. 그리고 그가 아이오와 주립대학에서 지도한 바 있었던 페스틴거를 MIT에서 조교수로 맞아들인 1945년은 집단역동에 대한 그의 연구가 절정에 이르렀을 때였다. 그 해는 쿠르트 레빈의 〈집단역동 연구센터〉가 MIT공학원에 새로 설립된 해였다. 쿠르트 레빈과 레온 페스틴거가 만나 집단역동에 대한 연구를 진행할 수 있었던 환경에서 사회집단과 집단의 문화적 특성 등에 대한 분석과정을 통해 인지부조화 이론을 도출해낸 것은 매우 획기적인 업적이었다. 그런데 우리는 여기에서 dissonance라는 단어에 대해 주목할 필요가 있다. 페스틴거는 책의 앞머리에서 다음과 같이 말한다.

> 먼저, 나는 앞으로 이 책에서 비일관성(inconsistency)이라는 단어 대신 논리학적 의미가 덜한 부조화(dissonance)라는 용어를 사용하려고 한다(Festinger, 1957, 김창대(역), 2016 : 19).

현재 우리말로 부조화라고 번역되고 있는 'dissonance'는 본래 불협화음을 의미하는 음악용어다. 불협화음에 대한 소위 과학적인 논증은 불가능하다. 불협화음에 대한 논리적인 설명의 유일한 근거가 될 화성법은 본질적으로 경험적 가치의 축적물일 뿐이기 때문이다.

페스틴거는 왜 논리학적 의미가 덜한 'dissonance'라는 단어를 선택했을까? 이것은 철학과 심리학을 공부하고 이를 바탕으로 사회학적 연구를 진행한 페스틴거의 의식에 20세기 초반 미국의 학문적 분위기가 반영되고 있기 때문이다. 주지의 사실이듯이 심리학이 철학으로부터 파생되어 나와 독립학문으로서의 위상을 확립하던 시기였던 20세기 초반부 미국에서는 심리학에 대한 믿음과 기대가 커지고 있었다. 이러한 분위기에서 심리학은 철학으로부터 독립하기 위해 철학의 본질인 논리를 심리와 변별할 필요가 있었던 것이다. 인간은 객관적인 논리보다는 주관적인 심리에 더 직접적인 영향을 받는 존재임을 인정하면서 인간을 이해하기 위한 핵심 통로로서의 심리에 대한 분석은 필연적 과제가 되었다. 사회심리학자로 페스틴거는 인간에 대한 철학적 이해와 심리학적 이해가 다를 수 있음을 분명히 하고 싶었던 것이다.

> 간략히 말하면, 나는 부조화, 즉 여러 인지내용들 사이에 서로 부합하지 않는 관계가 존재하는 것 자체가 사람에게 동기를 일으키는 요인이라는 것을 제안하고자 한다. 나는 이 책의 전체에서 인지(cognition)라는 단어를 주위 환경이나 자기 자신, 또는 자신의 행동에 관한 지식이나 의견 또는 신념이라는 의미로 사용한다. 인지부조화(cognitive dissonance)라는 것은 마치 배고픔이 배고픔의 감소를 지향하는 행동으로 연결되는 것처럼 부조화의 감소를 지향하는 행동을 유발하는 선행조건으로 볼 수 있다(Festinger, 1957, 김창대(역), 2016 : 20).

배고픔이 배고픔을 감소시키기 위한 행동으로 이어진다는 말은 배고픔이라고 하는 불편감은 음식을 통해 열량을 공급받아야 하는 우리에게 음식을 찾아 먹게 하는 동기로 작동될 수 있다는 말이다. 마찬가지로 인지부조화는 그 부조화 현상을 통한 불편감을 감소시키기 위한 동기로 작동될 수 있다고 보는 것이다. 인간의 모든 정서가 생존을 위한 본능적 반응인 것처럼 인지부조화도 인간의 생존적 본능이다. 페스틴거는 인지부조화의 개념을 정립하면서 "부조화가 발생하면 그것을 감소시키려 할 뿐 아니라 부조화를 증가시킬 가능성이 있는 상황이나 정보를 적극적으로 회피하고자 할 것이다."라는 가설을 세운다. 그리고 이 가설은 『인지부조화 이론』의 3분의 2에 해당하는 검증과정을 거쳐 그 정당성이 입증된다.

만일 혹실드가 말한 것처럼 감정부조화가 인지부조화와 같은 방식으로 전개된다면 우리는 다음과 같은 가설을 세울 수 있게 된다.

> "감정부조화가 발생하면 우리는 그것을 감소시키려 할 뿐 아니라 감정부조화를 증가시킬 가능성이 있는 상황이나 정보를 적극적으로 회피하고자 할 것이다."

이 가설에 대한 검증은 실증적 연구를 통해 확인될 사항이므로 후속 연구를 기약하고 여기에서는 이 가설의 검증단계 이전에 가설의 논리적 개연성부터 확인해보도록 하자. 페스틴거가 자주 예를 드는 흡연자의 경우를 생각해보자. 담배가 건강에 해롭다는 사실을 알고 있으면서 흡연을 계속하는 사람은 일관성이 결여된 생각과 행위사이의 괴리가 만들어내는 인지부조화를 경험하게 된다. 흡연자는 담배를 계속 피기 위해 다양한 합리화를 시도하면서(예를 들어 담배를 끊으면 식욕이 증가돼 비만이 유발되고 그것은 흡연이 주는 피해보다 더 큰 피해로 이어진다는 등의 생각) 인지부조화로 인한 심리적 불편감을 감소시키려 노력하는 것이다.

인지부조화에 대한 페스틴거의 이론은 매우 설득력이 있다. 그러나 이러한 논리를 감정부조화에 대입하면 해결하기 힘든 문제가 발생한다. 혹실드의 감정부조화는 앞서 그 개념 모델을 통해 설명을 했듯이 3개의 요소가 만들어 내는 모든 조합의 형태로 나타날 수 있다. 그 중 가장 단순한 형태중 하나인 A형의 경우, 즉 속으로는 고객의 갑질에 화가 나 있지만 겉으로는 웃어야 하는 상황을 예를 들어 보자. 분노와 억지웃음 사이에 간극이 만들어내는 부조화 경험은 분명 우리를 불편하게 만든다. 감정부조화가 우리의 신체 및 정신 건강에 미치는 부정적인 결과들은 많은 실증적 연구들을 통해 이미 충분히 알려져 있다(박상언, 2009 ; 이주연/지명원, 2012 등). 문제는 그 합리화를 통해 자기 만족감을 증대시키거나 심적 안정이 유지되는 상황으로 이어지지 않는다는 점이다. 예를 들어 고객의 갑질에 분노가 일지만 그 고객에게 웃는 모습을 유지하며 응대해야 하는 감정노동자가 인지부조화의 경우처럼 감정부조화가 주는 불편감을 해소하기 위해 본능적으로 합리화 할 수 있는 논리는 ① "손님은 왕이야." ② "직업의식에 투철한 내 모습은 아름다운 거야." ③ "고객이 돈을 지불하는 것이니 받아들이는 것이 마땅해." 등등이 있다. 그러나 어떤 논리로 합리화를 하더라도, 혹실드식의 표현을 빌자면 어떤 "내면행위"로 승화시키더라도, 감정부조화의 불편감은 감소되지 않는다. 인지부조화와는 달리 바꾸어야 할 것은 자신의 인지가 아닌 감정이기 때문이다. 인지는 일반적으로 의지에 의해 변화될 수 있으나 감정은 그렇지 않다. 감정을 의지대로 조절할 수 있는 사람은 특별한 능력의 소유자들뿐이다. 우리가 흔히 감정조절이라는 표현을 할 때 사실 그것은 감정 그 자체를 조절하는 것을 의미하지는 않는다. 조절되는 것은 감정 표출의 형태, 즉 감정을 표현하는 언어나 행동이다.

여기에 인지부조화와 감정부조화는 근본적이 차이가 있다. 인지부조화는 두 개의 인지사이에 일어나는 문제이므로 인지적 조절을 통해 해결이 가능하지만 감정부조화는 감정적 요소들 뿐 아니라 감정규칙이나 고객대응매뉴얼 등을 포함한 자신의 의지와는 전혀 상관없는 외부적 요소들의 영향을 받는다. 이러한 이유들로 인해 위에 제시한 감정부조화 가설은 논리적 개연성을 부여받기 힘들다.

그러나 이러한 차이점에도 불구하고 우리는 인지부조화 이론으로부터 감정부조화의 문제를 해결하기 위한 방안을 모색해볼 수 있다. 우선 주목해야 할 것은 인지부조화의 정도를 측정하는 이론이다. 페스틴거는 인지적 부조화의 크기를 측정할 수 있는 기준과 방법을 제시하고 있는데 인지부조화의 정도를 측정하기 위한 이 기준은 (Festinger, 1957, 김창대(역), 2016 : 37) 감정부조화 측정 방식에 그대로 적용시킬 수 있다. 인지부조화 이론에서 인지부조화의 크기를 결정하는 결정인자인 인지요소들을 감정부조화의 크기를 결정하는 요인들로 대체하면 된다.

감정부조화의 크기를 결정하는 선행요인 중 가장 먼저 생각할 수 있는 것은 직무의 형태다. 감정노동의 가장 큰 특징 중에 하나는 직무상 고객과의 직접 대면의 정도가 다른 노동의 형태보다 크다는 점이다. 이메일로 주문을 받고 물건을 파는 경우보다는 전화로 고객과 통화를 하는 경우가, 또 전화보다는 백화점에서 물건을 판매하는 경우가 직접 대면의 정도가 더 크고 감정부조화를 경험할 확률이 더 높다. 따라서 같은 감정노동의 범주안에 위치한다 하더라도 직접 대면이 어느 정도로 강제되어 있는가를 파악하는 것이 중요하다.

두 번째는 개인적 성향이다. 이 부분은 혹실드의 저서 제 3장 〈감정관리하기〉에서 다루고 있는 내용이기도 하다. 혹실드는 자신의 감정노동관련 이론들 중에서 가장 유명한 표현인 '표면행위surface acting'와 '내면행위deep acting'에 관한 설명을 하면서 스타니슬라브스키의 메소드 연기론을 언급한다. 표면행위는 느끼는 감정을 숨기고 겉으로 다른 감정을 연기하는 행위이며 내면행위는 겉으로 연기해야 하는 감정을 거꾸로 자신도 느끼도록 하는 것이다. 사실 표면행위나 내면행위라고 번역되고 있는 surface acting과 deep acting은 '표면연기'와 '심층연기'라고 번역될 수 있는 표현들이다. 3장 〈감성관리하기〉에서 acting

이라는 말은 중의적이다. 스타니슬라브스키를 언급하며 연극이야기를 할 때는 '연기'라는 번역어가 맞지만 자신의 감정작동이론을 이야기할 때에는 '행위'라는 번역어가 더 적절하다.

혹실드에 따르면 내면행위를 잘 수행할 수 없는 성향의 사람은 감정부조화를 경험할 확률이 그렇지 않은 사람보다 더 크다. 그러나 개인성향이라는 결정인자에 관해서는 주의해야 할 점이 있다. 내면행위는 혹실드가 비유하고 있는 메소드 연기와는 전혀 다른 것이다. 허구의 세계에서 허구의 삶을 살아보는 것이 무대위의 연기라면 노동은 현실의 세계에서 현실적 삶을 사는 것이기 때문이다. 배우는 자신의 실재 감정과는 전혀 상관없는 캐릭터를 연기할 때 연기자적 자질을 한껏 발휘하여 그 캐릭터가 되는 순간 스트레스가 아닌 희열을 느낀다. 그러나 노동자는 아무리 자기 최면을 걸어 친절함을 마음 깊숙한 곳으로부터 끌어내어 외적인 친절행위와 일치 시킨다고 해도 배우가 느끼는 희열을 느낄 수는 없다. 내면행위에 익숙한 사람은 그렇지 않은 사람보다 감정부조화의 문제에서 상대적으로 자유로울 수 있으나 결국은 정도의 차이일 뿐 부정적 스트레스를 경험하는 것을 피할 수는 없다. 감정노동자가 내면행위와 표면행위를 일치시켰다고 해서 감정노동자에게 배우가 경험하는 성취감과 만족함을 기대할 수는 없는 것이다.

세 번째 결정인자는 자율성이다. 직무의 내용에서 자율성이 얼마나 보장되고 있는가 하는 점은 감정부조화의 크기를 결정하는 또 다른 요소다. 직무 자율성이 확보된 경우 그렇지 못한 경우보다 업무에 대한 자부심이 크고 또 창의적 활동이 자극되어 능동적인 사고와 적극적인 업무행위가 가능해진다. 자율성을 부여받은 근로자는 책임감의 부담을 감수해야함에도 불구하고 상대적으로 높은 직무성과와 행복감을 느낀다는 것은 주지의 사실이다.

이상에서 살펴본 감정부조화의 3가지 결정인자들은 기존의 연구자료들을 종합하여 정리한 것이지만 이 이외에도 감정노동의 종류와 환경에 따라 첨가되어야 할 인자들이 존재할 수 있다.

인지부조화 이론을 대입하면 감정부조화의 크기는 부조화를 감소시키는 압력을 결정하는 중요한 변인이다(Festinger, 1957, 김창대(역), 2016 : 39). 따라서 감정부조화의 문제를 대상으로 삼는 인문치료행위에서는 이 감정부조화의 크기를 측정하고 또 어떤 인자에 의해 발생하고 있는지를 진단하는 일이 우선시 되어야 한다. 감정부조화의 정도를 측정하는 도구들은 이미 제시되어 있기는 하지만 항목이 4개에 불과해(박상언, 2016) 위의 3가지 결정인자들의 상태를 신뢰도 높게 측정하기에는 적절치 않다. 감정부조화의 정도를 결정하는 인자들을 측정할 수 있는 도구의 개발도 시급한 상태다.

어쨌든 우리가 이론적 토대를 마련하기 위해 강조할 점은 감정부조화 크기의 측정은 감정부조화를 감정노동이라는 전체의 틀 속에 위치시켜놓고 진행되어야 한다는 점이다.

4.2.3. 감정부조화와 인문치료

그렇다면 감정 부조화의 크기를 줄이기 위해서 인문치료의 역할은 무엇인가?

인지부조화 이론에서는 부조화의 크기를 줄이기 위해서 ① 행동적 인지요소 바꾸기, ② 환경적 인지요소 수정하기, ③ 새로운 인지요소

추가하기 등을 제안을 하고 있다. 페스틴거가 제안하고 있는 이 세 가지 행위 중 일부는 감정부조화의 크기를 줄이기 위해서도 유용할 수 있다.

우선 ① 행동적 인지요소 바꾸기를 보자. 인지부조화에서는 환경적 인지요소와 갈등 구조를 만들어내고 있는 행동적 인지요소를 수정함으로써 환경적 인지요소와의 부조화의 크기를 줄일 수 있다고 말한다. 우리 일상에서 자주 경험하는 방식이다. 감정노동을 생산성 제고의 원칙에서 바라보는 입장에서 자주 등장하는 노동자의 마인드 바꾸기가 바로 대표적인 예가 될 수 있다. 하지만 이것이 언제나 효율적으로 작동하는 것은 아니다. "행동을 수정하는 것이 너무 어려울 수도 있고, 행동의 변화를 통해 부조화를 제거하는 과정에서 발생하는 변화로 인해 전혀 새로운 부조화가 야기될 수도 있"기 때문이다(Festinger, 1957, 김창대(역), 2016 : 42).

다음은 ② 환경적 인지요소 수정하기의 경우다. 이것은 개인이 환경을 완벽하게 통제할 수 있다는 것을 전제로 할 때 의미를 지닐 수 있는 방법이다. 인지적인 차원에서도 쉽지 않은 일이지만 감정노동과 관련되어서는 불가능한 일이다. 노동자가 자신의 노동환경을 개인의 의지대로 통제할 수 있는 상황은 현실에서 불가능한 일이기 때문이다.

마지막으로 ③ 새로운 인지요소 추가하기는 인지부조화 이론에서 제시되고 있는 부조화 크기 줄이기 방법 중 감정부조화의 크기 줄이기에 적용할 수 있는 가장 효율적인 방법이다. 페스틴거는 아래와 같은 예를 들고 있다.

흡연의 영향과 담배를 계속 피우는 행동에 대한 인식 사이에 부조화

> 가 있다면 담배를 피운다는 사실과 조화를 이루는 새로운 인지 요소를 추가함으로써 부조화의 총량을 줄일 수 있다. [...] 예를 들어, 흡연자의 경우 그는 자동차 사고와 그 사망률에 대한 정보를 모두 수집할 수 있다. 그리고 나서, 흡연으로 인한 위험이 자동차를 운전하는 것에 비해 무시할 만한 것이라는 정보를 인식에 추가하고, 이로 인해 부조화는 약간 감소할 수 있을 것이다. 여기서 부조화의 총량은 기존의 부조화의 중요도를 감소시킴으로써 줄어들었다(Festinger, 1957, 김창대(역), 2016 : 45).

감정부조화의 경우 다양한 형태로 위의 방법을 응용할 수 있을 것으로 보인다. 예를 들어 고객 대응에 있어 갑질이라는 개념에 민감한 판매원의 경우 갑질을 하는 사람들의 심리에는 기저에 심각한 열등의식이 깔려있다는 심리학적 정보를 수집하게 된다면 고객의 갑질행위로 인해 악영향을 받을 수 있는 자존감을 보존하는데 도움이 될 것이고 이는 자신의 생각과 행동의 괴리를 좁혀 감정부조화의 총량을 줄일 수 있는 방법이 될 것이다.

감정부조화로 인한 소외나 소진에 고통받는 감정노동자는 이 부조화를 감소시키기 위해 노력한다. 이러한 노력의 과정에서 예술치료로 인한 인지적 도움을 받을 수 있다면 행동의 변화, 인식의 변화 등이 일어날 수 있다. 그러나 행동과 인식의 변화는 사실상 감정노동으로 인한 감정부조화로 야기되는 소진이나 소외의 문제를 결정적으로 해결해 줄 수 있는 방법은 아니다. 감정노동자들을 위해 인문치료가 담당해야 할 부분은 마음의 손상정도다.

아래 그림은 감정노동으로 인한 노동자의 감정부조화와 이로 인한 마음의 손상 정도에 인문치료가 어떤 지점에서 어떤 방식으로 개입을 해야 하는가를 결정하는데 도움이 될 수 있도록 도식화한 개념도다.

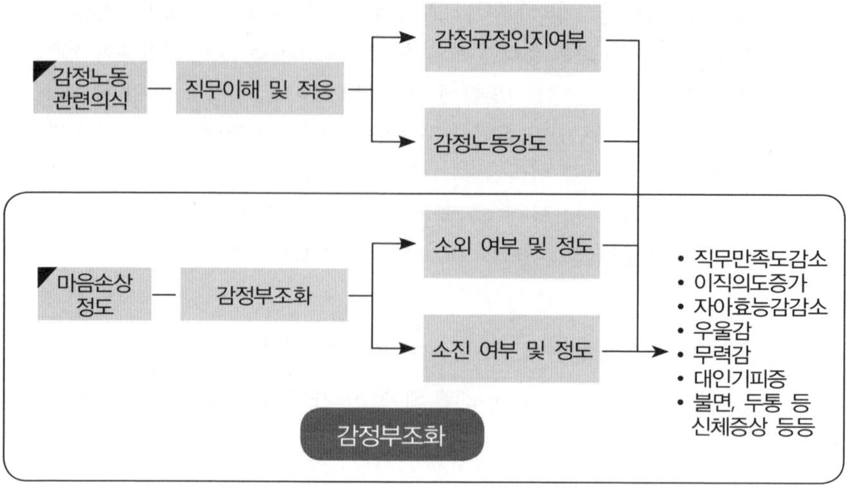

감정노동에 있어 인문치료의 개입을 위한 개념도

감정노동자의 문제는 의견이나 신념이 바뀌거나 혹은 행동이 바뀐다고 해서 근원적으로 해결될 수 있는 일이 아니다. 다시 말해서 인지나 행동의 차원의 문제가 아닌 것이다. 그것은 감성의 문제다. 감정노동으로 인한 감정부조화가 초래하는 소진이나 소외 현상을 겪고 상처를 받는 것은 감성적 자아다. 감정노동의 문제에 있어 인지주의나 행동주의에서처럼 이성에 혹은 이성적 행동에 중점을 두는 일이 더 이상 의미를 지니지 못하는 것은 바로 이런 이유에서다. 인지부조화에서 두 인지의 균형상태를 추구하는 인간의 모습을 감정부조화에 적용하기는 쉽지 않다. 감정부조화의 세 요소간의 균형상태를 유지하기 위해서는 각 구성요소들 간의 균형을 맞추어야 하는데 감정법칙의 경우 노동자의 의지가 반영될 여지가 전혀 없어 요소 간 균형을 맞추는 일은 감정노동자에게는 현실적으로 불가능하기 때문이다. 따라서 인문치료는 감정부조화 자체의 감소보다는 감정부조화로 인해 야기되는 소외와 소진에 초점을 맞추어야 한다. 감정부조화는 감정노동의 부정적 결과를 측정하기 위한 독립변인이며 그 변인이 영향을 미치는 종속변수는 소외와 소진현상이다. 물론 소진과 소외가 매개변인이 되어 직무만족도나, 이직률 따위를 측정가능한 최종 종속변수로 설정하는 형태의 연구도 가능하겠지만 그것은 생산효율성이나 경영효율성을 연구해야 하는 분야의 몫이다. 인문치료는 감정노동으로 인해 소외와 소진이라는 비인간적 상황을 경험하는 노동자 개인들의 정서적 안녕을 보장할 수 있는 방안을 모색해야 한다.

감정노동은 하기 싫은 일일 확률이 매우 크다. 하기 싫은 일을 하는 것은 괴롭다. 괴로운 일을 계속하면 슬퍼지고 때로는 분노하게 된다. 슬픔과 분노가 계속되면 지친다. 지친 상태가 지속되면 탈진한다. 우리가 알고 있는 소진현상이다. 이런 상태에서 하기 싫은 일을 할 때 그 일이 보람 있는 일이며 자아의 실현을 위해 반드시 겪어내야 하는 일이라는 따위의 인지적 변화를 요구하는 강요행위는 결국 다른 형태의 인지부조화를 야기하여 의식적 무의식적 자기합리화의 과정을 불러오게 된다. 그런데 이 자기합리화 과정은 감정노동으로 인한 부정적인 상황을 개선하는데 실질적인 도움을 주지 못한다. 오히려 장기적으로는 그 부정적인 상황을 더 악화시키는 일이 벌어질 수도 있다. 그 악화된 상황에 처한 개인의 상태를 혹실드는 '감정으로부터 소외된 자아'로 설정하고 있는 것이다. 감정부조화로 인한 문제에 대한 인문학적 접근은 이러한 매커니즘을 분석적으로 적용하며 진행될 필요가 있다. 인문치료는 아픈 곳을 직접적으로 치료하는 행위일 때도 있지만 아픈 곳이 아닌 인간의 건강한 부분을 더 활성화시켜 인간이 아픔을 이겨낼 수 있도록 전체적인 감성 에너지를 다시 채워주는 행위일 때가 더 많다. 감정노동자들이 겪는 아픔은 감정부조화로 인한 다양한 감정적·인지적 문제로 나타난다. 이 문제들은 일상적인 감정과 의식의 수준에서는 분노와 슬픔 무기력 등으로 표출된다. 사실 분노라는 감정은 부정적이기만 한 감정은 아니다. 호킨스(Hawkins, 1985, 백영미(역), 2011)의 분류에 따르면 분노는 높은 에너지 수치를 나타낸다. 분노는 그 자체로는 그리 심각한 문제가 아니다. 그러나 분노가 계속되면 인간은 다양한 2차적 문제를 경험하게 된다. 우리가 번 아웃이라고 말하는 소진의 상태는 인간이 자신을 태워버린다는 의미가 된다. 실질적으로도 분노는 우리 스스로를 급히 태워버리는 행위다. 보충되는 에너지 없이 이렇게 급히 타면 결국 소진에 이르게 된다. 호킨스에 따르면 그 소진에 이르는 과정에서 나타나는 감정과 의식의 수준이 무기력이며 무능감이고 이유 없는 죄책감이다. 감정노동자를 위한 적정인문학은 이러한 상황에서 에너지를 공급하는 역할을 해야 한다. 인간은 건강한 삶을 위해 음식을 섭취하여 육체적 에너지를 끊임없이 보충해야 하듯이 정서적 에너지도 보충해야 한다. 정서적 에너지는 앎에 대한 호기심의 충족과 미학적 감동을 통해 충전된다. 의욕을 자극하는 것이 스스로 에너지를 만들어내는 행위로 이어지게 함으로써 정서적 에너지를 채우는 방법이라면 감동을 제공하거나 감동을 경험할 수 있는 환경을 만들어주는 일은 정서적 에너지를 직접적으로 공급하는 행위가 될 수 있다. 그래서 인문치료 프로그램에는 예술치료의 개념이 포함되어야 하며 예술적 가치의 역할이 중요한 것이다. 아름다움을 느끼고 경험하는 일, 즉 미적 체험이 없다면 어떤 예술적 행위가 개입되었다 하더라도 예술치료행위는 인지치료행위나 작업치료행위와 구별되지 못한다.

감정노동자들을 대상으로 감정부조화의 문제를 다룰 때 예술치료가 중점을 두어야 하는 것은 이 예술을 포함한 넓은 의미의 인문학이 지닌 미적 체험기능이다.

우리나라의 노동자들의 감정노동 수준은 전 세계의 어느 나라보다도 강도가 높다. 해외여행을 다녀온 사람들은 이구동성으로 그 어디에서도 한국에서처럼 만족스러운 고객서비스를 받을 수 없다고 말한다. 고객이 높은 만족도의 서비스를 받을 수 있다는 것은 반대로 서비스를 제공하는 주체들에게는 고강도의 감정노동이 요구된다는 것을 의미한다. 사실 혹실드가 감정노동에 관한 담론을 제기하던 1980년대 초반의 미국사회에서 서비스업 종사자들의 감정노동 강도는 그로부터 거의 반세기가 지난 2020년대 대한민국 사회의 서비스업 종사자의 그것과 비교조차 되지 못할 것이다. 혹실드가 연구대상으로 삼고 있는 노동자들은 미국항공사의 승무원들이었다. 항공기 승무원은 그 당시나 지금이나 많은 이들이 동경의 대상으로 삼고 있는 직업군에 속해있다. 혹실드는 2020년 대한민국 콜센터 직원이나 백화점의 판매원들 그리고 병원의 의료보조인력들이 경험하는, 차원이 다른 강도의 감정노동은 아마도 상상조차 하지 못했을 것이다.

감정노동에 관련된 외국학자들의 연구를 우리 감정노동자들의 아픔을 치유하기 위한 치유프로그램 개발에 그대로 적용하는 데는 한계가 있는 이유도 바로 여기에 있다. 우리사회에서 감정노동자들이 경험하고 있는 노동환경은 그 이전에는 전 세계의 그 어느 누구도 경험하거나 상상하지 못했던 문제들이기 때문이다.

그러나 감정노동의 개념을 현대사회에서 개인들이 경험하는 부정적 상황 중 가장 심각한 소외의 문제와 연결시켜 설명하려 했던 혹실드의 경우는 분명 큰 의미가 있다. 감정노동의 구성요소나 선행요인 그리고 결과 등을 분류·분석한 혹실드 이후의 연구들은 노동상황에 따라 그 유용 가능성이 달라질 수 있는 것들이어서 우리의 상황에 잘 들어맞지 않을 경우도 있다. 그러나 혹실드의 연구는 감정노동이 지니는 원론적 문제, 즉 자본이 지배하는 사회에서, 노동이 그랬듯이, 감정도 자본축적의 도구로 전락하며 발생된 인간의 소외 문제를 다루고 있다는 점에서 철학적이며 역사적인 가치를 지니고 있다.

4.3. 감정노동자 대상 적정인문학 구성을 위한 과제

2018년 대학원 인문치료과정의 대학원생들과의 협업을 통해 감정노동진단도구의 문항개발이 완료되어 타당성 및 신뢰도 검증의 단계에 있을 때 국내의 한 기업이 운영하는 통합 콜센터에서 감정노동치유 프로그램을 진행해달라는 요청이 들어왔다. 사실상 개발된 진단도구를 실제 측정에 사용하기에는 아직 검증해야 할 것이 많이 남아 있었지만 우리는 그간의 연구결과를 바탕으로 인문예술치유프로그램을 구성해 콜센터 직원들을 만났다. 프로그램의 명은 〈내 마음의 샘 찾기〉로 총 6차시로 구성되었으며, 2018년 10월 10일에 시작하여 2018년 11월 14일에 끝났다. 프로그램 대상자는 콜센터에서 상담원으로 근무하는 상담사 7 명이었다.

〈내 마음의 샘찾기〉는 감정노동으로 야기되는 감정부조화와 번아웃 그리고 소외감 등을 대상으로 소통을 중심으로 하는 인문치료 방법론을 이론적 기초로 하여 프로그램을 구성하였다. 프로그램에서는 감정노동이 직접적으로 언급되지 않도록 했다. 그 첫 번째 이유는 혹시 발생할지도 모를 참여인원 모집의 어려움을 피하기 위해서였다. 콜센터 직원들의 감정노동에 관한 논의들은 프로그램이 진행될 당시 언론을 통해 집중적으로 보도되고 있었으며 또한 감정노동 관련 법 시행도 콜센터에서 가장 먼저 진행되고 있는 상황에서 '감정노동치유프로그램'이라는 제목이 붙으면 자발적으로 참여하는 인원 모집에 어려움을 겪게 될 수 있을 것이라는 예측을 했다. 감정노동치유프로그램에 참여한다는 것은 스스로 감정노동으로 정서적 불안정을 경험하고 있다는 사실을 인정하는 셈이 되고 그것이 자신들이 맡은 직무를 정상적으로 처리할 능력을 상실한 것으로 비춰질 수 있다는 우려 때문에 콜센터 직원들이 프로그램 참여를 꺼릴 수 있을 것이라는 예측이었다. 〈내 마음이 샘 찾기〉라는 일견 감정노동과 직접적인 연관이 없어 보이는 제목을 정한 것도 이 때문이었다.

두 번째 이유는 우리의 치유철학 때문이었다. 인문학과 예술을 활용한 마음의 치유행위는 증상의 원인 파악 여부보다는 증상자체를 완화하는 데 중점을 둔 대증적인 치료 철학이 바탕이 되어야 한다. 원인의 제거에 중점을 두게 되면 그 원인 찾기가 무엇보다 중요해지는데 사실 우리 마음의 병은 그 원인이 단순하지 않을 때가 많아 원인을 찾는 일이 매우 어렵거나 혹은 불가능하다. 그래서 원인의 제거보다는 아픔을 경감할 수 있는 현실적 차원의 대처방법을 찾는 것이 더 효율적일 수 있다. 인문학적 치유행위에서 그 구체적인 방법은 생각하는 힘을 키워 스스로 삶의 균형을 찾을 수 있도록 돕는 일이다. 가난에 고통받는 사람들에게 단순한 물질적 지원보다는 자립할 수 있는 기술과 의지를 제공해주는 것이 근본적인 해결책이 되듯이 감정노동으로 인한 마음의 아픔을 치유하기 위해 손상된 마음에 직접 개입하는 것보다는 감정의 균형을 되찾을 수 있도록 유도하는 것이 옳다는 판단이었다. 감정의 건강한 균형을 유지하는 가장 효율적인 방법은 감동과 깨달음을 지속적으로 경험하는 것이다. 예술을 통한 감동은 우리의 삶에 대한 생산적 에너지를 자극하며 인문학적 사고를 통한 깨달음은 삶의 의미에 대한 끊임없는 숙고를 유도해 주체적이고 능동적인 자아가 확립될 수 있도록 돕는다. 로고테라피의 창시자 빅터 프랑클이 "내면의 본질에 삶의 가치를 두고 자신에게 한 발짝 타협할 수 있는 공간을 마련해 두"라는 주장을 할 때 홀로코스트를 직접 경험한 이 정신과 의사가 강조하고 싶었던 것은 삶의 의미 그 자체가 아니라 그 의미를 찾으려는 노력이 삶을 지탱할 수 있는 힘이 된다는 것이었다. 삶의 의미를 스스로 설정해가는 주체적인 자아가 확립되면 우리에게는 실존적 삶에서 경험하게 되는 다양한 외부 충격으로부터 견딜 수 있는 정서적 면역력이 강화될 수 있다는 확신을 바탕으로 프로그램 구성이 되었다.

결국 참여자들을 모집하기 위해 안내문에 명시된 프로그램의 목표는 "인문학과 예술(이번 프로그램에서는 음악와 시)을 매개로 참여자들에게 스스로 업무 스트레스를 이겨낼 수 있는 생각의 힘 기르기"가 되었다. 사실상 회기당 1시간 남짓한 6회기의 프로그램으로 이들이 감정노동으로 겪는 다양한 문제점들을 해결할 수는 없는 일이었다. 이 프로그램의 목표는 감정노동으로 인해 생겨난 감정부조화나 번아웃 그리고 소외감 등을 스스로 치유할 수 있는 힘, 즉 정서적 면역력을 인문학적인 행위를 통해 키우는 방법을 알려주는 일이 되어야 했다. 프로그램은 의도대로 무사히 진행되었으나 문제는 이 프로그램의 효과를 검증하는 일이 인문학 분야의 2년짜리 개인연구에서는 불가능 했다는 점이다. 효과검증은 프로그램 참여자들에 대한 코호트 연구와 같은 종단연구가 진행될 수 있을 때에야 가능한 일이다. 그래서 우리는 일단 프로그램의 진행을 마감하며 이들의 개별적인 소감과 참여후기를 통해 그 결과를 정리하는데서 만족해야 했다.

그러나 한편으로는 동시에 양적 데이터의 확보도 요구되는 상황이었다. 연구보조원으로 참여하던 대학원생의 석사학위 논문을 구성할 내용이 필요했기 때문이었다. 6회기로 진행된 프로그램의 효과 검증을 위해 우리는 3개의 측정도구를 동시에 활용하였다. 앞서 언급된 자체개발 감정노동진단평가도구와 프랑스 현대예술치료에서 활용하고 있는 '행동관찰지'와 'BAT 검사지'였다.[32] 이렇게 다양한 검사를 병행한 것은 첫째 우리가 개발을 일차적으로 완료한 감정노동측정도구의 타당도 및 신뢰도 검증 작업이 완수되지 못한 상태에서 실험적으로 사용되는 상황이었으므로 이 검사지를 통한 사전 사후 검사 이외에도 그 검사결과와 병행해서 참조할 수 있는 참고자료가 필요했기 때문이었다. 둘째 인문학에서는 익숙하지 않은 연구 방법론이지만 양적 연구의 형태를 갖춘 연구결과를 도출할 필요가 있기 때문이었다.

양적 데이터를 통해 파악할 수 있었던 사실은 참여자들의 프로그램에 대한 만족도는 높았지만 프로그램의 효용성은 객관적으로 측정할 수 없었다는 점이다. 연구과정에서 수집된 양적 데이터는 객관성이 담보되기에는 부족함이 많았다. 그 가장 큰 이유는 프로그램을 진

32 이 두 가지 측정도구에 관해서는『예술치료의 모든 것』(Richard Forestier 저, 김익진 역, 강원대학교 출판부)를 참조할 것.

행하는 과정에서 프로그램의 효과성을 입증하기 위한 연구환경조성이 불가능했기 때문이었다. 실험집단에 대해 프로그램의 효과 여부를 측정하기 위해서는 측정대상인 감정부조화나 소진 혹은 소외감 등에 영향을 줄 수 있는 요인들을 통제할 수 있어야 하는데 그것이 불가능한 상황이었다. 통제집단과 비교집단을 구성하여 진행되는 사회과학적 실험의 경우 독립변인과 종속변인 모두 완벽하게 통제가 될 때 처치효과의 유무에 대한 판단이 가능한 것이지만 인문치료나 예술치료라는 이름으로 진행되는 거의 대부분의 프로그램들은 이러한 조건을 만족시키지 못하는 상황에서 진행되는 것이 현실이다. 프라시보 통제집단(placebo control group)과 같이 실험에 영향을 줄 수 있는 외적 요소들을 거의 완벽하게 통제할 수는 없다하더라도 실험집단을 최소한 비처치 통제집단(non-treatment control group)으로 볼 수 있는 그룹과의 비교가 가능해야 하는데 인문학 분야의 연구에 허락되는 예산과 시간의 수준으로는 현실적으로 이러한 실험이 불가능하다. 그러나 예산상의 문제나 연구일정의 문제를 핑계로 진단도구나 프로그램 개발 등 필수적인 작업들을 미루기만 할 수는 없는 일이다. 조건이 허락하는 수준에서 지속적인 데이터 수집을 진행한다면 그 데이터들이 축적되어 의미 있는 결과를 형성할 수 있을 것이다. 참여자들은 당시 콜센터에 의무적으로 설치되어야 했던 감정노동관리센터에서 기획한 프로그램에 자발적으로 참여한 형태였지만 사실상 이 참여자들의 대부분은 관리센터의 상담원과의 의리를 지키기 위해 참여한 형국이었다. 심리상담사의 입장에서는 한정된 예산 안에서 콜센터직원들을 위한 다양한 프로그램을 운영하여 실적을 내야만 하는 상황이었고 평소 심리상담사와 가깝게 지내며 때때로 심리상담을 받곤 했던 직원들이 주로 참여했기 때문이다. 애초부터 이 프로그램이 무엇을 하는 것인지 사전에 알지 못하고 참여한 인원이 7명 중 5명이었다. 업무시간 종료 후 진행되었던 이 프로그램에서 대상자들의 참여율은 우리의 예상보다 낮았다. 7명의 최초 참여자들 중에서 6회기를 모두 참석한 사람들은 2명에 불과했다. 높지 않았던 참석율의 원인으로 프로그램이 충분히 흥미롭지 못한 것이 아니었나 의심해볼 수 있지만 프로그램의 질에 대한 만족도와 참여의지를 가늠하기 위해 실시했던 BAT 검사의 결과는 높았다는 사실은 프로그램자체에 대한 흥미와 만족도는 높았다는 것을 의미한다. 6번의 회기를 마치고 참여자들 대부분은 이어질 프로그램을 기대하며 참여할 의지를 보였다.

재미있는 것은 이들 모두 정규직 직원이었다는 사실이다. 오히려 상담센터의 전화 상담원의 애로를 상담해주는 전문 심리상담사가 2년 계약직의 직원이었으므로 이들 중 고용불안을 가장 크게 느끼고 있었다. 우리는 프로그램을 구성하는 과정에서 콜센터 직원들의 대부분이 그렇듯이 비정규직 직원일 것이며 따라서 그들의 고용 불안의 문제도 감안해야 할 사항으로 다루었다. 그러나 막상 현장에서 마주한 참가자들의 근무조건이나 직장에 대한 생각은 우리가 예상했던 것과 많이 달랐다. 그 기업의 콜센터 직원들의 근무환경과 일상에서 마주하는 문제점들에 대한 심도 깊은 정보 분석 없이 콜센터 직원에 관한 막연한 선입견을 바탕으로 프로그램을 구성하여 임한 것부터 문제의 소지가 있었다. 콜센터마다 근무환경은 천차만별이고 또 그에 따른 업무스트레스나 감정노동으로 인한 부작용도 그 많큼 다양한 형태로 표출될 수 있다는 너무나도 명확한 사실을 간과한 것이다.

프로그램 진행과징에서 알 수 있었던 또 다른 새로운 정보 중에 하나는 통상적으로 언급되고 있는 감정노동의 폐해가 이들에게 크게 문제가 되지 않는다는 점이었다. 이 회사는 이직률이 매우 높았는데 정규직임에도 불구하고 상담사들의 평균 근무기간은 2년을 채 넘지 않았다. 그렇게 환경을 견디지 못하는 사람은 떠나고 그 감정노동의 환경을 견딜 수 있는 사람들이 주로 남아 있는 상태에서 이들에게 일상적으로 인식되고 있는 감정노동의 폐해에 대한 이야기는 크게 흥미를 느낄 수 있는 요소가 아니었다. 대상자들과의 상담 중 개별상담을 진행할 때 이들은 감정노동에서 오는 문제를 호소하지 않았다. 그보다는 자신들의 일상에서 문제가 되고 있는 것들을 주로 상담해왔다. 공허함, 그리움, 외로움, 경제적인 문제 등 특별히 감정노동자가 아닌 경우라도 누구나가 마주칠 수 있는, 그래서 우리의 프로그램을 감정노동에만 특별히 연결시켜 진행할 수가 없는 상황에 마주하기도 했다. 그러나 돌이켜 보면 이들의 다양한 문제들은 결국 우리가 감정노동의 폐해로 설정한 소진이나 감정부조화 그리고 소외의 문제와 직접적으로 연결되고 있었다. 감정노동자보호법이라 불리는 산업안전보건법의 시행으로 감정노동과정에서 경험하게 되는 굴욕적 언사는 피할 수 있는 길이 생겼다 하더라도 언제라도 그런 상황에 처할 수 있다는 긴장감은 이들의 정서적 삶을 피폐하게 만드는 요인이었다. 콜센터의 상담원들이 경험하는 이 부정적 긴장감은 감정부조화의 직접적인 원인이 된다. 감정부조화의 생성 매커니즘을 설명하는 혹쉴드의 분석에 따르면 감정노동자는 감정노동으로 오는 긴장감을 해소하기 위해 업무에서 유지해야 하는 긍정감정을 자신의 진짜 감정으로 스스로 위장하게 되고 그 상태가 오래 유지되면서 감정부조화의 늪에 빠지게 된다는 것이다. 우리는 연구과정에서 알게 된 한 감정부조화의 사례로 그 심각성이 어느 정도인지 짐작할 수 있었다. 그 감정 노동자는 퇴근 후 집에서 자기 아들한테 꾸지람을 해야 하는 상황이었음에도 불구하고 자신의 의지와는 반대로 그 아들에게 친절한 웃음을 보이고 있는 자신의 모습에 소스라치게 놀란 경험이 있었다는 것이었다. 이렇게 감정조절 능력이 상실된 상태의 또 다른 자기를 마주친다면 누구나 그 상황이 생경할 것이고 그 과정에서 두려움과 공허함 그리고 외로움 등의 부정적 정서에 빠져들게 되는 것은 자연스러운 일이다.

이 감정부조화의 문제는 번아웃의 문제와도 직접 연결된다. 번아웃이라는 개념을 처음으로 정의한 미국의 정신분석가 프로이덴버거가 주목한 가장 특징적인 번아웃 증상은 무기력과 공감능력부족이었다. 〈내마음의 샘찾기〉 프로그램 참여자들이 개별 상담시 호소한 외로움과 공허감 그리고 두려움 같은 감정들은 모두 무기력과 공감능력부족을 경험하는 사람들에게 나타날 수 있는 2차적인 정서적 징후들로 볼 수 있다.

결국은 인간이 실존과정에서 마주치는 일반적인 문제들이 감정노동이라는 극한 업무를 통해 스트레스를 받고 있는 콜센터 직원들에게 남들보다도 더 도드라져 드러나고 있었던 것이다. 평소에는 우리의 신체적 면역체계에서 제어되던 세균이나 바이러스들이 면역력이 약화되면 기승을 부려 우리의 신체를 망가뜨리듯이 정서적 면역체계에 의해 제어될 수 있는 감정과 생각들이 정서적 면역체계가 약해지며 도드라지는 것과 마찬가지라고 할 수 있을 것이다.

과학을 표방하는 사회과학은 양적 데이터를 바탕으로 한 통계적 근거를 바탕으로 연구를 구성해 나가지만 인간 개개인의 특성을 무시할 수 없는 인문학의 경우에는 양적 데이터 이외에도 인간 개인, 개인

즉 개별자로서의 상황을 감안하지 않을 수 없다. 사실은 이러한 요소들을 모두 포함한 내용의 데이터야 말로 진정한 의미의 빅데이터라고 할 수 있을 것이다. 정형, 비정형의 데이터를 모두 포함하는 빅데이터라는 개념에서 비정형데이터의 범주안에 인문학적 관점도 포함되어야 할 것이기 때문이다.

사회과학 연구의 핵심 도구인 통계의 오류를 최소화하기 위해서는 구성개념을 설정하는 과정에서 가능한 많은 경우의 수가 상정될 수 있어야 한다. 이 상정능력은 논리력과 상상력에서 기인한다. 논리력은 철학을 통해, 상상력은 문학을 통해 키울 수 있는 인문학적 능력이다. 사회과학적 연구들이 인문학적 차원의 문제인식방법을 배제해서는 안 되는 이유다.

감정노동으로 제기되는 문제는 매우 다양하다. 그중에서도 우리는 감정노동이 야기하는 문제들이 감정노동의 종류와 환경에 따라, 더 나가서는 감정노동 당사자가 처한 개별적 환경과 의식에 따라 달라질 수 있음에 주목해야 했다. 예를 들어 감정노동자들은 고객 대상 감정노동의 문제뿐만 아니라 고용주와의 관계에서도 정서적 부하를 경험한다. 이들을 위한 감정노동 매뉴얼은 그래서 고객을 대상으로만 구성될 때 불완전한 매뉴얼이 될 수 있다. 또한 동시에 이들을 고용하고 있는 고용주들도 감정노동에 노출되어 있는 경우가 대부분이다. 소규모 사업장이나 프렌차이즈 지점 등을 운영하는 소상공인인 이들도 고객들에게는 물론 같이 일하는 아르바이트 청년에 의한 피해를 호소하고 있는 경우도 많다. 같은 일터에서 생겨나는 감정노동의 문제지만 고용주와 피고용주의 차원은 물론, 나이대, 성별, 심지어는 개인별 성향에 따라 그 문제의 본질은 전혀 다른 것이 될 수 있다.

우리는 연구의 첫 단계에서 문헌연구를 바탕으로 한 학술적 논의를 거쳐 감정노동자들과 고용주로부터 얻은 정형·비정형 데이터를 기반으로 감정노동 유발요인과 감정노동 폐해요인을 예측하여 이를 하부요인으로 하는 감정노동 측정도구를 만들었다. 다음 단계에서는 감정노동의 현장을 찾아 감정노동자들 대한 치유 프로그램 모형을 만들고, 인문·예술의 관점에서 감정노동의 구성요소를 정의함으로써 프로그램의 치유기제에 인문학적 가치를 접목시키려 노력했다. 그 다음 단계에서 치유모형을 기반으로 문학과 예술을 활용한 치료를 수행하고 그 결과에 대한 분석을 시도했다. 그렇게 연구는 결과보고서를 작성할 수 있는 단계까지 진행되었다. 그러나 계획되어 있던 마지막 단계에 다다랐을 때 우리 연구진은 결과보고서와는 상관없이 매우 근원적인 질문으로 되돌아가야 했다. '감정이란 무엇인가?'라는 본질의 문제였다.

감정노동자를 위한 인문치료에 관한 이 챕터의 초기에 강조했듯이 감정노동의 문제는 노동문제이기 이전에 감정의 문제다. 인간의 감정은 현대 과학으로도 그 실체를 파악하지 못한 오묘한 인간의 특질이다. 감정의 본질에 대한 이해과정을 생략한 채 감정노동에 대한 연구를 진행하는 것은 위험한 일이다. 인문학은 언제나 과학이 다양한 실험적 노력을 통해 인간과 사회를 설명하고자 할 때마다 도달하는 한계점에서 경험적 추론과 상상을 통해 그 한계를 넘어서려는 시도를 해왔고 앞으로도 이러한 인문학의 역할은 지속될 것이다.

참고문헌

김인아,「감정노동실태와 건강영향」,『카톨릭대 직업환경의학교실 창립 1주년 기념 심포지엄 발표문』, 2014. 2. 21.

김종진,「감정노동 이해와 제도화 논의 및 해결과제」,『경제사회발전노사정위원회 시민사회포럼 발제문』, 2014. 10. 7.

빅터 프랑클,『삶의 의미를 찾아서』, 청아출판사, 2005.

앨리 러셀 혹실드,『감정노동 - 노동은 우리의 감정을 어떻게 상품으로 만드는가』, 이가람역, 이매진, 2009.

이은수, 박가열,「4년제 대학 재학 중 일 경험 유형이 초기 노동시장 이행에 미치는 영향 분석」,『진로교육연구』 31(3), 2018. 9.

송하민외 7인, 〈청소년 감정노동 실태조사 결과보고서〉, 청소년유니온, 2019. 12. 26.

정경숙, 윤서영, 최수정, 정기주.「콜센터에서 감정표현규범에 따른 감정노동이 감정부조화, 정서적 번아웃, 이직의도에 미치는 영향」,『대한경영학회 2012년 추계학술대회 발표논문』, 2012.

조상은, 양해술,「콜센터 상담원의 감정소진이 고객지향성 및 직무만족에 미치는 영향」,『한국콘텐츠학회논문지』, 10.6, 2010.

Binayak Shankar &Sandeep Kumar, Indian Journal of Communit Psychology, 2014, 10(2).

Brotheridge, Céleste M. & Lee, Raymond T. , Development and validation of the Emotional Labour Scale, Journal of Occupational and Organizational Psychology, 76(3)2010.

Crocker, L. & Algina, J. Introduction to classical and modern test theory, New York : Holt, Rinehart and Winston(탁진국, 심리검사 개발과 평가방법의 이해, 학지사, 2007).

Kruml Susan M. & Geddes Deanna, Exploring the Dimensions of Emotional Labor : The Heart of Hochschild's Work, Management Communication Quarterly, vol 14.

Freudenberger Herbert J., The staff burn-out syndrome in alternative institutions, American Psychological Association, 1975.

맺으며

꽤 오래된 이야기지만 정년퇴임을 하셨던 나의 은사님 한 분을 모시고 저녁을 먹을 때였다. "김군 자네는 나처럼 살지 말게. 내가 이렇게 오래 살 줄 알았다면 정년퇴임을 하면서 계획을 세웠을거야." "정년퇴임 후 하루하루를 감사하는 마음으로 살아가자"라며 소박한 결심을 하셨던 선생님은 그렇게 스물하고도 몇 년을 하루하루 열심히 사시다가 또 그런 하루하루를 얼마나 더 살아가시게 될지 기약할 수 없던 그 순간 갑작스런 후회를 하고 계셨다. 정년 후 20년 이상을 더 사실 걸 알았다면 계획을 세워 그 시간을 의미있게 보낼 수 있었을 텐데 계획과 꿈 없이 그저 하루하루를 살아오신 그 스무 몇 해의 삶이 후회스러우셨던 것이다. 난 그 저녁 선생님께서 진심으로 내게 해주시던 충고를 잊지 않으리라 다짐했다. 그만큼 선생님의 후회는 절실해 보였다.

프랑스 인류학자 마르크 오제는 50권에 달하는 단행본을 출간한 다작가다. 이 부지런한 1935년생 교수는 2014년 80세를 목전에 둔 시점에서 *Une ethonologie de soi : le temps sans âge*라는 제목의 책을 출간한다. 몇 년 전 서점에서 우연히 발견한 이 책의 겉 표지에는 나의 호기심을 자극하는 단어들이 눈에 띄었다. 나이, 세월, 죽음 같은 단어들이었다. 그러나 자투리 시간을 내어 책방에 들렀던 터라 차분히 책을 살펴볼 여유가 없었다. 책을 집어 들고 서서 살까 말까 망설이며 책을 뒤적이던 나는 우연히 펼친 면에 "오 노년이라는 적이여"라는 프랑스 17세기 작가 코르네이유의 비극『르시드』의 한 구절을 발견할 수 있었었다. 그리고 이 구절은 내가 결국 이 책을 구입하게 만든 결정적인 요인이 되었다. 코르네이유를 인용하는 정도의 문학적 소양이 있는 인류학자의 글이라면 깊이가 있을 것이라는 막연한 '느낌적 느낌'이 이 책을 충동구매한 이유였다.

다행히 그 느낌은 틀리지 않았다. 거의 모든 페이지에서 나이와 세월에 관한 내용이 흥미롭게 전개되고 있었다. 요즘 문득 나이 듦을 절감하고 있는 나는 생각의 많은 양을 삶의 의미에 대한 물음, 특히 노년의 삶에 대한 물음에 할애하고 있다.

학교에서 30년을 배웠고, 건강이 허락한다면 학교에서 가르치는 일을 거의 30년 하게 될 것이다. 그리고 평균 수명까지 산다면 20년 아니 또 다른 30년을 살게 될 것이다. 곧 시작될 나의 인생 3부는 어떤 삶을 살아야 하는가?

이런 질문을 던지고 있는 상황에서 마르크 오제의 책을 읽다보니 나이 듦이라는 주제와 관련되어 인용되는 작가들에 대한 궁금증이 증폭되었고 그 궁금증은 나의 직업적 연구욕을 자극했다. 문학이란 무엇인가? 행복이란 무엇인가? 사랑이란 무엇인가? 평생 인문학도로 살아오면서 이런 무시무시한 질문들의 답을 찾고 또 찾아왔다. 그런데 답을 찾아내기는커녕 여전히 헤매고 있는 내가 또 다른 새로운 물음에 빠져들고 말았던 것이다. 늙음이란 무엇인가?

그 물음에 대한 답을 찾기 위해 부지런히 하이퍼링크 작업을 하며 인용된 작가들을 뒤지고 뒤졌다. 그러던 중 문득 난 지금까지 그랬듯이 답을 찾기 위해 똑 같은 방식으로 접근하고 있는 나를 발견했다. 내가 스스로 생각하기 전에 다른 훌륭한 사람들은 어떤 생각을 했는지 찾고 있었던 것이다. 도서관에서 오제의 책에 인용된 작가들의 관련 자료를 뒤지고 있는 나를 발견하며 허탈했다. 내 생각을 정리하여 구체적으로 표현해내려는 본래의 목표는 옆으로 제쳐둔 채 소위 또 '연구를 위한 연구'를 하고 있는 내 모습이 안스러웠다. 늙음이라는 주제에 대한 이 위대한 정신들의 너무나도 창의적이고 훌륭한 생각들 앞에 이미 내 생각은 나타날 엄두도 못 내고 있었다. 늙음에 대한 내 생각이 정리되기는커녕 그들의 생각을 따라가기에도 힘이 겨웠던 것이다. 바보가 된 기분이 들었다.

평생 배워왔다. 학교에서 배웠고 가르치면서도 배웠다. 그런데 그 배움은 무엇을 위한 것인가? 배움 자체의 즐거움이 존재한다는 것을 부정하지 않는다. 하지만 배움 자체가 주는 즐거움이 배움의 유일한 목적이 될 수는 없다. 배움은 삶의 의미를 찾기 위한 고민의 과정이 되어야 한다.

2019년 출간된 오제 책의 번역본에서는 ethnologie가 '민족지民族誌' 라는 말로 번역되어 있다. 언제부터인가 민족지 혹은 민족학이라 번역되는 ethnologie를 나는 문화인류학 혹은 사회인류학이라는 말로 이해했었다. 민족지라는 표현이 관련학회에서 널리 사용되고 있는 말일지는 모르겠으나 내게는 무척 낯설었다. '자기민족지'라는 말은 'ethnologie de soi'의 번역어다. 레리스의 자서전을 'ethnologie de soi'라고 명명하고 있는 마르크 오제의 의도를 감안하면 이 책의 제목도 자서전이라는 의미에서 '자기인류학', 혹은 '자기인간학'이라는 의미일 것이다. 어쨌든 작가가 이 표현을 통해 전하고 싶은 말은 인간을 연구하는 학문인 인류학에서처럼 자신에 대한 객관적이고 과학적인 관찰과 연구를 진행하자는 것일 텐데 지금 나의 상황에 꼭 필요한 작업이라는 생각이 들었다. 나의 인문학도로서의 삶도 이제는 늙음과 죽음에 대한 '자기인간학ethnologie de soi'적 성찰에 접어들 시점인 것이다. 그러기 위해서는 무엇보다도 먼저 지금까지의 남에 대해 연구한 내용들을 정리하여 마무리할 필요를 절감했다. 평생 연구대상으로 삼겠다고 생각한 프랑스 작가 몰리에르에 대한 공부에서도, 또 인문치료를 연구하며 지난 14년 동안 뒤적거렸던 철학과 심리학 책에서도 난 남의 생각을 알아보기 위해 상대적으로 너무 많은 시간을 할애해왔다. 이제는 내 생각을 정리할 때다. 완성도를 높이겠답시고 질질 끌고 있던 이 책의 원고를 이렇게 아쉽게 마감하는 것도 그 때문이다.

지난 14년간 적정인문학 실천활동 경험은 오랫동안 학교라는 우물 안에 갇혀 있던 나에게 다양한 만남과 폭넓은 배움의 기회를 제공했고 그 만남과 배움은 거의 언제나 세상과 나에 대한 성찰로 이어질 수 있었다. 소외된 계층의 사람들을 대상으로 적정인문학으로서의 인문치료 실천활동을 하는 동안 그들을 치유해보겠다고 용쓰는 과정에서 오히려 많은 것을 배우고 느끼며 자기인간학적 성찰의 기회를 일찌감치부터 제공받았던 것이다. 그래서 행복했다. 나의 삶의 의미에 대해 성찰하며 살 수 있는 기회를 제공받았던 지난 시간들과 또 그것을 정리하며 다시 한번 새로운 성찰의 시간을 가질 수 있는 이 행복한 순간에 감사한다. 그리고 난 또 한 번 꿈을 꾸며 계획을 세운다.

죽음은 어떤 나이대의 사람에게도 모두 동일한 거리만큼 떨어져 있다. "느낌적 느낌"의 차원에서라면 60대가 꾸는 꿈의 실현확률과 20대가 꾸는 꿈의 실현확률 사이에 차이는 없다. 20대가 꿈을 꾸고 삶의 계획을 세우는 것과는 같이 60대도 꿈을 꿀 수 있고 또 계획을 세울 수 있는 이유다.

찾아보기

ㅇ

ㅈ

김익진

고려대학교와 파리 10대학에서 프랑스 문학을 전공했다. 몰리에르 연구로 박사학위를 취득한 후 현재 강원대학교 인문대학교수로 재직중이다. 다양한 관련학회 활동과 교육부 및 문화체육관광부의 인문학 관련 자문활동을 거쳐 한국융합예술치료교육학회 회장을 맡고 있다. 현재 적정인문학의 가능성과 가치를 확신하며 관련연구 및 실천활동에 전념하고 있다.

저서로는 『프랑스 뮤지컬의 이해』, 『인문치료』, 『시민의 인성 2』(공저) 등과 『아내들의 학교』, 『몰리에르 희곡선』, 『예술치료의 모든 것』 등의 역서가 있다.

적정인문학으로서의 인문치료

초판 1쇄 발행 _ 2021년 8월 20일
초판 2쇄 발행 _ 2022년 2월 25일

저 자 · 김 익 진
발행인 · 정 현 걸
발 행 · 신 아 사
인 쇄 · 대명프린팅
주 소 · 서울특별시 은평구 통일로 59길 4 2층(122–826)
전 화 · (02) 382-6411 팩스 · (02) 382-6401
홈페이지 · www.shinasa.co.kr
E-mail · shinasa@daum.net
출판등록 · 1956년 1월 5일(제9-52호)

ISBN : 979-11-91158-60-1(93330)

정가 15,000원